走进时代深处

渠长根　著

山西出版传媒集团
SHANXI PUBLISHING MEDIA GROUP
山西经济出版社

图书在版编目（CIP）数据

走进时代深处／渠长根著．--太原：山西经济出版社，2024.8
ISBN 978 - 7 - 5577 - 1303 - 4

Ⅰ.①走… Ⅱ.①渠… Ⅲ.①高等学校—思想政治教育—教学研究—中国 Ⅳ.①G641

中国国家版本馆 CIP 数据核字（2024）第 087429 号

走进时代深处
ZOUJIN SHIDAI SHENCHU

著　　者：渠长根
选题策划：王　炜
责任编辑：李春梅
助理责编：梁灵均
封面题字：谢俊美
封面设计：人文在线

出 版 者：山西出版传媒集团·山西经济出版社
地　　址：太原市建设南路 21 号
邮　　编：030012
电　　话：0351 - 4922133（市场部）
　　　　　0351 - 4922085（总编室）
E - mail：scb@ sxjjcb. com（市场部）
　　　　　zbs@ sxjjcb. com（总编室）

经 销 者：山西出版传媒集团·山西经济出版社
承 印 者：三河市龙大印装有限公司

开　　本：787mm×1092mm　1/16
印　　张：23
字　　数：450 千字
版　　次：2024 年 8 月　第 1 版
印　　次：2024 年 8 月　第 1 次印刷
书　　号：ISBN 978 - 7 - 5577 - 1303 - 4
定　　价：98.00 元

序

　　《走进时代深处》是一部不可多得的佳作。渠长根教授是浙江理工大学马克思主义学院的院长、马克思主义理论一级学科带头人，他在处理繁忙的教学、科研和行政工作的同时，还加入网评员队伍，以高度的政治自觉、文化自信，挤出业余时间，写了大量的网评文章。本书从他数百篇网评作品中选择了不到150篇交付出版，全书近50万字，包括4个部分，其中"时论"近60篇，"纪念"有30篇，"礼赞"有40多篇，"针砭"有17篇。

　　在第一部分"时论"中，主要有倡导大力推进理论创新，主张以"红船精神"引领改革，抓好红色文化学科建设、讲好红色故事，弘扬焦裕禄精神，牢牢掌握意识形态工作领导权，打赢意识形态网络战等内容。

　　在第二部分"纪念"中，主要有纪念抗日战争胜利70周年，全国支援汶川抗震救灾，习近平在浙江提出"八八战略"的指导价值等内容。

　　在第三部分"礼赞"中，主要有赞颂北京奥运会，浙江革命精神资源13种，理想信仰坚定的事迹和意义，马克思主义中国化理论的创新发展，十九大的胜利召开和庆祝党的百年华诞的深远意义，深化改革和扩大开放，抗击新冠肺炎疫情等内容。

　　在第四部分"针砭"中，主要有批判交钱发论文的"学术论文产业链"现象，尤其是针对历史虚无主义思潮的种种表现给予及时、有力的鞭挞等内容。

　　渠长根教授的网评作品不限文体，不拘一格，一事一议，有论说文、记叙文、行诗、散文随笔等，有歌颂赞扬，有批评批判，有提倡引导，有鞭挞谴责，现实感、时代感、战斗力很强。从他的作品中反映出一位马克思主义者高度的理论自觉，反映出他坚守意识形态阵地的斗争精神，反映出一位马克思主义理论学科教师的坚强党性。这些作品是他认真学习马克思主义理论，特别是认真学习和实践习近平新时代中国特色社会主义思想的结晶，是学习党史、弘扬伟大建党精神的成果之一。他从不把自己关在"象牙塔"里做学问、自说自话，他在深钻、把握马克思主义理论的精神实质的同时，走向社会、走向实践，认真挖掘和利用中国特色社会主义建设中的丰富资源，大力弘扬理论紧密联系实际的马克思主义优良学风。他在教学中常常带领学生到党的一大会址、嘉兴南湖红船、杭州各个革命遗址和纪念地去参观，开展现场教学。听他的课堂授课从无"干巴巴"的感觉，他的教学接地气，生动活泼，吸引力、说服力、感染力强，深受学生爱戴；而网评作品可以说是他课堂教学的延伸，是显性教育与隐性教育相结合、校内与校外相结合、网上与网下相结合的体现，是贯彻习近平总书记网络强国战略思想、在互联网上走群众路线的体现，从一个侧面彰显出其强大的生命力。"学高为师，行为世范"，他的教风、学风也成为学生仰慕、学习的表率。

渠长根教授是红色文化学科的首创者，是浙江理工大学红色文化讲习馆和红色文化研究院的首倡者和创办者。作为他的老师之一，我曾受邀参加过他举办的学术会议，参加过他率先独创在马克思主义理论一级学科下自主设立"红色文化研究"二级学科的论证会，阅读了他有关红色文化的多部著作，从中受到教益和启迪，也深感"后浪"的可敬可学。正如《师说》所述，弟子不必不如师，师不必贤于弟子。老师总是为有超过老师的学生而感到自豪和欣慰。有鉴于此，我在通读了全书书稿后，应约写下上述文字，是为序。

张耀灿

2022 年 2 月 20 日写于武汉

注：张耀灿，华中师范大学"桂岳卓越教授"、博士生导师，我国马克思主义理论学科知名专家、思想政治教育专业创始人之一。

目　录

一、时论

转变理念，开发焦裕禄精神的历史文化价值

【题记】2004 年，作为纪念焦裕禄逝世 40 周年的重要活动之一，中共河南省委宣传部举行焦裕禄精神座谈会，作者应邀出席并备此与会文稿。

焦裕禄精神是我党的宝贵财富，是在我国社会进程中积累、沉淀的一种先进道德文化的典型，也是河南省得天独厚的地域性文化遗产。因此，纪念焦裕禄同志的意义是深远的、多方面的，更是毋庸置疑的。也正因如此，对他的纪念方式、方法也应该是多元化的。

过去我们对焦裕禄的纪念活动和宣教策略已经被长期的实践证明是正确的、富有成效的，曾经在培养党的干部、教育青少年、引导社会公众等方面产生了积极的教育效益，创造了值得肯定的道德渗透力和感染力，纪念、宣传焦裕禄也成为我党思想政治工作的成功典范，当然也成为河南省宣传工作的一大亮点。

但是，随着社会经济条件的变化，人们的价值判断和文化意识也发生了巨大的变革。这种变化不能简单地被界定为是社会的退步还是进步，毕竟它是越来越人性化、人文化、朴素化了。那么，在这样的宏观社会形势下，如何把焦裕禄这个曾经辉煌至极的红色典型——一个创业时代的榜样、一种创业精神的楷模继续持久地保持下去，并获得社会公众更真诚的仰慕和更广泛的追随与膜拜，从而发挥出更大的教育、示范意义，将是一个富有挑战性的课题。

一

我们应该转变理念，把焦裕禄从一个单纯的红色典型、一个创业时代的典型，延伸、界定为中国传统文化进一步发展过程中的一个阶段性成果，并升华为民族文化在创业时期的一个结晶。换句话说，就是要改变过去把焦裕禄从特定的历史阶段提取出来，废弃说教化、简单化的粗陋做法，把焦裕禄放回、融入社会发展的历史进程中去，从民族文化再发展、再创造的视角上，重新审视焦裕禄精神的伟大文化意蕴和历史价值。

之所以这样说，不只因为焦裕禄精神是我们共产党人辩证地继承和发扬民族传统文化的产物，更是中国优秀的民族文化遗产，尤其是道德财富在新的历史时

期的发扬光大，同时它也是共产主义道德理念与中国传统美德相融合的新产品。焦裕禄不仅是属于我们党的，更是属于我们的历史进程的，也是属于我们民族的。这恰恰又验证了一个基本的社会规律：只有民族的才是世界的，只有民族的才最具有生命力。

那么，按照这样的一个思路，我们的宣传就应该从传统的"焦裕禄是党的好干部、人民的好儿子、杰出的基层领导者"的角度和层次，转变、提升到开发历史文化资源的角度和层次上来，把焦裕禄精神视为中国历史文化资源的新因子、新内容。这样才可能使焦裕禄精神更紧密地贴近社会生活，更加富有渗透力、吸引力，从而获得最广大人民群众的认同和追求。

当然，树立这样的理念，要防止并摒除两个认识误区。其一，认为这样一来势必会降低焦裕禄的政治意义和社会高度，淡化焦裕禄的红色价值和革命内涵。其实，这种担忧是多余的。因为这样做实际上是要从开启历史文化资源的熏陶、引导等潜在功能上下功夫，从先进道德文化和价值观念与现实社会生活的结合部、交叉点上做文章，让焦裕禄精神回归真实，切入人们的平凡生活里和日常道德评判上，有利于在更广阔的社会层面上推广，并以之教化、感召社会成员，尤其是青少年。这样不仅没有降低焦裕禄精神的光辉，反而提升了焦裕禄精神的文化品格和历史品位。其二，认为这样一来，焦裕禄的观众更少，吸引力更小。以前我们对焦裕禄的宣传实际上形成了一个有限的圈子——只是让党员干部、青少年和革命军人去参观学习，这是狭隘的；而且这些人中有一部分是带着一种"要我看、要我学"的心态去的，因而又是被动的。如果我们现在把焦裕禄放到一个创业文化的典型、一个积极进取的人生典范的位置上，相信会有更多的家庭、更多的人愿意主动地去凭吊、瞻仰和学习，从而变成"我要看、我要学"。现代父母都很注重对孩子的素质教育，其中就包括创业精神的教育，而且这种教育基本上都是主动的、积极的。焦裕禄恰好就是这样一个非常有说服力的、对青少年进行素质教育的典型，也就是放在我们面前的一面镜子。

二

我们应转变理念，把焦裕禄精神从传统的以艰苦奋斗为主题的创业型道德楷模，提升到人类征服自然、改造生存环境、求取生存创新的意境和高度上来，把它视为人类与客观环境关系变迁过程中的一个时代缩影、一种价值观念形态积淀，以此提升焦裕禄精神的人性力量和永恒魅力。

焦裕禄精神实质上体现了人类改造自然的进取性和柔韧性，代表着人与自然互动过程中的一个相对性哲学总结。而人与自然的关系是要一直持续下去的，如何更好地处理这一关系，也是人类的无限期课题，焦裕禄艰苦创业、人定胜天的精神所蕴含和代表着的启发意义与示范价值就体现在这里。因此，宣传、张扬焦裕禄精神的确为我们改造生存环境注入了巨大的感召力和鼓舞力，也让我们再一次坚信了人类自身就是一个伟大的力量源泉。在这一点上，我们应该认真总结宣传红旗渠精神的经验。目前，红旗渠之所以能吸引那么多人，除了它本身带有人造自然景观的特点而令人赏心悦目外，一个不容忽视、不可否认的原因是：越来越多的人注意到了与焦裕禄带领兰考人民改天换地一样，都是中国人民在改造自然、征服自然的活动中所焕发出来的不可抑制的人类的伟大创造力，以及蕴含在这种力量中的巨大的精神感召力量和看似简单实则深邃的人生启迪意义。

焦裕禄艰苦创业的精神是创业时代的精华，是民族优秀文化传统在创业时代的升华，既有时代特色，又有长期性和永恒性。现在，我们努力把主要产生、存在于特定的创业时代的焦裕禄精神扩展、深入到和平发展年代，让在新观念下成长起来的青少年接受不同时代的东西，是有一定难度的。这就为我们的理论研究和宣传工作提出了一个艰巨而又充满挑战的课题。毕竟单纯而枯燥的说教效果比较差，容易引起逆反心理，对青少年的灌输更是如此。融入人类与自然的关系理念，作为社会发展历史成果，从人类与自然相处的角度，在最基础的天人互动关系格局上，开启焦裕禄精神的社会认同性、公众认知性，应该是一个可行的方式方法。

三

要从构建河南历史文化资源开发格局的高度上重新认识和归置焦裕禄纪念地。过去，我们对焦裕禄的宣教较为呆板，似乎有政治化、脸谱化、说教化的现象。现在应该在坚持传统宣教策略卓有成效的基础上，朝多角度、多侧面、文化化的思路和规模上转变，从单纯的模范教化、典型示范，向规范教化、人格教化的层次上转移，不断张扬焦裕禄精神中的历史文化品质和特性，开发其人文景观旅游资源的价值。也就是说要把焦裕禄从单纯的爱国主义教育、艰苦朴素教育典型上升到河南历史文化资源的高度，开发其旅游价值，纳入整个河南省的旅游资源系统，形成一个富有时代特色的人文景观，让焦裕禄纪念地成为一个最广大的人民群众而不仅仅是青少年、共产党员和领导干部学习和接受教育的场所。

焦裕禄纪念地是开封为数不多的红色资源之一，是映照在豫东地区古代尤其是宋代历史文化宝藏里的一个闪光点，是开封和豫东历史文化旅游资源系统中的一道亮丽风景。如果从开封以至于整个豫东文化旅游资源开发的角度给焦裕禄纪念地定位，那么将是一个富有巨大潜力和无限魅力的思路。遗憾的是，在这一点上，我们的工作力度尚不到位。焦裕禄纪念地在豫东历史文化旅游资源开发格局和棋盘中的特殊地位不仅没有显现出来，甚至在开封极其丰富的人文景观旅游链条上还显得十分孤立和单调。实事求是地说，现在，焦裕禄纪念馆还仅仅是一个教育基地、一个参观点，而不是一个旅游景点、旅游区。参观和旅游毕竟是两码事，它们的目的、动机、方式方法、心态、价值等方面的区别是不言而喻的。其实，把焦裕禄纪念地纳入豫东地区旅游系统进行整体性开发和特色开发，不是不可能的，关键还是一个理念性的问题。比如，可以考虑在开封的"一日游"项目中加上焦裕禄纪念馆这一景区；在"河南旅游"网站专门介绍和有意识地推介焦裕禄纪念地；在开封市的旅游资源宣传推介中，突出焦裕禄纪念馆的特殊性，有意识地引导人们了解它、关注它。

从微观上讲，对于现有的焦裕禄纪念地的设施也不妨重新做一些调整，除了增加一些新内容，还可以开辟一些新项目。现在，兰考的焦裕禄纪念地，除了焦裕禄陵园、焦裕禄纪念馆、焦桐之外，还有一片焦裕禄种下的泡桐树（即焦林），可以考虑在这些纪念地附近或其他适宜的地方复原、再现一部分盐碱地，作为专门的旅游参观景点，从一个窗口直观地反映当年焦裕禄带领兰考人民改造地貌和土壤的真实性和艰难性。用事实说话，用实物教育、感化旅游者，让观众现实体会、亲身感受当年创业的艰难和伟大。还可以考虑建一个焦裕禄碑林，把后来各种人物对焦裕禄的题词、题字、留言刻录下来，以此为永久纪念，也可以请书法家创作一些相关内容的书法作品，或是建一个用焦裕禄带头种下的兰考泡桐制作的兰考琴的艺术博物馆，肯定会别具特色的。

当年焦裕禄在兰考的时候，曾经树立了战天斗地、改造自然、建设社会主义新农村的五面红旗——"秦寨的决心、赵垛楼的干劲、韩村的精神、双杨树的道路、坝子的风格"。如今，这五面红旗村都发生了惊人的变化，在改革开放的新时期继续发扬焦裕禄精神，都取得了可喜的成就。可以考虑把当年的五面红旗统一规划进焦裕禄纪念地旅游资源中，让参观者、旅游者到这些村庄走一走、看一看，自然会有另一种感觉和别样的教育意义。

因此，如果上述这些思路都真正去做一做的话，很有可能就会打造出一个焦裕禄牌的旅游景区，那么在我们的豫东大地上也就会慢慢地升腾起一个全新的集现代人文景观与自然景观于一体的旅游胜地。

（新浪网，2004年5月）

断想汶川地震危难之际

汶川灾区的恢复重建工作正在紧张进行着，义务捐赠活动也在各地火热开展着，一如这每天早出晚归的阳光。经过那么长时间的闻听撞击和视觉冲刷，人们的情感轰鸣已经达到了极限，一次次的泪水和哽咽把人类最朴素的情怀一次次地推向无以复加之地，差不多都快要崩溃了。对于我，实事求是地说，应该是好久好久没有过这么深沉、如此专注的情感体验了，它是一次再纯真不过的荡涤、再强劲不过的净化了。

灾难的煎熬还在继续，对同胞的牵挂一如既往。借着阳光，淋一些清冷的水，晾晒一下浸泡许久的思维机器，再把它慢慢激活。

一

汶川地震带来的影响在一个相当长的时间里都是空前的，它让人类感受到了大自然的桀骜不驯和随心所欲。可是，它任性这么一次却让善良的人们必须承受力不能支的磨难。人定胜天，在某些时刻还只是一个大胆的假设和精神的超越。

二

灾难兴邦！更多的人真实地体验到了灾难面前瞬间凝固起来的民族力量。中华民族是一家，无论你在世界的哪个地方；中华民族是一体，无论你对它了解有多少。如果说在外来压力面前，中华民族表现出了空前的团结，那么在地下喷出的自然压力面前，中华民族依然表现出了超群绝伦的凝聚力和向心力。这是这个民族的传统、优势，也是这个民族的光辉。甚至我们还可以坚定地说，这不是世界上每一个民族面对灾难时都能够做到的。为此，我们更加坚信自己，为自己是这个伟大民族的一分子而自豪。等我们坚强地渡过了这个难关，我相信会有越来越多的人为此而欢呼。

三

政府是为公众服务的社会组织，是表达并实现社会最大多数人意志的机构。抗震救灾中，它做到了，做得很敬业、很辛勤、很努力。远离灾区的我们要多一些理解，多一些宽容，多一些对思想、言论的肯定和行为的支持。这是民族凝聚的另一种形式，另一种必须。其实，很多人都应该知道，民族的东西在大多数情况下，需要一个公共组织去酝酿、整合、调动和运作。而一个强有力的、素质过硬的政府就显得非常必要和可贵。在灾难面前，政府运用它的特殊影响力，激发了人们的民族危机意识；领袖人物的宣示和引导，又以极其强大的感染力和通贯力，聚合了因本能而纯朴、因纯朴而无序的历险心理和抗灾意志；而那一声声呜咽低沉、竭力高昂的国殇汽笛，不是让我们更加真诚地感悟着、谛听到被动员起来的民族的不屈灵魂吗？这一次，政府给了我们足够的信心和毅力。

四

有太多的崇高让我们感奋和敬佩，有许多奇迹让我们激动和庆幸，尤其为我们的青年，包括青年军人、青年学生、青年公务人员、青年志愿者等。然而，也有一些杂音让我们厌恶。其实，这也是一种真实的百态人生。既然真实，那就让我们一样坦然和从容好了。只是我们还越发殷切地希望：谴责和规劝能够熔化那些并不太多但极其恶劣的龌龊，关切和祈祷可以简化自然的恶毒、消解无良的孽障，让所有善良的人们都能够安度生活。

五

军队在这次抗震救灾中发挥了无可伦比的作用，做出了突出的贡献和牺牲。把军队派到最危险、最前沿的地方，承担最重要的抢险任务，完成最复杂、最艰难的使命，战士时刻成为"最勇敢的人"，军队始终无愧于"最可爱的人""最可信赖的人"的光荣称号，这是中国独具的特色，是中国的政治个性。简单而富有通贯、协调能力的政府议事体制，干练而简洁的行政指挥系统，听命于政党的军队服务性质和职责理念，这一切尤其是后者使得中国的军队总能够在最短的时间内奔赴最需要的地方，成为遇险遇难群众的第一救星。这一点在任何外国都是做不到的，也是根本不可想象的。人民解放军不仅成为解放人民于人祸倒悬之中的伟大战力，也成为解救人民于天灾磨难之中的英雄。

（新浪网，2008 年 5 月）

奥运走了：日出不改，日落依然

有话要说的时候到了，第一次直接在博客上写了起来，不要草稿，不需雕琢，随心所欲，只因言为心声……

奥运渐渐远去，东升西落的太阳值班如常，虽然没有像有些朋友那样，至今尚未走出奥运的轨迹、奥运的牵扯，以至于竟然不知道没有赛事的日子该如何过。但是，心里还是有些恋恋不舍的失落和空茫。奥运越来越远，辉煌长存记忆，荣耀契入历史，唯有一颗心会澎湃如初，只要一想起那些激动人心的日子，总会自觉不自觉地升腾出一股股暖流和一丝丝震颤。

不要再细说百年的耻辱，不要再慨叹30年的飞腾，奥运盛开并完美谢幕，就是最珍贵的记忆。它可以冲淡百年的伤痕，它可以升华最近数十年的进步，它更可以催促未来中国的发展。这才是奥运最大的财富。

奥运走了，收缴了数十年的个体工商户的相关税费也即将要取消了。这是另一种纪念，纪念国家建设和社会发展的几十年的蹒跚步履，记录人民享受和谐安康的一种真实的充盈心境。仓廪实而知礼节，该去的，就让它义无反顾地去吧。

奥运走了，从幼儿园到小学，从中学到大学，所有的学生马上又要开始新的校园生活。家，再也不能像这一两个月那样，可以任你胡乱地躺下身体、丢下衣物了。因为奥运，大家简化了生活规则，放弃了批评和挑剔，竞争的诱惑和胜利的喜悦，把好多好多的清规戒律都淡化到忽略不计的地步了。可是，这些时日不会再有。开始吧，开始适应紧张而快乐的学校生活吧，那是另一种家所不能及的欢愉和轻快。

奥运走了，汶川的同胞还好吗？在那些日子里，全神贯注于赛场风云，聚精会神于奖牌榜名次，可是，人们并没有把依然与灾难进行抗争的同胞忘记。我们知道，在简陋的安置房里，很多人凑在一部电视机前，和我们一样，也在为中国健儿的成功而欢呼，为刘翔的因伤退赛而沮丧。今天早上，我还听到了国务院总理写给灾区小朋友的慰问复信，以一个关爱少儿的老人口吻、一个日理万机的政治家的笔触，鼓励孩子们坚强些，再坚强些，与祖国和人民一道，重建家园，憧憬未来。

8

奥运走了，一切还得继续。一方面要继续到四年后的伦敦，我们期望中国和世界同样有一个更大的超越和辉煌；另一方面要继续到每一天每一时每一刻，期望我们的国家更加繁荣昌盛，我们的世界更加和平安宁。

（新浪网，2008 年 8 月）

天旱无情却为何

　　一觉醒来，西南依然干涸，旱情严重。据说已经酿成了国际争端，一些周边国家把天旱之责一股脑推于中国——开发澜沧江过度，在水的上游修建水电站等太多。一个"水"字，不仅闹出了人命，还闹出了国际纠纷。

　　何为贵？一"水"了得！

　　很小的时候，就听说过水火无情。对于火，有太多的灾难深刻记忆之中；尤其是对于水的魔力，有更多的体会：1998 年特大洪水，再早一点的"75·8"特大洪水等，无论哪一次，都让人刻骨铭心。但是，它们皆因水之盛而成灾。这一次却不一样，缺水同样可以酿成灾祸！

　　兵来可以将挡，洪水为害，也可以土掩，唯独这没水的日子难过。民命为天，何以为继？无论你是高官显贵，还是草根中产，没有水，哪来的生命。于是乎，抢水大战在即，连泼水节也要精简。向谁抢，向谁要？深挖洞，甚至到山里探寻，只要感觉能藏水的地方都要去看一看、找一找。

　　平日里，一点儿水不喝，只是有点儿不舒服。这个时节，几天不喝水，那种痛苦，人们都理解。

　　我劝天公重抖擞，不拘一格降"水"来！

　　如果鱼儿有思想，可以想象，在气息奄奄的那一刻，它肯定会祈祷有谁前来搭救。连人类都自顾不暇了，鱼儿只好先行一步了。

（新浪网，2010 年 3 月）

坚持特色兴校，追求充分发展

特色，顾名思义，是事物所表现出来的独特色彩和风格，是不同事物彼此区别的显著标志，特色的形成和发展，取决于特定的具体的环境因素。特色兴校，对于高等教育而言，就是高校充分发挥自己的特殊性或优势，实现充分发展。其中，人才培养特色、学科专业特色等，尤其是办学特色，成为最主要的层面。

办学特色，多半是指一所学校在长期的办学过程中积淀形成的、本校特有的、优于其他学校的独特优质风貌。它在学校改革和发展中，特别是在人才培养过程中，始终潜移默化地影响着学校的进步，具体可以体现为昭示方向、凝聚人心、激发干劲、检验成果等。

作为一所百年老校，我校长期积累形成了优良的办学传统，也成为我们业已达成基本共识的办学特色：求知求实、创新创业。与此相适应，我们的人才培养特色是培养基础宽厚、作风严谨、适应性强，具有一定国际视野、较强创新创业精神和实践能力的高级专门人才，关键是突出创新创业型人才的培养。我们的专业特色则是纺织、服装、机械等学科。

努力实现学校"十二五"发展规划，坚持特色兴校，是既定的发展战略。全校上下务必统一认识，同心同德。

客观认识自我，科学定位。百年打拼、长足发展，我们的底子越来越厚；从丝绸起家，渐成纺织特长，我们基本确立了省属高校前列的地位；理工交融、多科发展，曾经让我们获得了很好的发展契机……但是，产业更新和梯度转移带来的冲击，让我们保持优势的挑战和压力越来越大。对此，我们应有足够的清醒。"511"发展战略，即"学校办学综合实力与水平稳居省属高校前五，学校一些办学指标处于省属高校第一，学校进入全国百强行列"，恰恰就是在新形势下，冷静观察校情省情和高等教育发展态势，我校给出了未来五年发展的准确定位。我们务必要抓着这个战略不放松。

继续做强做大特色优势学科。长期的办学经历和较为鲜明的行业特色，使我们在学科建设上逐步培育出了自己的特色和优势，一方面推动了相邻和相关学科的振兴，另一方面有力地支撑了学校的整体进步。仅以杭派女装为例，该领域内超过60%的顶尖设计师出自浙江理工大学，这种骄傲再一次验证了我们当初从纺织辐射开去的学科发展战略的正确性。时移世易，在特色兴校理念日益深入人心、全省各高校竞相发展的时候，我们如何确保特色优势学科持续强势发展，同时带动周边或相对薄弱学科的共同进步，已经成为摆在我们面前的新课题。学校"十二五"发展规划和第二次党代会提出的新的发展方略，给出了准确的判断和科学的规划。只要我们坚持分类发展、分层发展、竞争发展的意识，以强扶弱，以先进带后进，就能够进一步做强做大特色优势学科。

发扬创新创业传统，进一步优化人才培养模式。求知求实、创新创业的传统，是我校梳理校史、纵观省内高校发展特色之后，提炼出来并切实长期积淀下来的。强调专业设置要跟上社会的发展，及时反映市场的需求；课程安排应适应创新型人才的培育需求，既遵循专业的发展规律，又切实跟上高等教育外部环境的变化，与时俱进；积极引导、热忱鼓励大学生在创新中学习，在创业中成长，并在相关环节上为他们创造条件、提供便利……这一切求知求实的举措，加快了我校创新创业型人才的培养。比如，推动大学生创业科技园建设，目前搞得有声有色；培植大学生创意市场，也进行得红红火火；以金晶、吴立杰为代表的学生勇敢闯市场，他们的成绩使我校在全国大学生创业排行榜中连年名列前茅；尤其是以周毅为代表的又一批优秀毕业生或扎根西部或投身乡村，与当地群众共谋发展良策，把汗水洒落在希望的田野上……

挖掘校史文化资源，提高学校品质。站在文化的高度，精心进行顶层设计，确保我校百年历史挖掘深入、资源整理全面翔实、保护开发有力有效，切实打好历史牌，做好文化大文章。在当今建设文化强省、强国的社会潮流中，丰厚的学校发展史资源，是前辈们留给我们的珍贵财富。我们唯有把它们保护好、开发好、传承好，才无愧于蚕学馆这张历史名片和代代前贤的躬耕与后辈们的期待。目前，当务之急就是广泛地开展知校史、懂校训、唱校歌、戴校徽的活动，培育广大师生员工的爱校之情和为学校无私奉献的精神。

坚定不移地推进国际化办学。随着高等教育大众化的深入发展，国内环境发生了巨大变化，比如人口总量趋于稳定、教育途径方式多样化、成长成才成功理念多元化，等等。这些变化鲜明地考量着大学教育的未来空间和舞台。从更宽广的视角来看，世界多极化、经济全球化，造成了区域、民族、行业、学科之间更加频繁、深入的交流与渗透。这些都是拓展国际化办学的大好时机。我们只有抓住了这个时代性的机遇，才能在高等教育的又一轮大发展中获得更大的空间。请进来、走出去，应当成为推进国际化办学的两条路径。请进来，要求做好内功，增强对留学生的吸引力和凝聚力；走出去，要求我们释放魅力，做文化的使者和沟通的桥梁，追求合作双方的共赢和共进。

（《浙江理工大学报》，2012 年 6 月）

教师教育理想懈怠再探

一

崇高的教育理想是教师的基本素质。教师教育理想弱化是各种主客观因素共同作用的结果。

第一，互联网的普及客观上削弱了教师掌控知识、把握信息的优势，一定程度上削减了教师保持教育理想的坚定性。教师不再像以前那样高居知识的顶端，稳坐信息的源头，在教育教学过程中，溶解了诸多心理优势和高位优势，因而产生了职业理想疲惫和教育理想倦怠。

第二，转型期社会剧变冲击了教师恪守教育理想的自觉性。一方面，人们的契约意识越来越强，投射到校园里，给传统的师道尊严式的师生关系加入了很多雇佣色彩，特别是在非义务教育阶段，学生缴费上学，因而包括家长，对教师表现出了日益增多的超越敬重的平等意识。另一方面，社会上诸多不良风气也渗入校园里，现实地蛊惑、侵蚀着教师队伍，拉扯着教师的职业精力，冲击了教师的职业忠诚。

第三，教师职业的日益平民化在一定意义上削弱了教师的教育理想。一方面，开放性的现代教育打开了学校的围墙，使得学校的庄严感和教师的神秘感大为降低；另一方面，教师职业越来越平民化、大众化，教师职业门槛渐低，淡化了教师职业的特殊魅力和群体优势，使得教师难以保持应有的教育理想。

第四，有些教师持业不恭、从业不精，以至于社会上总有些人拿教师说事儿、拿学校说事儿，甚至还妖魔化教师。这样也不可避免地弱化了教师的敬业意识和教育理想。

二

理想是行动的指南和加速器。教师树立正确的教育理想，是胜任教育职业的前提和保障。

第一，在教育对象和教育理念上，树立"为了所有的学生，能够切实促进学生全面而有个性的发展"的价值观。教师的价值在于通过教人而育人，有教无类，教所有人，育更多人；教育的价值在于通过教育使受教育者在保持个性的前提下全面发展，而非一刀切、齐头并进。因此，教师要有敬业精神，还要有职业素质。

第二，在教育目的和宗旨上，坚定"使受教育者成为对社会有用的人，成为党的事业的可靠接班人"的信念。既要给学生以知识和技能，更要给学生以理想和信仰，把学生培养成既能生存又能发展，既能修身齐家又能治国平天下的人。

三

理想来自内心的深刻体悟和真诚的信仰，也有赖于社会的维护和全民的尊崇。

第一，教师要走出象牙塔，以平常心坦然面对社会巨变。一方面接受社会对教师队伍更严格的要求或监督；另一方面跟上时代的变化，在职业平民化的趋势中，在继续保持知识优势的同时增进职业庄严性和神圣感。

第二，党和政府的政策规划、制度设计要确保教师职业的崇高性，还学校一方净土，促进教师更加热爱教育，引导、激励教师深化愈益坚定的教育理想。比如，严格执行、确保落实《中华人民共和国教育法》和《中华人民共和国教师法》等，保障教师的生存、发展等合法权益，真正确立教育乃千秋大业的社会共识；破除教师职业的终身化传统，完善资格准入制，坚决清除教育理想严重欠缺、职业素质低下的害群之马。

（2012 年 9 月）

还榜样以引领作用

培育、践行社会主义核心价值观，必须坚持发挥榜样的示范引领作用，由此凝聚社会正气，传播正能量。榜样是时代的旗帜，榜样的力量是无穷的，中国革命、建设和改革开放事业之所以能够取得巨大成就，榜样文化无疑发挥了巨大作用。青少年很善于模仿，榜样教育更起到了重要的作用。

改革开放后，榜样文化建设遇到严峻挑战，尤其是进入20世纪90年代，抹黑经典榜样、混乱榜样理念、质疑榜样教育传统等，冲击了对于榜样的一贯认知。质疑雷锋，抹黑草原英雄小姐妹，恶搞董存瑞、黄继光，玷污邱少云等，诸如此类的解构英雄、污蔑榜样，不仅引起了思想混乱，大大降低了榜样的凝聚力、示范性和号召力，也极大地削弱了新树立榜样的吸引力。

进入21世纪，社会主义核心价值观建设引发新一轮榜样文化思考。要纠正近年来对榜样及其宣传的偏颇，我们要打开榜样文化建设的宝藏，寻求培育与践行、认同与引领社会主义核心价值观的新渠道、新资源。经过社会培育和挖掘，让榜样走向舞台正中，并带着社会主义核心价值观所倡导、追慕的品质和风范。例如，"100位为新中国成立作出突出贡献的英雄模范人物"和"100位新中国成立以来感动中国人物"，源自五四运动以来的中国社会发展，他们哪一位不是在追求富强、民主、文明、和谐的国家蓝图，自由、平等、公正、法治的社会美景和爱国、敬业、诚信、友善的个人境界中脱颖而出的？他们大多数都为此付出了生命的代价，他们是我们弘扬主旋律、传播正能量、优化党风政风社气、凝聚中国精神的宝贵财富和精品素材！

文化自信、理论自信决定了我们发挥榜样力量、践行社会主义核心价值观的必要性和紧迫性。文化自信来自对民族历史和民族遗产的认可，理论自信源自对近代中国发展和中国智慧的尊重。通过树立榜样凝聚人心，直面未来，继续挖掘、整理榜样文化的历史魅力，继续培育新的榜样，确立新的典型，释放榜样文化的现实张力，一方面可以回归、观照我们的文化宝藏，另一方面可以丰富和发展我们的理论财富，从而再一次充实我们的文化自信和理论自信，追逐民族复兴的伟大梦想。

（杭州网，2014年7月）

以"红船精神"引领中国改革跋涉深水区

【摘要】中国改革一如既往,但已至深水区,如何履涉,需要大智慧、大魄力,尤其需要更通达、高昂的精神的引领。对此,红船精神具有特别的意义。纵观中国30多年尤其是最近两年多的改革,成绩斐然,浸透了红船精神品质;俯瞰、追慕当下及未来的改革,红船精神历历在目,国人倍感任重道远,但依然信心百倍。其中,开天辟地、敢为人先的首创精神,为深化社会改革尤其是政治改革、强化党的执政能力建设,设定了行为气质;坚定理想、百折不挠的奋斗精神,已然成为深度改革啃硬骨头、打攻坚战的思想预备和在场意识;立党为公、忠诚为民的奉献精神,是中国改革涉水临渊必备的权力支持和政治保障的先锋自觉。

一、深水区是中国之前改革激荡的结果,也是之后改革必须攻克的难关

30多年来,中国改革的核心和最大福祉莫过于砸掉"大锅饭",打破平均主义,成功实现从高度集中的计划经济体制到充满活力的社会主义市场经济体制的伟大转折,无论是工人、农民还是知识分子,也不管是普通群众还是政府管理者,无不由此受益。但这种带有"普惠式"特点的改革,已经越过"帕累托改进"阶段,各方面普遍受益和广为接受的改革措施越来越少,达成改革共识的难度进一步加大。

深水区当面,攻坚期到来。被固化的深层利益关系越来越多,必然要被触及;既有重大利益覆盖社会的诸多领域,一定要进行深刻的调整。今后的改革已经从经济领域投向更为广阔而复杂的政治、文化、社会、生态等诸多方面,各种改革之间相互交织、相互掣肘,对改革方案的专业性、系统性要求更高。

"再深的水我们也得蹚。"实现持续健康发展,亟须攻克体制机制上的痼疾,世界各国竞相转型的竞争格局不容我们做其他选择,改革关乎国家的命运、民族的前途。顺利蹚过"深水区"无疑需要更大的勇气、更多的智慧、更强的韧性。这是一场新型的伟大社会革命!

二、秉持红船精神，勇毅跋涉改革深水区

红船精神以"开天辟地、敢为人先的首创精神，坚定理想、百折不挠的奋斗精神，立党为公、忠诚为民的奉献精神"，成为中国革命精神之源，相继酝酿了井冈山精神、长征精神、延安精神和西柏坡精神等，最终开创了中国革命的伟大胜利。之后，继续引领中国探索具有民族特色的社会主义建设道路，一路前行，越过险滩和曲折，进入了更加宏阔的社会主义改革开放，并把中国推向世界第二大经济体的辉煌状态。可以相信，我们继续坚持红船精神，也必将能够跋涉前行，安全渡过深水区，从而创造出更大更多的世界奇迹。党的十八大之后两年多的发展，已经让世人真切感受到其卓越的引领作用。

（1）开天辟地、敢为人先的首创精神，为深化社会改革尤其是政治改革、强化党的执政能力建设，设定了行为气质。

深水区的改革，其艰巨性、复杂性前所未有，没有现成的路可走，只有解放思想，不断创新！综观当下进行中的改革，在习近平总书记的带领下，大刀阔斧，充满了创新创造的胆略和刚劲；规划中的改革，在以习近平同志为核心的党中央领导集体的日志里，高瞻远瞩，浸润着震古烁今的魅力。

第一，从严治党、廓清吏治、强化廉政，作为新一届党中央的第一要务，已经成为习近平总书记治国理政大开局的起手式。上树信仰、中立坐标、下画红线，寻找到了治国理政的关键。刮骨疗毒、壮士断腕般的重典反腐，厉行"把权力关进制度的笼子"。言之凿凿、雷厉风行，收效甚巨，疏通了人气、收服了人心、整理了信念、营造了坚实的群众基础和社会基础。从国家的领导团队——执政党和公务员队伍抓起，从权力结构的顶端——公权改起，这样的顶层设计，找到了政治改革的突破口，跳出了政治改革的困局，掀起了政治改革的宏大叙述篇章。

第二，保持党员队伍的纯洁性。通过群众路线教育实践活动等，讲究政治忠诚、思想纯洁和行动纪律，清理不合格的党员，改进党的作风，凝聚党的向心力和战斗力。2013 年 8 月 19 日，习近平在全国宣传思想工作会议上的重要讲话；2015 年 10 月 15 日，习近平在文艺工作座谈会上的讲话；2014 年 10 月 31 日，在全军政治工作会议上的重要讲话；"1·16"中央国家机关党组工作专题报告之中央政治局会议等一系列重大举动创新了党的建设的理念和方法，让世人看到如何践行"坚持党的领导、完善党的领导"。

第三，舞动组合拳，吹响覆盖 15 个领域包含 60 项任务的全面深化改革的号角。立法、司法体制、社会主义协商民主、公务员队伍、经济体制和生态文明体制、文化体制、财税体制、户籍制度、央企管理、考试招生制度、媒体管理与发展、农村土地流转、中国（上海）自贸区、新型智库、现代公共文化服务……

一股股强劲的改革之风，以迅雷不及掩耳之势，使一系列重大期待在呼吁多年、准备日久之后，终于冲破藩篱，破茧而出。

（2）坚定理想、百折不挠的奋斗精神，已然成为深度改革啃硬骨头、打攻坚战的思想预备和在场意识。

近观时下，习近平总书记励精图治，成竹在胸，在短短的时间里，已经使国家在政治、经济、外交等各个方面呈现出焕然一新的政治气象。党中央打造的"新常态"不仅令中国民众赞赏，也在震动国际社会——适应这些"新常态"成为"当前世界最急迫的功课"。这些真实地揭示了一个道理：中国的改革必须秉持百折不挠的精神，才能跋山涉水，坚毅向前，才能持守"新常态"，发展"新常态"。

第一，政治建设先行，反腐治吏声色俱厉，力主老虎苍蝇一起打。"以江山社稷为念，虽千万人吾往矣。"规制权力，是全社会最关心的大政；惩治腐败，是老百姓最欢欣鼓舞的大事。目前，反腐败雷霆万钧，以至于蛟龙愤怒、鱼鳖惊慌、四野震撼。约束权力、无死角无盲区零容忍反腐，因为触及社会利益结构，而成最为复杂艰险的改革。因此，务必逢山开路、遇河搭桥，勇往直前。

第二，重新定位意识形态建设。意识形态的核心就是信仰和信念，信仰是思想的强大支柱，信念是力量的根基源泉。没有坚定的信仰引领，就难以经受严酷考验；缺乏信念的有力支撑，就会在干扰诱惑前败下阵来。在新媒体时代，在市场经济时代，务必坚持马克思主义的意识形态，锤炼思想、提高认识，在各种意识形态斗争中站稳立场，牢牢把握主动权。这需要智慧，更需要毅力。

第三，凝练社会主义核心价值观24字（富强、民主、文明、和谐，自由、平等、公正、法治，爱国、敬业、诚信、友善），实现了"对传统意识形态的一次大胆突破"，形成了各种社会认知的最大公约数，统贯了改革事业必需的民族共同精神。

第四，延伸治国方略，规划并实施外交路线图，彰显大时代、大格局、大智慧。在涉及中国核心利益和重大问题上，一改往日韬光养晦、被动应对的传统方式；向世界宣示中国梦，讲好世界梦。这些创意和动作，不但是实力的支撑和释放，更是魄力毅力和智慧的呈现。

（3）立党为公、忠诚为民的奉献精神，是中国改革涉水临渊必备的权力支持和政治保障的先锋自觉。

十八大以来，新一届党中央在治国理政尤其是在党的建设方面，表现出全面性、系统性、有决心、有勇气四大特点，突出地体现了现代执政理念，主动回应老百姓的诉求，"人民群众对美好生活的向往，就是我们的奋斗目标"。作为执政党，把自己的崇高理想和优秀品质，贡献给有养育之恩的祖国和人民，是中国共产党立党为公的价值本源，体现着90多年奋斗历程的基本规律，也是中国共产党执政为民的宗旨。在走进深水区攻坚期的改革阶段，中国共产党更应兢兢业业、如履薄冰，时时处处把为人民谋福祉作为思想和行动的起与始。

第一，以高度的时代危机感、政治责任感，定义党的领导，展开宏大的顶层设计，领导全面深化改革、全面推进依法治国，建立政治新生生态。十八届三中全会给未来规定的改革有332条、四中全会有180条内容，这是一个务实的长远规划。充分体现了新一届党中央敢于担当、自我加压的历史使命感，是最实在最高贵的立党为公、执政为民。

第二，从对人民负责、对历史负责的高度，敢于并善于继承、发扬中华民族的优秀传统和中国共产党自身的优良传统。继承发扬民族优良传统，洋溢着历史自信和文化自信，意在以文化的力量团结全国各族人民和世界各地的华夏爱国者；继承发扬中国共产党的优秀传统，充满着当代自信和制度自信，当思以历史的自觉培固社会对执政党的信心和支持。

第三，大处着眼、微处做起，把改革落实到与民众息息相关的地方，获取人民群众的信赖和参与。比如，改革文风，反对长、空、假，提倡短、实、新，以提倡短文章、短讲话、短文件为改进文风的主要任务。再如，对形式主义、官僚主义、享乐主义和奢靡之风这"四风"的作风之弊、行为之垢，进行大排查、大检修、大扫除，坚持照镜子、正衣冠、洗洗澡、治治病，做到自我净化、自我完善、自我革新、自我提高。还如，作风建设要踏石留印、抓铁有痕，作风建设好不好，要以人民满意为标准，让全党全体人民来监督，让人民群众不断看到实实在在的成效和变化，"小康不小康，关键看老乡"，等等。

第四，勤政为民，改变工作方式，改进工作方法，更自觉更有效地履行公权，提升造福社会、服务国家的能力和水平。比如，"我们应该从制度上防止急功近利和短期行为"，树立"功成不必在我"的政绩观。再如，号召全党"都要有本领不够的危机感……要一刻不停地增强本领"，做到"打铁还需自身硬"，要努力摆脱"新办法不会用，老办法不管用，硬办法不敢用，软办法不顶用"的管理困境。还如，要求各级领导干部走基层，如果"不能和群众谈心，你说的话群众听不懂，怎么会有感召力？怎么指导实践、推动工作？"

（浙江在线，2015年1月）

百年回眸废科举

【摘要】科举作为中国延续了 1300 多年的官吏选拔制度，其实际意义和历史影响都有双重性。被废百年之后，今天重新审视：废，有必然与偶然；有重大的进步意义，也有意料之外或次生的副作用。

一、科举属性的多维追思

官吏选拔制度。作为中国封建时代对九品中正制、察举制的替代选拔制度，中央王朝分科考选文武官吏及后备人员的科举经过长期施行，日臻完善和成熟。它的原初功能也被赋予新的追求，从基本的官吏选拔到特殊人才的甄选，在整个国家用人制度体系中发挥着最基础的作用。

人才选拔制度。尽管科举制使得任何参加者都有机会成为官吏，但是通过科举考试的人员，未必都被赋予官职。如此一来，科举选拔官员，就有了选拔一般人才的功能，从而成为隋代以后中国封建王朝的重要选人用人渠道和选才储才制度。

知识与文化的助推器。科举制度破除了出身寒门的普通人无法步入仕途的局限性，较大范围内实现了知识分子的政治参与的平等。这是对知识和文化的尊重和保护，也因此进一步形成了崇拜知识和文化的社会氛围和历史传统，其进步意义毋庸置疑。

二、科举之废的必然与偶然

废除科举，乃特定历史时期的必然选择。清末的时代之变，风云激荡，废除千年科举，因应除旧布新的潮流，虽为清政府努力自救，仍不失为大势所趋的明智行为。

废除科举，也带着特定时代的任性和偶然。清末新政是时局巨变前夜的被动应对，缺乏主观的自觉和社会上下一体的同向合力。废除科举，作为此时诸多激变之一，也是对新知识群体的回应，并非全社会的整体反思和理性检讨。

三、科举之废的负面效应

清末废除科举，作为一系列顺势之举，在根本意义上释放出了历史的进步性。但是，也在一定意义、一定程度上，带来了意想不到的后果，甚至或明或暗地造成了对于中国文化的一些冲击。

尊重知识、捍卫传统的自觉丧失。连科学知识、优良传统也进入怀疑、摒弃之列，这种现象的日积月累，虽然不能完全归结于废除科举，但与之有关，至少是一种潜在的后果。

权威意识的极速淡化。以文才取士，是对才识的肯定，逐渐树立了对于知识的尊奉，并由此形成了文化权威和知识权威及其追慕和尊重。仅就此而言，科举的价值不容怀疑也不可小觑。但是，废除科举之后，社会渐渐地生发出了对于"学而优则仕"的批判和摒弃，连带着对于学术的崇拜也漠然起来且终至缺失。目前，中国不管出于何种情由和目的，阵阵惊呼、声声讨伐"学术无大师"，某种意义上，泄释出对于现有各种以知识为载体、为分量的学术权威的冷漠和不屑。这，似乎也可看作是一种时代自信和知识分子群体自信的缺乏，当然也与文人相轻的陋习不无瓜葛。

新媒体时代进一步凸显科举之废的汉语护卫乏力和民族精神蕴藉的弱化。这种现象和忧虑是否正确，见仁见智。但是，不得不面对的事实是，作为中国文化的重要载体和容器、重要形式和工具，汉语遇到了应用与传承的冲击。而一定的人才选拔包括官吏选拔制度，借助考试实行开去，多半会有助于母语的保护。科举时代，无论堕落到八股文的蹂躏文化时期，还是开明的初期，都显然有助于对于母语汉语文字及其蕴含的中国文化的存留与开发、延续。如今，新媒体的全面铺展，造成了一种超越时空的意外和忧虑——似乎当下中国已经丧失了一发系全身、一线动全民的文化形式。试问，谁还能捍卫汉语的无上魅力与精神包容？

隔空穿越与隔代遗传，潜在地造成共和国对高考与干部委任制的新崇拜。科举废除之后，无论民国还是共和国，都在不断尝试新的替代品，以落实对于人才的培育激励和官吏的择选。但是，民国的尝试，甚至在五权宪法制度下做出了新的安排，也未能良好地理政以至于最后失位，与废除科举、新的人才选拔制度未能及时跟进有关系否？如今，共和国全面推行高考，辅之以多样化的干部考选及委任制度，是否又因此造成了新的考试崇拜？不言而喻。

（新浪网，2015 年 5 月）

建议 G20 峰会领导人在嘉兴南湖合影

2016 年，G20 峰会将在中国杭州举办，这是一次堪比奥运会规模的国际大交流。

按照历届峰会惯例，在峰会开幕式上都会有各国领导人合影环节，这是一个万众瞩目的瞬间，也是 20 国集团领导人在全世界集体亮相的好机会。通过研究发现，历届峰会大多在主会场室内搭台或者在主办地的标志性建筑前方合影。2016 年是中国首次举办 G20 峰会，恰逢也是中国共产党成立 95 周年，我们建议沿袭峰会合影留念的传统，同时进行创新，即离开主会场——杭州，前往中国共产党的诞生之地——嘉兴南湖，完成 20 国集团领导人合影留念环节。

一、具体合影地点

嘉兴南湖位于浙江省嘉兴市，是国家 AAAAA 级景区、国家级风景名胜区、全国红色旅游经典景区、华东旅游线上著名的旅游区、全国百个爱国主义教育示范基地之一。嘉兴南湖不仅以秀丽的风光享有盛名，而且还因中国共产党第一次全国代表大会在这里胜利闭幕而备受世人瞩目，是中国共产党的诞生地，我国近代史上重要的革命纪念地。具体合影地点有以下几个建议：南湖景区正门口、烟雨楼前、南湖红船前、南湖革命纪念馆前、会景园。

二、为什么选择在嘉兴南湖合影

第一，1921 年 8 月初，中国共产党第一次全国代表大会在浙江嘉兴南湖的一条游船上胜利闭幕，庄严宣告中国共产党的诞生。红船，见证了中国历史上开天辟地的大事变，成为中国革命源头的象征。红船，一直接受着人们特别是共产党人的瞻仰。

第二，2002 年 10 月，习近平调任浙江省委书记后，即怀着无限崇敬的心情，专程到嘉兴南湖瞻仰红船，接受革命精神教育。习近平参观南湖时曾说，如果我们的党员同志能够来南湖看一次展览，听一次党课，学一次党章，观一次专题片，瞻仰一次红船，重温一次入党誓词，有助于精神传承、思想升华。

第三，2005 年，习近平在《光明日报》发表的《弘扬"红船精神" 走在时代前列》，将红船精神上升到中国革命精神之源，并将红船精神的内涵提炼为"开天辟地、敢为人先的首创精神，坚定理想、百折不挠的奋斗精神，立党为公、忠诚为民的奉献精神"。

第四，在嘉兴南湖红船设置合影环节，有助于进一步落实习近平首倡的红船精神，策略性展示习近平总书记治国理政的理念和政治进步的历程，体现习近平总书记的大国领袖风范；也有助于灵活宣传中国共产党，树立中国共产党在国际上的形象，凝聚中国共产党的吸引力。同时，20 国集团领导人在浙江嘉兴南湖合影，可以大大提升嘉兴在中国乃至国际上的知名度，有助于宣传嘉兴、浙江，宣传绿色文明和美丽山水浙江，展示浙江独有的历史文化资源，示范、带动红色文化产业及红色旅游业的发展。

第五，嘉兴离主办城市杭州距离很近，交通便利，乘坐高铁只需 30 分钟，也可以让各国领导人乘坐一下中国的高铁，感受中国铁路交通的迅速发展。在历史上，世界级峰会也有离开主会场拍摄合影的先例，我们可以借鉴。

三、配套设施、举措，主要压力

G20 峰会领导人离开主会场前往分会场必然会加大沿途的安保工作压力，行程上也会带来一定的时间消耗，会影响峰会流程，所以在时间安排上需要更加紧凑有条理；需要安排足够大的空间和最好的光线角度留给各国媒体搭架拍照；需要杭州、嘉兴两个城市的人员做好任务的衔接和分工。

（等你在杭州，2015 年 11 月）

提升网评员队伍素质，打赢意识形态网络战

网络意识形态斗争是一场看不见硝烟的战争。网评员队伍的建设与发展，对于我党能否在新的社会历史条件下确保占领站稳网络意识形态阵地，至关重要。

目前，网评员队伍建设还比较薄弱，一方面政府管理和指导欠缺，尚未形成相应的体制机制；另一方面网评员理论素养和业务水平参差不齐，直接影响了网评员的战斗力。通过整容、扩容等，不断完善网评员管理系统，提升网评员相应的素质素养和能力，使之成为一支既能冲锋陷阵，又能无往不胜的网络红军，不仅势在必行，而且刻不容缓。

一、网评员队伍建设现状

（一）理论素养低，战斗力无法持续

目前，我们的网评员队伍，基本以青年人为主。他们年轻，有活力、有干劲，更为熟悉网络技术和网络话语，对网络舆情反应灵敏。而且，他们大多文笔犀利、视角新颖，参与舆论往往一针见血。但是，他们文化程度高低不同、教育背景复杂多样、理论水平总体较低。因此，尽管游走网络的时候，兴趣盎然、激情满怀，却也明显存在着诸如言辞不够严谨、论理不够充分、深度解析浅尝辄止、逻辑力量较为虚弱、持久作战补给短缺、后发能力严重不足等缺陷。比如，他们在回应网络舆论的时候，情不自禁、有感而发，话语中常常出现政治理论、方针政策、法律法规等方面的漏洞和偏差。甚至有的网评员在参与网络舆论战的时候，尚未进行深入的理论思辨和逻辑整理，为了省事，就直接摘用、转述网上信息或引用领导人讲话，拼凑痕迹明显、"跟屁虫"形象鲜明、缺乏理性色彩。

缺乏理论素养的网评员队伍，厚度不够、硬度不高、耐力不足，后果严重。轻者，引起普通网民的轻视、反感和质疑，无法引导网络共鸣，维护、传递正能量；重者，极有可能被那些"公知"们寻着破绽、穷追猛打，以至"钓鱼"，反成网民攻击的对象，进而助长舆论风波；更严重者，不仅不能持久作战，还会冲击我们网络意识形态斗争的战略规划和总体部署。

当初，周小平、花千芳等青年才俊凭着一腔热血走向网络斗争的第一线，慷慨陈词、掷地有声，有力回击了历史虚无主义，大大激发了人们的网络舆论热

情，也树立了十分珍贵的网络新战士的形象。但是，他们的文章评述也受到了许多围攻，批驳、围攻者的主要抓手，就是周小平、花千芳二人文章中的常识性错误和理性薄弱。周小平、花千芳二人奋起反击，但难以持续发出篇篇精品，更无力投射"集束炸弹"，主要也还是因为缺乏深厚的理论储备。

（二）队伍松散，政府管理未成系统

目前，网评员多是兼职人员。他们分散在全国各地、各行各业，或者隶属有职责背景的军警、国安系统，或者是党政机关的公务员，或者是企事业单位的员工，有的还只是因为爱好写作、摄影、旅行等而活跃于网络的自由职业者，等等，不一而足。这些人，面对网络上的奇谈怪论，尤其是那些恶劣低俗的言论，他们最初只是出于公义而愤然应对，并无自觉，也没有彼此合作；无论在职业上、区域上，还是在参与网络舆论斗争的具体行动上，都是分散的，各自为战的。党和政府相关的管理部门给予他们的一些引导和支持，也是从各自的职责范围和权限出发，彼此缺乏通盘考虑和全面协调、相互呼应。

比如，在文化宣传教育领域的网评员，既有高等教育部门的，也有社科院等研究系统的，还有文博、影视、出版等单位的。仅就高校而言，既有由党委宣传部主导的队伍（师生都有），也有由团委主导的团干部、大学生中国特色社会主义理论研究会的成员，还有马克思主义学院等业务部门积极参与的教师和研究生，当然也有自发参与网络斗争的大学师生。在高校内部，宣传工作本来就是统一的，但是，各个部门的工作职责有别，参与热情和方式方法各有特色，导致网评员散落在各个地方，难以形成兵团。从管理的角度看，在省一级的管理格局中，省委宣传部、省委教育工委和教育厅、省文化厅、团省委、总工会、妇联、省委党史研究室、省委政策研究室等，似乎都有职责和能力，参与到网评员队伍的管理中来。但是，究竟由哪个部门来统筹、协调呢？散乱状态的网评员队伍，大大降低了打赢网络意识形态斗争的保险系数。第一，无法发挥联合作战的优势。网评员因为本职工作不同、业务背景复杂多样，参与网络斗争的技能、素质也各有优长。但是，因为缺乏协调、整合、联动机制，互不统属、彼此分离，他们如何优势互补、协同作战？在发挥好游击战的优越性的前提下，怎样形成网评员大规模作战、联合作战的态势？第二，缺乏整合和监管的网评员队伍可能造成网络负能量。天各一方、彼此陌生的网评员对于网络舆情的评论惯于运用"个人语言"，容易引起不必要的误会和纷争，甚至导致革命营垒内部擦枪走火。网评员人群日渐壮大，却无相关的制度约束、纪律管控，也会造成新型的"任我行"，如有的网评员借机敛财，有的网评员被蛊惑利用甚至反水，等等。第三，党和政府的意图难以及时有效地通过网评员释放出去。在尚未出台明确的有关网评员队伍管理的制度之前，相关责任部门事实上会放任、懈怠和推诿、扯皮，一方面会令网评员们因缺乏归属感而伤心，挫伤其积极性和自觉性；另一方面会给对方造成攻击网评员为"自干五"的口实。

二、提升网评员素质、加强网络评论员队伍建设的对策建议

(一) 为网评员队伍"整容"

基本方法有二:其一,对现有网评员人群进行甄别,去伪存真、去粗取精;其二,对网评员进行理论"增容"、知识"充电"和能力升级。

关于甄别,要分两步走:第一,建立资格证制度,明确网评员的社会角色,建立网络斗争正规军。一方面,通过考试考核等方式方法,对现有网评员进行登记并实行属地管理;另一方面,通过水平测试、技能考查考核等方法,吸收有志于从事网评员工作的人。第二,构建网评员进退机制,不搞终身制。如果丧失了立场和原则、消解了兴趣和志愿、失去了能力和技术,都可以清理和清退。

关于增容。主要是增进增加网评员的素质容量、理论修养和战术。实施增容工作的单位,可以是党校和高等学校的马克思主义学院,也可以是各个省部级的职能机关和责任部门;实施增容的方式可以是系统教育,也可以是针对特殊素质和技能技巧的专题培训班;增容的内容分为两大类——提升网络战斗品质的理论知识(主要包括马克思主义理论、形势与政策、法律法规等)和提升网络斗争实战性的技能技巧。

首先,网评员必须懂得中共党史、马克思主义理论,及时了解时事政治,学会运用"官方语言"。用"官方语言"发表评论,才能扛起马列主义的大旗,切实发挥好党和政府的喉舌作用。所谓"官方语言",就是要用党的方针政策、法律法规说话,用党的先进思想、科学理论武装头脑。其次,在参与评论时,要以法律法规、规章制度为准绳,以事实为根据,绝对不能凭借主观臆测进行评论。再次,在提高政治理论素养的基础上,还要强化专业培训,提高网络写作水平。网评员的写作特点是"快、短、新、深、火"。快,就是要在第一时间发言;短,即主题突出、短小精悍;新,就是新颖,要有新思路、新角度、新创意;深,则是要深刻、全面、准确;火,是指要熟悉网络言语,用网民熟悉的话语,从而引发共鸣。

(二) 为网评员队伍"扩容"

网评员队伍虽然来源广泛,形形色色,但涵盖面还是比较窄,特别是一些重要的人群尚未融合进来,依然需要扩容。

首先,要坚定地把各地从事哲学社会科学研究与教学的人员统合进来,特别要把高校的思想政治理论课教师和马克思主义理论学科的教育工作者与研究人员吸收进来。他们是掌握理论工具和思想武器的大部队,是宣传马克思主义尤其是中国特色社会主义的主力军,一般来说,他们政治觉悟高,政策水平也高,政治立场更为坚定。把这支队伍发动起来,积极参与、敢于亮剑、勇于发声,一定会

义正词严、先声夺人。目前，这支队伍的大部分人由于工作的压力和学术研究的相对封闭，并未真正关注网络意识形态斗争。这是一个巨大的浪费。

其次，要把在读的硕士生、博士生吸收进来。这些研究生尤其是人文社会科学领域的在读研究生，专业知识和政治素养相对较高，既熟悉网络，又懂得专业，还有理论功底和写作能力，在严峻的意识形态斗争中，如果发动好、组织好，是完全可以成为具有特别战斗力的"网军"，从而改变当下网络舆论纷乱、网民素质各异、网评良莠不齐、理性言语匮乏、哗众取宠繁多的状况。

再次，要把老干部、老战士融合进来。这部分珍贵的资源，是我党领导下的伟大事业的贡献者、当事人和亲历者，尽管年事已高，但是其赤胆忠心，激情不减当年。组织好他们发挥余热，不一定亲自捉刀弄笔，哪怕言传身教，也是一种不可忽视的网络正能量。

（三）完善网评员管理体制机制

第一，网评员队伍管理要统归于各级党委宣传部门。不管网评员具体工作在哪个行业、哪个单位、哪个部门，网评工作必须统筹管理，并实现区域协调、行业协调和网络斗争工作协调。只有这样，才能把这些分散在全国各地、社会各界的网评员整合起来，形成一个系统，打造成一支上下相连、左右互通、前后互拥的战斗队伍。

第二，考评网评员的工作。针对网评员工作的质和量，进行较为科学的量化考核。比如，将社会化网评员与机关事业单位的网评员区别考核，对前者以物质奖励为主，对后者以政策奖励为主，更好地调动网评员的工作积极性和战斗实效。

随着网络技术的不断进步和发展，我国业已进入网络时代，尤其是新媒体平台，如微博、论坛、微信、博客等，为广大民众提供了发表观点、表达诉求的渠道，每个人都是媒体人，每个人都成了自媒体。网民们对新鲜事物和突发事件有着极强的敏感度。民众言论的高度自由性、开放性和交互性激发了思维火花的碰撞，但也对民众正确看待网络事件和舆情产生了影响。同时，一支特殊的队伍——网络评论员就应运而生，他们也常被称作"自干五"。我们只有建设好网评员这支队伍，才能坚守网络意识形态的主阵地。

（新浪网，2016 年 1 月）

亲爱的同志，您还是合格的党员吗

党中央号召开展"两学一做"，要求大家争做合格的共产党员。也许您是一位党龄很长的老同志，也许您是一位刚刚加入组织的新兵，不管怎样，我们一起按照党对我们的要求，照镜子、正衣冠，自我检查一下遵守党纪党规的情况，自我考评一下还是不是一位合格的共产党员，然后洗洗澡、治治病，有则改之、无则加勉吧！

一些党员，对社会上的任何消极性个案都无限放大，极力把它膨胀为共性和普遍现象，且动辄以"谨防明日我们也同样受伤"来激发议论，寻求共识，制造"民意"。例如，近期不断发酵的北京某高校硕士雷某嫖娼致死案，被传得沸沸扬扬；某地医院黑心点滴导致严重后果，也被炒作得死去活来；某地食品安全监管失策造成恐慌，也有部分党员置身舆论之中，推波助澜，扰乱视听。

一些党员，无时无刻不在以寻仇的眼神搜索四周，甚至就躲在角落里，发现一点，欢呼雀跃，到处激辩，由此抹黑社会、愤慨己心。殊不知，"助邪恶之力，亦属邪恶"？但是，在正义和客观面前，他们却无动于衷或者不予闻听，要么冷漠，要么冷静得出奇；他们不愿亮出党员的身份，不愿表达党员的立场；他们不愿说出客观的看法，不愿表达理性的分析。他们似乎在静观攻讦与撕裂，在等待扭曲与嘲笑；他们甚至已经与那些别有用心的人沦为一类，把阳光揣进了裤兜，用阴暗撑起了天空。

一些党员，在知识界，利用自己的知识优势，舞文弄墨、张牙舞爪，为邪恶洗地，对正直语焉，失去了知识原有的理性和文化应有的正义。有的妄言"嫖娼合法化""一夫多妻制"等；有的也跟那些宣扬"普世价值"的人一起满眼"一人一票"选举制，而对中国特色的政治制度横加挞伐；有的把专家的荣誉当成了蛊惑人心的牌子，到处沽名钓誉、信口雌黄。他们可曾记得自己本来应该：立场坚定，旗帜鲜明，不空谈，不胡说，直面问题，敬献良策，让学者文人的使命——经世致用——充分展现，让学识学问的价值——服务社会——真切实现，让党员知识分子的特殊使命——爱国爱党、护国护党——成为楷模。

一些党员，在政界，不看书，只上网；不学理论，只看风月；不下基层，只盯上面。他们忘记了我党的思想之源和理论之基，极少去翻阅马克思主义经典作家的"大部头",也很少去学习中国共产党领袖们的治国理政作品;他们习惯于凭经验靠感觉,他们热衷于看脸色拍脑袋,他们热衷于菩萨、上帝,钟情于大师、仙人;他们甚至无视党的宗旨和人民群众的疾苦,荒诞地喊出"你是准备替党说话,还是准备替老百姓说话?"

一些党员,在实业界,端起饭碗骂娘,放下饭碗继续骂爹。他们或者凭借党的改革开放政策带来的红利获得巨大的金钱收益,任性而为、胡言乱语;或者凭借经济的能量和金钱的特殊魅力,阴阳怪气、指桑骂槐,颐指气使、干预政治;或者干脆就站在党和人民的对立面,坐实了当代"资本家"的嘴脸和污心,黑眼看世界、恶俗说人生,活脱脱暴露金钱的邪恶与丑陋、资本的浅薄与暴戾。他们忘记了自己何时入党,忘记了自己入党的初心;或者忘记了自己的荷包如何充满,忘记了自己满满的荷包来自何处。

一些党员,在文艺界,有了一些成绩、一些威信、一些粉丝,头重脚轻根底浅,就飘飘然起来。或者,为了获得更多的粉丝,完全忘记自己的党员身份,故意说一些让粉丝们"热血沸腾"的话,做一些令粉丝们"惊艳"的举动,嘲笑党和政府,娱乐大家娱乐自己。

一些党员,尤其是党员领导干部,在职在位的时候,对自己任内岗上的弊端、问题,任凭滋生,少管少问,甚至还在其中推磨、谋利;一旦退职退位,便以过来人的身份大肆"解密""揭秘",吐槽机制,喷饭体制。不计身处何地、行在何时,习惯于冷嘲热讽而非诚心善意参政议政,他们人前笑谈,戏说国事天下事,似同卖艺,人后臧否,雌黄政事党史,又堪为毒舌。须知,在其位不谋其政,是为缺乏忠诚;不在其位亦谋其政,积极建言献策,甘为参谋,曰"居庙堂之高则忧其民",是为高风亮节;退职退位之后,失却公心,胡乱谋政、干政、讥政,已是政治品德问题了;对当初自己值守职管的工作,谋政乏力,却转身吃饭砸锅、吃奶骂娘,既不正直,更不正义,委实为主流所不齿。

一些党员,辗转于虚拟与现实两个世界,跃离现实、迷失网络,忘记党员身份,变身两面人,或者搁置多劳多得、少劳少得、不劳不得的情与法,总想一改现实生活中的规规矩矩、温婉有度,总想"窖变"内心的不安与纠结,甚至表面惯常的低调与怯懦,要在虚拟世界里舞拳弄脚、大显身手,以至于还想号令天下,成就舆论领袖、大V"霸业";或者无视网络世界也有规矩,虚拟空间也有党与非党的区别,对那些抓人眼球的噱头、眼花缭乱的新闻,低俗媚俗庸俗,不加辨别,一味点赞,甘做虎伥,不做君子;或者变本加厉,往低处挖掘、往私处窥探、往俗处演说。

一些党员,津津乐道于古风和外景,厚古薄今、崇洋媚外,看不到新中国的成绩和当下的辉煌,看不到我们的努力和劳动。他们或者跟从西方,嘲弄"中国的教育是个笑话";或者赞美民国时候的中小学教材比现在的还要好,民国的军阀也更尊重知识、重视人才、珍惜文化；或者整日里指责中国到处是工地、雾霾让人难以活命……他们是否忘记自己就是在这样的教育环境下学会观察与思考、诘问与揶揄的？他们可曾知道中国航空航天事业的每一个发射现场走出来的那一张张年轻的面孔，几乎清一色都是新中国自己培养出来的高端人才？他们习惯于崇古薄今，他们的惯性思维是今不如昔、未来更糟；他们走不出历史、不愿活在当下，他们喜欢过去而不想沐浴阳光。他们是历史虚无主义者，还是悲情主义者？他们指责政府治理雾霾不力，却从来不愿带头放弃自驾出行等各种致霾性消费；他们挞伐别人是雾霾的罪魁，自己却一直在助虐；他们攻讦生态被破坏，自己却从未停止对过度消费的追求。

一些党员，不讲规矩，该讲的不讲，不该讲的乱讲，让他讲而不讲，不让他讲非要大放厥词；当面不讲，背后乱讲；会上不讲，会后胡讲。其实，同事之间、上下级之间，当面提意见，虚心听批评，即使红红脸、出出汗，再正常不过。或者通过其他合情合理合法的途径，相互监督、彼此规诫，也是一种坦诚，最忌讳打小报告、咬小耳朵、吹枕边风、侃酒中语。身正行端、阳光监督、持正而为，哪里去了？坚持党性、真诚相待、同心协力、共克时艰，哪里去了？

一些党员，不学习党的历史和共和国成长史，对以毛泽东同志为代表的老一辈革命家横眉冷对，甚至鄙夷唾弃。比如，他们在言谈之际，总是漠然地称"毛""老毛""老毛子"。全体党员、全国人民，甚至世界范围内，人们都知道毛泽东同志是我们党和军队、国家的缔造者。尊重我们的历史，尊重我们的领袖，尊重我们伟大事业开创者的毛泽东同志，您连一个"同志"都不愿送给他吗？称"毛主席""老人家"，那是尊敬和爱戴；称"毛泽东"或"毛泽东同志"，那可以看作是直观、理性；喊"毛爷爷""毛公""高祖"，这样的民间敬称肯定比上述的蔑称让人舒心暖心。须知，一个人与人之间简单的称谓，无论在字里行间，还是在言词话语中，它都有情意情怀，有立场原则，在我们，它还有党性！

一些党员，或许曾经非常努力，或许确实有很高的天赋，因而被组织发现并努力培养，获得了舞台和机会，获得了权力和威信，但因此就误以为这纯粹是自己努力的结果，完全是自己奉献的回报。于是，开始不断向组织索要更高的位置、更好的待遇，向人民群众摆阔气耍威风。可是，他们肯定忘记了——不是你多么勤奋，而是平台如此的重要；他们也可能忘记了——不是你多聪慧，是组织给了你昨天和今天。

一些党员，也许在工作上曾经遭受过一些不公，如在岗位选择、晋级升职、考核评奖、纪律保护等方面，于是就郁结于心，怨恨不已，或鸣冤叫屈或伺机报复。其实，台上的人，是自己拼出来的角色；台下的人，也是自己觅得的位置。时移势迁，上下位移，你你我我，替换轮回，人生进步，社会发展，古往今来，莫不如此。如能坦荡悠然、豁然开朗，便是明艳亮丽。人生漫漫，变化纷纭，或许由于形势或许因缘政策的变化，常常会出现一些有意无意的牵累或亏欠。一方面要相信所在单位和组织能够努力避免、克服和保护，另一方面自己也要多一些理解和宽容，登高望远，超越纷繁冗杂。当年无数革命先烈为了明媚的阳光、美好的今天，他们牺牲了，连尸骨都找不到，甚至连姓名都没有留下。与其相比，还有什么不可以放下?!

一些党员，或许在生活中曾遭遇某些波折，便义愤填膺、广而告之，或者深陷其中、难以自拔，并由此失却宽容与从容。试想，大千世界、芸芸众生，谁人没有坎坷与磨难，哪个没有爬坡与跌倒，又有谁天生平顺、一路凯歌到天明？因此，像老一辈革命家那样，多半身出草根，但是，凭借坚定的信仰和信念，他们砥砺趋前，披荆斩棘，喜怒哀乐总相伴，后来肩负大任，成就建党、建国、强国伟业，既是历史与机遇所寄，更是个人不屈不挠、诚对天下而被信任然后脱颖而出的结果！像他们那样，爱党护党，爱国敬国，是党员本色，也是如今国势气势中，共产党员的一贯理性和品性。

目前，中国的改革进入攻坚期，中国共产党所有的党员，不管是干部还是群众，都应有紧密团结在以习近平同志为核心的党中央的周围的政治意识、大局意识、核心意识和看齐意识，在党言党、爱党护党。同时，一定要牢记：宁做喜鹊，不做麻雀，能力高强，就做啄木鸟，万万不能做乌鸦。做喜鹊，就是要为党唱赞歌；做啄木鸟，就是要善于发现问题，勤恳工作，更善于治病救人，少说多做，能做会做并做成，做真才俊；不做麻雀，人云亦云，丧失立场，混淆视听、伪造民意；更不做乌鸦，无事生非、无病呻吟，恶毒地唱黑我党、唱衰我国。

做一个合格的共产党员，从入党那天开始，从今天开始，从每天的自检自励开始。

（红色文化网，2016 年 5 月 29 日）

社会科学更需要协同

第一，四大平台，哲学社会科学五路大军要协调好关系。

习近平总书记于 2016 年 5 月 17 日在哲学社会科学工作座谈会上的重要讲话中指出："要充分发挥马克思主义理论研究和建设工程、中国特色社会主义理论体系研究中心、马克思主义学院、报刊网络理论宣传等思想理论工作平台的作用，深化拓展马克思主义理论研究和宣传教育。"这一重要论述，为推进思想理论工作"四大平台"建设指明了努力方向。

五路大军，各有其长，相互配合协调支持，而且要有适度分工。四大平台是打通的，五路大军也是打通的，目的和交会点就是马克思主义理论研究与宣传教育。

第二，马克思主义学院要分类发展。

一个标准之下，允许特色发展、个性发展，在达标（教育部规定的建设标准）的基础上，各自定位准确，特色鲜明，不搞一刀切。此次中国特色社会主义理论研究基地的选拔即有这样的考虑，非常务实。既坚持了中国特色社会主义理论研究的高大上，又贴近了马克思主义学院建设实际。

这里的特色发展有两层意思：其一，分类造就特色，如可以相对区分为教学型、科研型和教学科研型。其中，教学型——马克思主义理论教育为主；科研型——马克思主义理论研究为主；教学科研兼顾型——适度兼容。但是，每个类型的马克思主义学院，都应把立足思想政治理论课的马克思主义理论教育教学作为首要地位，研究是第二位的。因此，考核标准也应适当调整，不能按照理工科评价标准来操作。逐步调整和扭转学校考核的习惯和传统的方法，不是直接命令学校如何改变，省委宣传部、教育工委可以发文，具体而有力地强调马克思主义学院在教学上的投入、功效和成效。比如，全省评选思政课教学名师、教坛新秀、教学能手？奖励思政专项课题等教育教学领域的各类荣誉的时候，不限名额，不给各高校预留名额，各个高校自我申报，匿名评审，最后公布结果，两年或一年一个周期，列举指标对各个马克思主义学院排名，并通报全省，通报各高校领导。其二，指围绕思想政治理论课建设而认真寻找、着力培育、精心打造和有效积累的特色和优势。比如，浙江理工大学马克思主义学院的红色文化研究与实践，浙江工商大学的马克思主义宗教观研究等。特色和优势必须是为思政课教育教学服务的，必须是起源于并聚焦于思政课教育教学的。

第三，马克思主义理论学科建设要有基本保障。

比如，发布全省马克思主义学院建设年度发展报告或全省思想政治理论课建设年度发展报告，明确地位，激励先进，鞭策后进。分类排名，总体排名，媒体发布，集中表彰。有别于国家学位办和各种学科评估的排名，突出教学，集中考核教学，大大降低科研的权重。

又如，宣传部、社科联在课题、项目方面要敢于为思想政治理论课教师托底，尽最大努力解除或弱化思想政治理论课教师晋级的科研压力。课题项目在现有基础上进一步细化，更好地为思想政治理论课教师排忧解难。例如，把它们相对区分为马克思主义基础理论研究、思想政治理论课教育教学实践性研究两大类，巧妙地支持、满足思想政治理论课教师的发展性需求。改变不了学校的考评机制，但可以支持思想政治理论课教师在现有机制下的增长和进步。以不影响职称评审为原则，以促进思想政治理论课教师集中精力教学为宗旨。

第四，把为国家重大舆论活动做贡献作为另一个重要考核标准。

比如，重大节庆、重大历史纪念、重大舆论风波，诸如此类的重要时刻，马克思主义学院和思政课教师能否发声、发声是否有力有效，重点考核，集中表彰。重大舆论面前，马克思主义学院的教师立场坚定、旗帜鲜明，尚不到位，甚至严重缺位。我所了解的网评员队伍，就有这种状况，思政课教师参与度严重不足。

在重大舆论斗争面前，思政课教师没有站在第一线和第一方阵，原因很多。第一，思政课教师认为兵来将挡、水来土掩，自己并非第一将或第一筐土。第二，缺乏应有的激励措施。第三，缺乏应有的考核机制。第四，教学任务繁重，无暇顾及。第五，党媒尚未形成对思政课教师的足够信任。教师与媒体之间的互动和融合有限。这里说的发声，应包括网络平台、纸媒流媒、学术研讨、课堂教学、民间舞台等。把思政课教师在重大舆论面前敢作为、有作为、能作为，作为重大指标考核并表彰，给予他们更多的机会。要充满信心地在思政课教师队伍中，选拔、培养我们的网络大 V，鼓励更多的思政课教师站在舆论斗争的前沿或第一线，树立他们的形象。

（中国社会科学网，2016 年 6 月）

在政治言论上懂规矩、守纪律

说话，是人的最基本的行为之一。共产党员在工作、生活中说话表达意见，则要多一项要求：要懂规矩、守纪律，尤其是在政治言论上。共产党员在政治言论上懂规矩、守纪律，首先就是要在这些场合和舞台上，时刻做到与党中央保持高度一致。

政治言论关乎党的政治品质、政治声誉以至政治生命，也关系到党员个人的政治修为和政治前途。作为一种政治表达方式，政治言论是指党员通过语言文字表达、宣传自己的政治主张和政治见解的行为，是党员参加的重要政治活动之一。所涉及的内容既有关于党的指导思想和路线方针政策以及关系全局的重大原则问题，也有各级党委政府的重要决策及其实施，既包括现实的政治生活参与，也包括对党的历史的认识和对未来理想的坚守与追求等。

一些党员口无遮拦，想说什么就说什么，有的还专门挑那些党已经明确规定的政治原则来说事，以显示自己的"能耐"。在因此受到敌对势力追捧的时候，还不以为耻、反以为荣。比如，个别实业界的党员，端起饭碗骂娘，放下饭碗继续骂爹，凭借党的改革开放政策获得巨大红利，仍恶意攻击党的改革开放政策，甚至干脆就站在党和人民的对立面，黑眼看世界、恶俗说人生。还有一些文艺界的党员，有了一些成绩、一些威信、一些粉丝，头重脚轻根底浅，就飘飘然起来。为了获得更多的粉丝，完全忘记自己的党员身份，故意说一些让粉丝们"热血沸腾"的话，做一些令粉丝们"惊艳"的举动，嘲笑党和政府，娱乐大家、娱乐自己。

遵守党的政治言论纪律是共产党员的基本品质。政治言论纪律是与政治方向、政治立场和政治行为上的纪律同等重要的政治纪律，同属于维护党的团结和统一的根本保证，同属于共产党员必须遵守的党的各种纪律的最重要、最根本、最关键的方面。身为党员，就必须执行铁的纪律。如果党的政治纪律成了摆设，就会形成"破窗效应"，使党的章程、原则、制度、部署丧失严肃性和权威性，党就会沦为各取所需、自行其是的"私人俱乐部"。特别是党员领导干部必须牢记：一切权力必须有边界、受监督，决不能越界、越轨。

遵守党的政治言论纪律的核心就是坚持党的领导。我们要紧密团结在以习近平同志为核心的党中央周围，向党中央看齐，与党中央保持高度一致。作为党的一员，在政治言论上坚决不做"特殊党员"，要做一名遵从党的路线方针政策和对照党规党纪说话办事的合格党员，不以身微而放任，不以言轻而乱语，自觉维护党的团结和统一，自觉维护党中央的权威。

遵守党的政治言论纪律要敢于亮剑。坚定地对党中央的路线方针政策点赞；敢于纠正、制止错误的政治言论，敢于亮明正确观点、避免"以讹传讹"，防止政治上的自由主义；要敢于批评、批判错误的政治言论，不作壁上观，不做局外人；决不散布、传播政治谣言；要认清历史虚无主义的本质，并坚定地予以批判和揭露。

（中国社会科学网，2016 年 11 月 4 日）

用红色基因熔铸理想信念

党的十八大以来，习近平总书记反复强调党员干部要不断筑牢理想信念。在参观考察延安、井冈山等革命圣地的时候，更是大力倡导"多接受红色基因教育"，继续从红色精神中汲取力量。十八届六中全会提出"必须把坚定理想信念作为开展党内政治生活的首要任务"，以此造就具有铁一般信仰、铁一般信念、铁一般纪律、铁一般担当的干部队伍，与继承红色基因浇灌理想信念思想一脉相承。

红色基因决定着我们的理想信念。马克思主义的信仰，社会主义和共产主义的信念，全心全意为人民服务的宗旨，根植于我们党的红色基因之中，决定了我们党的性质和方向。党的红色基因产生于艰苦卓绝的革命年代，根植于与人民群众的密切联系之中，并逐步汇聚凝练成红船精神、井冈山精神、长征精神、延安精神、西柏坡精神、大庆精神、雷锋精神、航天精神、抗震救灾精神等经典的红色符号。无数党员前仆后继，用愈益纯真的红色基因铸就践行理想信念的风范。这些精神作为我们党在革命、建设和改革中孕育的红色文化典范，贯穿并支撑着我们的理想信念，承载、凝练了95年来我们党的奋斗史。

在改革开放新时期，党员干部是否经得起各种考验，根本上还需要理想信念的支撑和红色基因的滋养。牢固树立崇高信仰和理想信念，需要在实践中不断地洗濯、摔打、磨炼、培固。共产党员"要练就'金刚不坏之身'，必须用科学理论武装头脑，不断培植我们的精神家园"。只有通过坚持不懈的学习，传承红色基因，学会运用马克思主义立场、观点、方法来观察、思考和解决问题，坚定理想信念，做到虔诚而执着、至信而深厚，才能让理想信念的明灯永远在心中闪亮。五彩缤纷更需红色辉映，平凡尤要理想信念守护。如何耐得住寂寞、经得起诱惑、守得住平凡，摒除平庸、超越平淡，成就平凡中的卓越，是理想信念对我们广大党员的拷问与敦促。相对于领导干部而言，绝大多数党员虽身处平淡环境、平凡岗位、平常工作，但只要不忘初心，不自卑懈怠，不好高骛远、妄自菲薄，自尊自重自爱，就显得尤为难能可贵，就能成就不平凡的事业，对国家做出应有的贡献。

坚定理想信念，必须落实在坚守共产主义远大理想和中国特色社会主义共同理想之上。为什么有人对共产主义心存怀疑，认为那是虚无缥缈、难以企及的幻想；有人"不问苍生问鬼神"，从封建迷信中寻找精神寄托；有人心为物役，信奉金钱至上、名利至上、享乐至上；有人在大是大非面前，态度暧昧，甚至黑白颠倒。说到底，就是红色精神虚化、理想信念动摇。牢记马克思主义、共产主义信仰是共产党人的命脉和灵魂，坚定理想信念，坚守共产党人的精神追求，才能始终保持共产党人的本色。做工作、奔理想、干事业，一靠忠诚，二靠能力，忠诚于信仰和理想信念至关重要，如果忠诚尽失，能力再强也毫无意义。

坚定理想信念，必须不断注入红色基因，弘扬红色精神，传承红色文化。红色基因是我们的禀赋，红色精神是我们的品性，红色文化是我们的财富，只有把红色基因融入党员的内心世界、灵魂深处，才能自觉坚守理想信念。我们的党员、干部必须经常接受红色文化的洗礼，切实形成对党旗、党章、党徽的认知和恭敬，对红色文化遗产的敬畏和守护，不断查验自身红色基因的保持状况，不断反省巩固自己弘扬红色精神的自觉性和有效性，永葆纯洁，持正前行。

坚定理想信念，必须与以习近平同志为核心的党中央始终保持高度一致。党的十八大以来，以习近平同志为核心的党中央身体力行、率先垂范，坚定不移地推进全面从严治党，开辟了一个崭新的时代，赢得了党心民心。这是国家强盛民族复兴之幸，是人民的心声和历史的选择。因此，对党的十八大以来各项重大决策部署与制度安排的认同和自觉践行，就成为检验党员理想信念的现实标准。我们要努力筑牢理想信念，不忘初心，继续前进，让红色精神永放时代光芒。

（光明网，2016 年 12 月 7 日）

跨越五年幸赖党中央所秉持的政治勇气和责任担当

十八大以来的五年，是党和国家发展进程中极不平凡的五年。我们坚持稳中求进的工作总基调，迎难而上，开拓进取，取得了改革开放和社会主义现代化建设的历史性成就，推动党和国家事业发生了历史性变革。五年来的成就是全方位的、开创性的，五年来的变革是深层次的、根本性的。所有这些成就和变革，根本上源自我党秉持了巨大的政治勇气和强烈的责任担当。

勇气和担当确保了五年发展平稳高速有效。五年里，党中央不仅提出了一系列新理念、新思想、新战略，出台了一系列重大方针政策，推出了一系列重大举措，推进了一系列重大工作，尤其是解决了许多长期想解决而没有解决的难题，办成了许多过去想办而没有办成的大事。坚决推行军队和国防管理体制改革，本着强军目标，创建战区制和五大兵种制，不折不扣地落实党对军队的绝对领导；强力反腐，形成压倒性态势，坚决全面从严治党；坚持立德树人理念，倡导思政课程向课程思政转变，践行双全育人新思想、新举措；科技攻关，取得天、空、地等一系列重大突破性成果等，大幅度提升了综合国力和国际影响力。

勇气和担当确保思想意识形态领域主旋律鲜明。2013 年，在纪念毛泽东同志诞辰 120 周年座谈大会上，习近平总书记明确指出共和国前后两个 30 年一脉相承，互相支撑，缺一不可。那一代人的不懈探索和取得的重大成果，是改革得以着力推进的基石和保障，改革，尤其是进入深水期的改革必须大胆探索、不断创新，也必须秉持长久以来中国人民的不懈拼搏和艰辛探索精神。在砥砺奋进中，党和国家通过系统综合治理，德法并治、惩教结合，定规矩、立网法，齐抓共管，澄清谬误，凝聚共识，取得了辉煌成就。

勇气和担当确保历史认知准确和文化自信有力。改革开放进入深水区和攻坚期，利益纠葛增多，矛盾凸显，这是机遇与挑战并存的时代。党中央高瞻远瞩、指挥若定，带领全国人民奋勇拼搏，取得了一系列伟大成就。日前热播的系列政论专题片《辉煌中国》，以创新、协调、绿色、开放、共享的新发展理念为脉络，全面反映党的十八大以来在以习近平同志为核心的党中央领导下，全国各族人民砥砺奋进、真抓实干，中国经济社会发展取得的历史性成就，充分展示了五年来中国人民更多的获得感、安全感、幸福感、自豪感，真实记录了中华民族实现从站起来、富起来到强起来的历史性飞跃。

　　这届中央领导够勇毅、多智慧；这届人民真幸福，好实惠！为实现中华民族伟大复兴的中国梦而勠力同心、砥砺前行，每一个人的努力都功在当下，利在长远。成绩万分瞩目，新的蓝图已经绘就，只待我们不忘初心、继续前进！

　　　　　　　　　　　　　　　（中国青年网，2017 年 10 月 30 日）

新时代要牢牢掌握意识形态工作领导权

习近平总书记在十九大报告中指出，新时代中国特色社会主义思想，是马克思主义中国化最新成果；发展中国特色社会主义文化，要"以马克思主义为指导""牢牢掌握意识形态工作领导权"。这一论断，旗帜鲜明地指明了马克思主义在意识形态领域的指导地位，强调了党对意识形态工作的领导作用，巩固了全党全社会思想上的团结统一。

意识形态决定文化的前进方向和发展道路。有什么样的意识形态，就会有什么样的文化发展方向和道路。中国特色社会主义文化带有鲜明的科学化、大众化和民族化特征，唯有不断推进马克思主义的中国化、时代化、大众化，才能建设成具有强大凝聚力和引领力的社会主义意识形态，才能在理想信念、价值理念和道德观念上将全体人民紧紧团结在一起，才能为新时代中国特色社会主义造就精神合力。

牢牢掌握意识形态工作的领导权首先要掌握理论源头。我们党作为马克思主义执政党，马克思主义是我们的理论之基、精神之源，是社会主义事业发展的最高准绳和最深厚的动力。发展中国特色社会主义，自然而然必须坚持马克思主义，并努力实现其民族化、本土化、时代化。让马克思主义继续统领、滋养中国人民的精神世界，导引中国人民在融入社会发展规律的大道上坚持理想、百折不挠、阔步向前，成为我们一以贯之、持之以恒的理论工作和精神文明使命。目前必须做到的则是，动员更大、更多的力量，进一步深化马克思主义理论研究和建设，形成研究马克思主义、宣传马克思主义、信奉马克思主义、践行马克思主义的社会风气，让马克思主义变成中国人民自觉而诚挚的思想准则和行动圭臬。为此，加快构建中国特色哲学社会科学，加强中国特色新型智库建设，就成为具有固本夯基价值的理论建设举措。

牢牢掌握意识形态工作的领导权还要掌握主动权。通过强有力的理论武装，推动新时代中国特色社会主义思想深入人心。新时代中国特色社会主义思想具有新内涵、新特征、新格局，表达了党对国家所处时代方位的准确认定和历史阶段性特征的科学把握，是对未来，尤其是到 21 世纪中叶国家发展、社会建设战略规划的理论规定和思想呈现。因为中国不断增强的国际影响力，这个思想不仅仅是中国的，也势必会成为世界性的精神财富。因此，如果我们不能通过大宣传、大学习，让全党上下完整准确理解、精心细致掌握，就难以形成全国上下思想意识的共识和统一，也无法形成建功立业、强国兴邦富民的直接行动指南。

牢牢掌握意识形态工作的领导权更要掌握传播权。马克思主义的持久生命力，要靠实践检验和维持；新时代中国特色社会主义思想的行动化，要靠有效的传播。只有通过各种手段，宣讲好、把握好习近平新时代中国特色社会主义思想，才能维护好、发展好习近平新时代中国特色社会主义思想，才能确保我们的社会主义事业的中国品质、中国风采、中国味道。这既是国家治理模式的话语权问题，也是精神财富释放功效、服务事业的路径保障问题。因此，我们务必高度重视传播手段建设和创新，提高新闻舆论传播力、引导力、影响力、公信力，一方面使马克思主义成为人民群众鉴别真伪、防腐拒变的武器；另一方面使新时代中国特色社会主义思想成为人民群众扶正祛邪、抑恶扬善、同心向前、开拓创新的砝码。

牢牢掌握意识形态工作的领导权还需要通过制度建设确保管理权。习近平总书记在党的十九大报告中指出，新时代"意识形态领域斗争依然复杂，国家安全面临新情况"。意识形态工作极其复杂，其与日常生活、工作等密切相关，既有一定的相对独立性，也有大众参与、万民居中的特色。因此，真正实现对意识形态的领导权，还必须通过建立并落实工作责任制，加强网络、报刊、自媒体、论坛等各种阵地的建设和管理，注意区分政治原则问题、思想认识问题、学术观点问题，既旗帜鲜明地反对和抵制各种错误观点，又确保正确的政治关切、学术认知和思想交流，从而繁荣中国特色社会主义的政治建设、文化教育、文学艺术等。

（央视网，2017 年 10 月 24 日）

在研究、宣传和践行红船精神上孜孜不倦

在杭州下沙大学城，在浙江理工大学，有一群师生，有一支团队，致力于红船精神学习与宣传，专注于红色文化研究与教育，更在践行过程中，凝神聚气，走在了前列。

这支团队以马克思主义学院院长渠长根教授为带头人，聚集了十几位教授、副教授和一批博士生、硕士生。近几年，他们不仅完成了浙江省社科规划项目"弘扬'红船精神'，推进全面从严治党"，还参与完成了中央马克思主义理论研究和建设工程重大实践经验总结课题、国家社科基金特别委托项目"红船精神研究"，在光明网、《浙江日报》、红色文化网等发表了诸如《"红船精神"的当代价值及弘扬路径》《牢固树立信仰大旗》《用红色基因熔铸理想信念》《亲爱的同志，您还是合格的党员吗》等文章，慢研红色文化，细说"红船精神"。近日，渠长根教授又受邀参与浙江卫视大型理论专题片《中国共产党为什么能·第二季〈红船〉》的拍摄录制工作，连续四期，烟雨楼前面对面、红船边上话"红船"，把团队的学术研究成果通过电视媒体与广大观众生动交流，深度解析"红船精神"，解读、宣传中国共产党在革命、建设、改革和民族复兴大业中的奋斗历程、辉煌胜利、美好前途和精神密码，而一批该校在校本科生的现场参与和互动，则把这样重大理论题材的宣传变得更加有生机、更加接地气了。

习近平总书记反复强调，要继承红色基因，弘扬红色精神，传承红色文化。因此，研究、宣传红色文化就成为第一要务。浙江理工大学这支团队，兢兢业业，把研究落实在学术上，更对接于教育教学，也结合于存史、资政和育人上，从而形成了一个研究、学习、传播红色文化的链条和良性循环系统。自2013年与中共浙江省委党史研究室合作设立"浙江现代革命历史文化研究基地"以来，大力开展校地合作，研究、传播红色文化，其方式和手段越来越灵活，舞台和机会越来越大，成果和成效也越来越明显。比如，与地方合作相继成立的杭州红色文化研究中心（桐庐）、浙南红色文化研究中心（永嘉）、住龙红色文化实践基地、浙江军旅文化园实践基地、德清红色文化研究中心等，聚焦于当地特有的红色文化资源，通过设立研究课题、举办大型学术研讨会、发表相关成果、开展大学生社会实践、为基层党组织讲党课说党史、建言献策当地红色文化资源保护开

发等形式，彼此获得了共享、共赢和共进。2014 年，合作双方在杭州举办的"中国共产党榜样文化研讨会"，第一次展现了合作开展红色文化研究与传播的特殊魅力，120 多位来自全国各地的专家学者与会，共同探讨中国共产党榜样文化的历史进程、基本规律和经验教训，引起了新华网等众多主流媒体的关注。

自习近平总书记发表《弘扬"红船精神"，走在时代前列》雄文以来，浙江理工大学的这支团队，一直坚持探索中国革命精神的品质和源流，不遗余力地向青年大学生和社会公众宣传习近平总书记对于"红船精神"的首次系统总结和深刻阐释，宣传我们党从哪里来、到何处去，扛什么旗、走什么路等基础理论问题，以"坚守目标、坚定信念、坚韧拼搏"的蓬勃向上精气神和不断追求，响应习近平总书记关于继承和弘扬"红船精神"，干在实处、走在前列、勇立潮头的号召，尤其注重在教育教学中努力探索弘扬"红船精神"、传承红色文化的新途径、新手段。2017 年 11 月，受学校党委理论学习中心组的委托，渠长根教授面对校领导和中层干部，专题讲述"红船精神"。从 2016 年开始，这支团队坚持在全校面向博士生、硕士生和本科生开设《红色文化概论》，并且到浙南红十三军发源地、嘉兴南湖革命纪念馆、丽水红军挺进师纪念园等地开展现场教学。他们编写并出版的《红色文化概论》教材，成为全国第一本以"红色文化"命名的通论性大学教材，站在红色文化范畴的高度上，系统思考并回答了红色文化相关的问题，如概念、属性、内涵与外延、构成要素、发展历程、存在状态、保护与开发、未来思路等。而且图文并茂，特别关注了现代阅读习惯，把人们慢慢带入了红色文化资源及其蕴含在各种载体中的思想、精神、灵魂等的神圣世界里。

除此之外，这支团队还继承、总结全国同行的研究成果，把常规的红色文化研究学术自觉提升到学科自觉的高度，在全国率先设立了"红色文化研究"硕士层次二级学科，并于 2017 年首次招生。这种首创成果，得益于对红船精神的学习和领悟，得益于对传播红色文化的坚定信念和团队自觉。

正因为对"红船精神"情有独钟，对红色文化宣传教育孜孜以求，这支团队在 2015 年和 2016 年，分别就此主题研究和长期追踪，摘取了教育部、国资委等六部委联合评选授予的第一批"全国高校实践育人创新创业基地"桂冠，也因此成为浙江省第一批"中国特色社会主义研究中心"基地之一。

这支团队的努力并不是偶然的，他们在探索中夯实自信，在信念里务实前行。2017 年初，他们又大胆启动了一个大型工程，在全校范围内开展"百年情书不忘初心"经典诵读活动，集中呈现党的历史上那些振聋发聩、催人奋进的先烈遗书遗言等，利用微信等自媒体方式，声情并茂地广泛传播，带给诵读者和阅读者一次又一次的精神洗礼和人生指导。而他们坚持不懈的"手绘红色地图"项目，更是得到了社会公众的关注和支持。这支团队密切结合大学生艺术设计的专业优势，首先把浙江省 11 个地级市、90 多个县市区的红色文化资源，手绘到时尚的地图上，广为散发，还通过微信、APP 客户端等现代媒体力推。目前他们已经开始绘制浙江以外的全国其他省区市的红色文化地图。这是把"红船精神"的奋斗精神落实到红色文化传播中，把"红船精神"的首创精神和其他一系列中国革命精神的优秀品质融汇到教育教学中的积极探索，更是借助现代媒体传播红色文化的有益尝试，生动践行了习近平总书记关于通过全员育人，实现全过程育人和全方位育人的期待。

（中国青年网，2017 年 12 月 11 日）

红色文化学科建设刍议

根据这些年学术界的探索和我们的积累，红色文化研究的领域越来越明确，研究方向也越来越清晰。但是，每个研究单位的具体凝聚力和特色，还是有所区别的。以浙江理工大学为例，学校的红色文化研究主要围绕三个方面展开，即红色文化基础理论研究、红色文化资政育人研究和中国共产党榜样文化研究。

一、红色文化基础理论研究

红色文化基础理论研究主要包括红色文化的概念与范畴、内涵与外延、功能价值、架构与逻辑等基本属性，明确并深化红色文化的学科学理规范。在此基础上，研究红色文化建设的方针、原则、渠道、举措、历史过程与规律、经验教训等。主要研究客体和对象是：红色文化基本属性、红色文化发展历史（红色人物、红色事件、革命精神等）、红色文化建设与管理、文本研究。

对此，我们也有较多的尝试。特别是在研究生培养过程中，主观设定红色文化基础理论研究。有一批学生专注于此，完成了高质量的硕士学位论文。例如，2006级翟佼的《思想政治教育在马克思主义中国化过程中的地位与作用研究——以〈在延安文艺座谈会上的讲话〉文本为例》，2007级王传君的《思想政治教育文本研究——以〈十一届三中全会决议〉文本为例》，2008级贾迎宾的《标语口号是马克思主义大众化的有效实现形式》，2011级李婷的《毛泽东民本思想研究》，2012级王霞的《毛泽东新民思想》和王建彩的《高校校园红色文化的德育功能研究》，2013级胡雅敏的《开发红色文化，推进思想政治教育——以金萧支队红色文化为核心》和刘琳的《抗日根据地女子教育的研究》等。

二、红色文化资政育人研究

红色文化存在的价值不仅仅是表现一种客观现象、传递一种文化信息，更主要的是要发挥文化作用，教育世人、培育社会风尚、促进社会进步。相应的，红色文化研究的目的也不仅仅是搞清楚历史真相，更主要的是促进资政育人，为青少年、社会公民，尤其是中共党员的政治素质、品德素质提供文化支撑，为提高各级各类教育的水平，提高党的领导水平，培养社会主义建设者提供动力。主要研究客体和对象是：红色文化遗存，红色文化资源整理、保护与开发，红色文化育人途径机制，红色文化与党的建设，红色文化旅游等。

在这个方面，浙江理工大学的尝试更有特色。比如，校地合作，实现与地方政府、职能部门的沟通携手。2013 年，与中共浙江省委党史研究室合作，设立"浙江现代革命历史文化研究基地"，挂牌在浙江理工大学马克思主义学院。依托此研究基地，之后又相继在杭州、温州、丽水等地建立了五个红色文化研究与实践基地，如杭州红色文化研究中心（桐庐）、浙南红色文化研究中心（永嘉）等。这种合作的格局是：签署协议，设置课题，保障经费，多向呈现。它们不是简单的挂牌行为，而是有协议约束的机制性合作，要开展一系列务实的工作。比如，合作举办专题学术研讨会，公开出版学术论文集，公开招标研究项目，大量的高校教师和学生前往基地参观、调研、体悟，还有青年教师挂职锻炼等。在校内，通过开设课程，把学术融通并落实到育人工作中。比如，在全校范围内为本科生、研究生开设了多门红色文化的相关课程，还专门编写并出版了重点教材《红色文化概论》《红色名人印迹》，这是全国第一部专门系统讲述红色文化的通论性大学本科通识课教材。在本科生思想政治理论课《中国近现代史纲要》（省级精品课程）和《毛泽东思想和中国特色社会主义理论体系概论》（国家级精品资源共享课）建设过程中，嵌入了更多的红色文化内容，也因此带动了其他思想政治理论课或通识课对红色文化的主动融入。

三、中国共产党榜样文化研究

榜样教育是人类自我教育、造就新人的传统，中西方都在自己的文明演进过程中，给予了积极的关注，并为此形成了丰富多彩的成果。中国共产党一贯重视榜样文化建设，在迄今为止的革命、建设、改革开放和党建的伟大事业中，积累了关于榜样培育、作用发挥、示范引领等诸多方面的成果和经验。主要研究客体和对象是：中国共产党创造性地研究、培树、宣传、运用榜样的动态历史过程和静态结果，榜样的选拔与确立、宣传与教育、扶持与保护等基础理论和工作机制（包括榜样理论、榜样生成、榜样人物、榜样事迹、榜样示范、榜样维护、经验教训等），在新的历史条件下深化榜样文化建设的思路和对策。在此领域，浙江理工大学也曾相继成功申报了高级别的科研项目，如教育部人文社科项目"建国以来中国共产党榜样文化研究"，浙江现代革命历史文化研究基地项目"中国共产党榜样文化研究"等。也发表了高层次的学术论文，如在 2016 年第 7 期《观察与思考》发表的《开发榜样文化资源，增强党的执政能力》，还举办了2014 年"首届中国共产党榜样文化研讨会"，公开出版了研究成果集——《榜样文化研究》。

上述三个研究方向联系紧密，相辅相成，相互交融，相互依托，相互支持。

简言之，红色文化基础理论研究，重点在于梳理理论范畴、总结理论思辨与实践探索的历史规律、经验教训，建构学科框架等。红色文化资政育人研究，重点则是现实的实践领域，集中关注红色文化建设的重大现实问题，为党和政府建言献策。同时，研究红色文化在浙江的本土资源与特色典型，立足浙江、集中浙江，深入区域红色文化，研究马克思主义中国化的浙江实践版本。中国共产党榜样文化研究，聚焦于榜样这一特殊文化现象，贯穿于马克思主义中国化的全过程，这是红色文化的一个特殊类型，也是把握中国红色文化形成与发展的重要途径。

（红色文化网，2018 年 1 月 30 日）

提升特色小镇旅游价值

特色小镇，作为这些年我们奉献出来的"新型城镇化浙江样本"，对于中国解决城乡融合之路，探索产业集群发展战略，具有重要的启发和引领意义。为此，提升旅游价值，展示特有魅力，是当下特色小镇建设面向未来的紧迫课题。

一、目前特色小镇旅游价值释放乏力的主要表现

按照浙江原创的发展思路，特色小镇要遵循"产业特色鲜明、文化内涵独特、旅游功能明显、生产生活生态融合发展"的原则，实现产业、文化、旅游等功能的叠加，有效形成要素集聚，推动区域发展。显然，旅游是最为重要的追求之一。但必须清楚，特色小镇因其鲜明的产业特征，如何与旅游有机结合起来，实现彼此的相互支持、相互促进，是一个全新的课题。一方面需要在坚持既定特色产业的前提下，谋划旅游开发；另一方面，又要坚持旅游业的发展规律，为既定特色产业发展服务。

第一，对旅游价值的理解和实际践行有差距，且不合拍。目前，特色小镇建设的特色产业定位非常清晰，发展速度惊人，成绩斐然。小镇在特定场所利用特定手段开展的形象宣传和自我推介也较为注重历史文化内容的表达。但是，镇内的旅游符号、旅游信息、旅游呈现等，大多缺乏统一部署和符合旅游规则的给予。这种缺憾主要还在于特色小镇建设特色产业优先并起主导作用这种思维抑制了对镇内旅游价值的深刻理解，或者镇内特色产业发展的整体意识尚不到位。

第二，旅行形象设计及展示欠缺、粗陋。认识跟不上必然导致行动迟缓。目前特色小镇的自我展示和推介，形式多样，渠道很多，紧紧抓住既定的特色产业这个核心，同时还需要想方设法在旅游学的框架下实施包装、美化和呈现。比如，道路的设计与命名、建筑物的辨识、特殊景观的标记、历史文化内容的叙述、卫生间等服务设施的配备、雨具及便捷交通工具的提供、导游人员及有关自助式导游器具的供给等，在现有的特色小镇里，并不多见或者并不齐备，影响游览的轻松度和愉悦感。

第三，历史文化内涵挖掘不到位。一般而言，特色小镇在定位自己特色的时

候，包括在选址的时候，都会充分考虑对接、挖掘或整合利用现有的历史文化资源，这是增强特色小镇的人文性、提升其品质的基础，也是小镇"得天独厚"的天然依靠。但是，目前大多特色小镇对于历史文化资源的挖掘，多半还停留在口述、视频展示、文本书写的阶段，一方面不全面不完整，另一方面与具体历史文化景点的衔接不紧密。仅仅告知游客某个历史文化景点的位置，太过肤浅和简单了，严重缺乏人文关怀。其实还应该把通往该景点的方向、道路、路况、车辆、行程等重要信息以适宜的方式公开。比如，在杭州城西的梦想小镇，仓前古街、章太炎故居、历史粮仓等历史文化内容已经告知游客了，却缺乏实现游客自行前往的各种必要的旅游帮助。而且，对于该区域的历史文化内容的发掘还有不少遗漏，如对包含丰富历史文化信息的山水资源苕溪、余杭塘，余杭塔山及其双塔，清末四大公案之一的杨乃武小白菜案等关注不够，几无涉及。同样的，杭州玉皇山南的基金小镇，隔壁的南山公墓，却被忽略了。其实，南山公墓是杭州地区最具有代表性的公共墓园，也是最具历史文化情怀的公共墓地，安葬着许多历史文化名人，如教育家马寅初，北京大学首任校长何燮侯，史学家陈训慈，数学家陈建功，农学家金善宝，近代蚕桑业先驱朱文园，文学家陈企霞，钱学森之父教育家钱家治，国学大师马一浮，金石书画泰斗黄宾虹，书画大家张宗祥，实业家都锦生，辛亥革命元老吕公望，军事理论家蒋百里，民国传奇女性王映霞、西湖秋水山庄女主人沈秋水，"越剧皇后"姚水娟，解放军开国将领南萍、黄朝天、周贯五，中共杭州市委原书记林枫，革命烈士、中共浙江省委原书记罗学瓒，五代吴越国王钱元瓘及其妃子、钱弘俶之母吴汉月，等等。这本身就是一份特殊的文化资源。墓主们的过往今生、逸闻趣事，都是游览的由头和品读的内容。众所周知，在旅游产业，名人墓葬游本来就是一种重要的题材和专线。

二、提升特色小镇旅游价值的策略

第一，特色产业与旅游两项事业同时规划、同时设计、同时施工。做到特色小镇的旅游有声有色、持续发展，最关键的是从头抓起。前期要做好历史文化资源和人文景观调研，做好对自然山水景观的拣选、靠拢等基础性工作，确保规划、设计的时候心中有数，通盘考虑，做出一揽子计划。施工亦如此。因此，历史工作者、旅游业人士的全程参与必不可少。当然，随着镇区的发展或新的历史文化资源的发现，适当的调整也是必不可少的。

第二，开放镇区，免费、自由游览。镇区要打开围墙、简化大门，把安保退回到楼屋，拒绝封闭式管理，同时配套解决好游客车辆停放问题。对游客实行免费、自由通行和参观，当然对于具有特殊要求的区域、屋宇等，可以实行例外规定。做到开放镇区有不开放的地方，开放的地方有不开放的门口。既兼顾经营、办公的安宁、安全，也保障游客拥有最大尺度的参观游览空间。

第三，布局陈设等执行 AAA 标准。按照国家旅游局的规定，AAA 级景区的标准包括旅游交通、游览旅游安全、卫生、邮电服务、购物、经营管理、环境保护、旅游资源吸引力、市场吸引力、接待人数、游客满意度等 11 类指标。这些指标要求既是景区建设开发的标准，也是其运行、接待的标准。特色小镇毕竟不是专业专门的风景游览区，至少目前还不是，特色产业才是核心要素，因此可以适当调整放宽 AAA 级景区评判标准的执行力度。但是，在景点的布局陈设等最基本的方面，还必须坚持依标办事。比如，图文展示、道路桥梁房屋等建筑物命名与显示、植入标识与人造新设景观的人文化等，都是不可忽略的，既要明晰准确，又要全面细致。在杭州梦想小镇，旧有仓库库房改装一新，修旧利废，变废为宝，既节约了成本，也保存了特殊文化具象，非常宝贵。但是，在没有导游介绍的情况下，游客无从得知这些改装一新的办公场所原来曾是见证历史沧桑的国有大粮库。因此，完全有必要对这些再利用的库房进行介绍，通过文字标牌导读、视频展演、导游解说、房屋墙壁局部保留等手段，让游客感知它的前世今生。如此一来，现代产业的历史厚重感，便被活脱脱地释放出来了。

第四，双主题旅游设计定位。要围绕镇内特色产业游览和固有历史文化游览两大主题进行设计。前者聚焦产业，供人领略时尚，感知现代；后者供人认识历史、人文，品读文化。二者彼此融合，相得益彰，既保障了特色产业开发的工具性，又凸显特定历史文化的人文感和历史感。特别是要善于整合、统筹镇区旅游与镇边旅游内容，做到深挖与平展同时进行，纵横开拓、左右延伸，丰富特色小镇的旅游题材和素材。通常而言，具有历史街区的小镇、毗邻宗教场所的小镇、身处山林的小镇，多半有多种多样的文化资源，可供小镇接入和融通。比如物质形态的名人故居、古旧建筑、寺庙道观、古树名卉、摩崖石刻、桥涵墓葬、奇石名木等，又如精神形态的故事传奇、名人轶事、诗词歌赋等。这些财富位居镇内或周边，是绝好的题材和素材，也是天赐的景观内容，切不可错过。在杭州玉皇山南的基金小镇，金融产业的运营过程及其空间环境因素，是产业游览的对象；镇内及其周边的八卦田、白云庵、名人墓葬、天龙寺造像、南宋官窑博物馆、杭帮菜博物馆、江洋畈湿地、白塔公园等，则以厚重的人文和多彩的生态面貌融入小镇，游客在这里可以分享到两种视觉大餐和体验。因此，每一个特色小镇在物理上都具备这两种内涵的前提下，设计、开发的时候一定要兼顾，宣传展示的时候也一定要兼顾。

第五，推行镇内园区企业员工义务导游制。小镇的行政管辖特殊性，决定了它的自我管理特别重要。除了一般意义上的产业自我管理、园区自我管理之外，旅游也需要自我管理。如此一来，就增加了新的工作岗位。专职吗？大可不必。导游，完全可以由园区内员工兼任。具体产生方法可以灵活多样，如镇区内公开招聘、员工自我推荐、员工临时顶岗、企业之间轮流值岗等，但都必须是义务的。义务制，一方面可以培养员工的主人翁意识，另一方面可以增进小镇园区与游客的亲和度，还可以节约成本。

（中国青年网，2018 年 1 月 25 日）

红船精神与社会主义核心价值观

红船精神是中国革命精神之源，与井冈山精神、长征精神、延安精神、西柏坡精神等一起组成我国红色文化和革命精神谱系。

红船精神不是无源之水、无本之木。它根源于马克思主义的政党价值观，体现了中国共产党在成立之初的基本价值取向，并以同源、同根、同质、同向的关系格局，引领着社会主义核心价值观的构建和实践。

政党价值观是政党的理论基础、阶级性质、政治目标、历史使命及时代特征的概括和集中体现，是政党对自身的性质、使命和追求的一种认知。中国共产党的价值观经历了以下几个发展阶段：①救亡图存、翻身解放的"革命"价值观；②独立自主、自力更生的"建设"价值观；③解放思想、实事求是的"创新"价值观；④以人为本、科学发展的"和谐"价值观；⑤覆盖国家、公众和个人的社会主义核心价值观。红船精神是中国共产党核心价值观的精神源头，中国共产党核心价值观是红船精神的拓展与升华。

红船精神与社会主义核心价值观具有深厚的内在关联。在思想渊源上两者都根植于中华民族的传统文化和民族精神；在指导思想上，两者都以马克思主义为指导；在价值追求上，两者有契合的奋斗目标，具有同源、同根、同质、同向的关系。

红船精神是社会主义核心价值观的思想文化源泉和重要载体。它所蕴含的"首创精神"是凝聚"富强、民主、文明、和谐"国家发展共识的思想驱动，"奋斗精神"是实现"自由、平等、公正、法治"社会价值目标的根本途径，"奉献精神"是践行"爱国、敬业、诚信、友善"公民道德准则的应有情怀。弘扬红船精神可以增强社会主义核心价值观的具象感，提升认同感、激发践行感，是践行社会主义核心价值观的有效载体。

近年来，红船精神传播成效显著，但红船精神传播的长效机制仍有待健全。进一步弘扬红船精神，应当牢固树立传播意识，构建起一整套红船精神的传播体系与长效机制；要把红船精神的传播贯彻到媒体的日常报道宣传中去；要与丰富多彩、生动活泼的各类精神文明创建活动有机结合起来。

（浙江新闻，2018 年 2 月 12 日）

思政课教师尤其需要强化互联网思维

长期以来，一些思政课教师专注于通过课堂面对面的布道，却疏于网络表达，这实际上是教师缺乏互联网思维的表现。对于思政课教师来说，互联网思维是他们积极参与互联网建设，借助互联网深化、创新思政课教育教学的重要认知和心理准备。

互联网思维不足，会让思政课教师在网络上失声。当下，网络舆情日益复杂、快速变化。网络早已成为宣传舆论工作的新阵地。作为同时具备理论素养和思辨、论辩能力的思政课教师群体，本应是网络主流舆论最重要的一支战斗队伍，却较少发出声音，去澄清谬误、明辨是非和凝心聚力，不能不说是一件憾事。

互联网思维不足，会让思政课教师忽视网络本身的价值及网络对育人的潜在价值。有的教师因部分网文质量的良莠不齐而武断拒绝网文创作，或是沿用学术创作的思维去撰写网文，结果影响力甚微；有的教师教学不用网络，教育拒绝手机，教室屏蔽手机，认为"无手机教室"才是最好的选择。殊不知，如果台上讲得足够精彩，又何惧手机在身边？相反，手机及网络如果利用得当，反而会开辟出新的课堂教学和互动方式。有的教师排斥网络时代偏重读图的交流方式，不愿意了解网络语言方式，从而错失了及时有效地与青年学生交流互动的机会。

强调互联网思维，是新时代思政课教师因时而进的选择。思政课教师发展互联网思维，在上好思政课的同时，也在网络上有所作为、大有作为，二者并行不悖。社会在创新中进步，思政教师也应跟上创新的时代不落伍，欢呼创新，礼赞创新，推进创新。然而目前的状况是，思政课教师整体上没有跟上互联网，或者是教师个人的生活跟上了，但作为教师的这一面，作为教育手段和途径这个层面还没有跟上来。

强调互联网思维，是思政课教师实践全过程育人、全方位育人理念的内在要求。要真正落实全过程育人、全方位育人，在尽可能大的范围内实现为师者的价值，就需要思政课教师从书内走向书外、课内走向课外、室内走向室外、校内走向校外。面对网络大潮，思政课教师如果只是袖手旁观，固守原有的一亩三分地，不愿亲自创作，不愿成为主流舆论的引导者，何谈"两全"育人？当今社会，文化并不只有阳春白雪和下里巴人两种状态。贴近生活、能引起群众思想碰撞的便是好的文化。优秀的网文并不会令高尚的学问跌落神坛，反而使百姓群众伸手触碰文化的途径更便捷。

　　强调互联网思维，也是义不容辞地占领网络意识形态阵地的要求。现实世界与虚拟世界是意识形态的两大阵地。对于思政课教师而言，占领现实世界意识形态阵地是本分，占领教室意识形态舞台是基本功，战斗在无处不在、无时不有的网络意识形态阵地则是更加崇高的使命。

（《浙江教育报》，2018 年 4 月 30 日）

宣传思想工作要为服务党和国家事业全局作出更大贡献

推动宣传思想工作不断强起来，促进全体人民在理想信念、价值理念、道德观念上紧密团结在一起，为服务党和国家事业全局作出更大贡献。这是习近平总书记在刚刚结束的全国宣传思想工作会议上的新指示、新要求。

一、认清全局、时刻牢记全局是宣传思想工作卓有成效的重要前提

党和国家事业的全局具有特定的含义。它是由治国理政、统领社会发展的总战略、总目标、总布局决定的，体现着一定时期内党和国家的中心工作、主要矛盾和主要任务的实施、应对和完成的总体状况，是一切现实工作的基本依据和出发点，也是一定时期内一切事业的服务对象和使命任务。

党和国家事业的全局，是国家层面、全社会视野的站位和判断，不是一地一隅、一行一业的大局。这个全局，既是眼下的静态总态势、总格局，也是引领未来的动态总方向、总方位。

准确把握党和国家事业的全局，需要有敏锐的战略眼光。宣传思想工作只有不断加强学习、高瞻远瞩、审时度势，紧跟党中央、国务院部署，才能不虚妄、不彷徨、不走样、不畏缩，也才能因此精准服务于全局，发挥出巩固马克思主义在意识形态领域的指导地位、巩固全党全国人民团结奋斗的共同思想基础的作用。

中国特色社会主义进入新时代，宣传思想工作必须立足新形势下的使命任务，以习近平新时代中国特色社会主义思想和党的十九大精神为指导，把统一思想、凝聚力量作为宣传思想工作的中心环节，把培养担当民族复兴大任的时代新人作为重要职责，想方设法为服务党和国家事业全局下功夫、敢作为、勇创新、开新篇。

二、宣传思想工作要敢于并善于服务全局

历史和现实反复证明，宣传思想工作服务全局，是职责使然、生命所系、力量所在。党的十八大以来，正是因为我们把宣传思想工作摆在全局工作的重要位

置，并做出一系列重大决策，实施一系列重大举措，才取得了宣传思想工作的历史性成就和历史性变革。只有胸怀全局、把握大势、着眼大业，才能为新时代中国特色社会主义事业的深入发展唱响主旋律、传播正能量、激发精气神。

有效服务全局，必须明确新时代新使命。以习近平新时代中国特色社会主义思想和党的十九大精神为指导，增强"四个意识"、坚定"四个自信"，自觉承担起举旗帜、聚民心、育新人、兴文化、展形象的使命任务，坚持正确政治方向，在基础性、战略性工作上下功夫，在关键点、要紧处下功夫，在工作质量和水平上下功夫。

有效服务全局，首先自己要强起来。新时代宣传思想工作面临的形势、任务、环境、主客体等诸多方面都发生了巨大的变化，只有做到理论功底深厚、眼界视野开阔、追踪时事适时、预判未来清晰、动手及时有力、发声振聋发聩，才能发挥出强大的传播力、引导力、影响力、公信力和战斗力、说服力。因此，加强自身建设，提升宣传思想工作者的素质和能力，积极营造正面宣传舆论氛围，不缺位、不错位、不失位，从而提升服务全局的效能和水平，就成了宣传思想工作队伍建设的重要目标追求。

有效服务全局，要坚决把握统一思想、凝聚力量这个中心环节，在促进全体人民理想信念、价值理念、道德观念的紧密团结上下大功夫、苦功夫、真功夫。宣传思想工作的直接目的就是教育人、鼓舞人、引导人，只要我们坚定地团结在以习近平同志为核心的党中央周围，以人民对美好生活的向往作为奋斗目标，既解决实际问题又解决思想问题，就能更好地强信心、聚民心、暖人心，从而筑同心，自信昂扬、奋发向前；只要我们"上接天线、下接地气"，善用老百姓喜闻乐见的语言和文风，认真阐释各项方针政策、决策部署，从人民群众的角度出发，听民声、知民情、解民忧，就能增进全体人民的认识提升、思想和谐与精神团结，从而爆发出强大的建设力量。

有效服务全局，要在"九个坚持"上再下功夫。党的十八大以来，宣传思想工作坚持党对意识形态工作的领导权；坚持思想工作"两个巩固"的根本任务；坚持用习近平新时代中国特色社会主义思想武装全党、教育人民；坚持培育和践行社会主义核心价值观；坚持文化自信是更基础、更广泛、更深厚的自信，是更基本、更深沉、更持久的力量；坚持提高新闻舆论传播力、引导力、影响力、公信力；坚持以人民为中心的创作导向；坚持营造风清气正的网络空间；坚持讲好中国故事、传播好中国声音。这些重要思想不断深化了对宣传思想工作的规律性认识，形成了一系列新思想、新观点、新论断，开创了宣传思想工作的新局面。在新时代中国特色社会主义事业征程中，它们依然是做好宣传思想工作的根本遵循，是提升服务全局水平的重要保障。

有效服务全局，必须勇敢担负起建设具有强大凝聚力和引领力的社会主义意识形态的战略任务，解放思想、开拓创新，让党的创新理论"飞入寻常百姓家"；必须把培养担当民族复兴大任的时代新人作为重要职责，重中之重是要以坚定的理想信念筑牢精神之基；必须主动宣传介绍新时代中国特色社会主义思想，主动讲好中国共产党治国理政和中国人民奋斗圆梦的故事，以及中国坚持和平发展合作共赢的故事，让世界更多、更快、更好地了解中国。

有效服务全局，要坚决贯彻执行党对宣传思想工作的全面领导，旗帜鲜明地坚持党管宣传、党管意识形态。坚持党对一切工作的领导，这是推进新时代中国特色社会主义事业的基本方略之一，是中国人民最终实现民族复兴伟大事业的根本保证。任何怀疑党的领导、削弱党的领导、游离党的领导的言论和行动，都是不允许的，都是错误的。否则，宣传思想工作服务党和国家事业的全局的定位就会变成一句空话、套话和假话。

（央视网，2018 年 8 月 27 日）

宣传思想工作要在基础性、战略性工作上下功夫

习近平总书记在全国宣传思想工作会议上强调，新形势下宣传思想工作要在坚持正确政治方向的前提下，在基础性、战略性工作上下功夫，在关键处、要害处下功夫，在工作质量和水平上下功夫。其中，敢于并善于在基础性、战略性工作上下功夫，对准宣传思想工作的着力点，首先要做好七件大事。

社会成员的绝大多数尤其是共产党员、共青团员要坚持"四个意识"和"四个自信"，此乃奠基之举，引领之需。中国特色社会主义进入新时代，统一思想、凝聚力量已经成为宣传思想工作的中心环节，必须聚焦于坚定自信、鼓舞斗志上，聚焦于同心同德、团结奋斗上，务实追求并切实促进强信心、聚民心、暖人心、筑同心。为此，宣传思想工作要在三个方面努力努力再努力：①坚持立德树人、以文化人，建设社会主义精神文明、培育和践行社会主义核心价值观，提高人民思想觉悟、道德水准、文明素养，把绝大多数社会成员的理想信念提升起来、巩固下来、推广开去，毕竟这是人生、事业的前提，是社会正向发展的保障；②把共产党员和共青团员的"四个意识""四个自信"固化起来、深化下去、外化出去，因为这有助于释放模范带头作用，实现社会稳定发展；③把培养能够担当民族复兴大任的时代新人作为重要职责，坚持下去、完善起来、传承开去，重中之重是以坚定的理想信念筑牢精神之基，坚定对马克思主义的信仰，对社会主义和共产主义的信念，对中国特色社会主义道路、理论、制度和文化的自信。这是确保中国特色社会主义事业后继有人的百年大计。

维护并巩固马克思主义的指导地位，此乃立国之本、前进之向。历史已经证明，近代以来，中国正是因为选择了马克思主义，并实现了马克思主义的民族化、本土化，才逐步完成了站起来、富起来，并迎来了走向强起来的伟大时代；现实进一步证明，马克思主义的指导，是我们坚毅地走向中国特色社会主义事业深处、远处、佳处的思想武器和精神保障；世界证明，马克思主义是人们俯瞰当下全球，批判资本主义、摆脱发展困境、探求人类未来的精准工具。这是一个旗帜问题、方向问题，丝毫不能怀疑，一点儿也不能动摇。为此，宣传思想工作要在三个方面凝神聚力、开拓进取：①探索如何更加坚定地举旗走路，把握正确舆论导向，提高舆论传播力、引导力、影响力、公信力，巩固壮大主流思想舆论，

有利、有力、有效地引导并深化中国人民高举马克思主义、中国特色社会主义的旗帜；②担起建设具有强大凝聚力和引领力的社会主义意识形态战略任务，引导并带动做强马克思主义宣传教育工作，在学懂、弄通、做实习近平新时代中国特色社会主义思想上下功夫，加强传播手段和话语方式创新，确保让党的创新理论"飞入寻常百姓家"；③引导并深化坚持马克思主义在我国哲学社会科学领域的指导地位，建设具有中国特色、中国风格、中国气派的哲学社会科学。

维护并促进中国共产党的执政地位与领导能力，是建国之源、兴国之道。中国共产党的执政地位来之不易，持之有义，守之有理。众所周知，近代以来中国人民备受内外反动派的摧残蹂躏，实现国家独立、民族解放和人民自由就成为中国人民一百多年来矢志不渝的追求和梦想。最后，是中国共产党人在与各种反动力量的较量中脱颖而出，并与最广大的中国人民一道创建了独立自主的新中国。中国人民用领悟即时社会巨变、参比今夕悬殊、憧憬美好未来的大智慧、大勇毅，坚定地选择了中国共产党。这是一种历史性的抉择，一次不同于国内外以往任何室内投票的"选举"，以全民参与的方式实现了对共产党的信赖、拥护、随同，完成了别开生面的票决。对于这个历史结论、人民选择，我们要自信满满。为此，宣传思想工作不仅要引导社会继续讲好中国共产党创造的革命文化，继承红色基因、弘扬红色精神，增进开展习近平新时代中国特色社会主义思想的信心信念，更要讲好中国共产党治国理政的故事，维护并不断增进对中国共产党的信心信念，全面落实"东西南北中、工农商学兵，共产党是领导一切的"，牢牢把握正确政治方向，在最大范围内实现紧密团结在以习近平同志为核心的党中央周围。加强党对宣传思想工作的全面领导，旗帜鲜明地坚持党管宣传、党管意识形态。更要引导并促进党的建设，不断提升党的执政素质、执政能力和执政水平，实现党与中国人民、中华民族的心脉相连、息息相通，确保民族复兴的伟业在党的正确领导下顺利完成。

维护并促进安定团结、和谐发展的社会局面，为改革夯基础、为圆梦做保障。人心齐，则天下安，则事业成。古今同理，中外同道。宣传思想工作对此不仅大有可为，而且完全可以大有作为，特别是要在这两个方面上解放思想、挺立潮头、开拓进取。其一，聚民心。要务实有效引导社会各界、各领域牢牢把握正确舆论导向，唱响主旋律，壮大正能量，做大、做强主流思想舆论，把全党全国人民的士气鼓舞起来、精神振奋起来，朝着党中央确定的宏伟目标团结一心向前进。其二，要以身作则不断掌握新知识、熟悉新领域、开拓新视野，增强本领能力，加强调查研究，不断增强脚力、眼力、脑力和笔力，把自己锻造成为政治过硬、本领高强、求实创新、能打胜仗的宣传思想工作者和社会舆论引领者。

维护并促进中华文化的传播和世界影响力，是强国之道、盛世本意。中华文化源远流长、博大精深，是世界上不多见的连续发展的文化文明之一。其中，中华优秀传统文化作为中华民族的文化根脉，所蕴含的思想观念、人文精神、道德规范，不仅是我们中国人思想和精神的内核，对于解决人类问题同样具有重要价值。为此，宣传思想工作者要在坚定文化自信的基础上，引导社会做好三个方面的工作：其一，把优秀传统文化的精神标识提炼出来、展示出来，把优秀传统文化中具有当代价值、世界意义的文化精髓提炼出来、展示出来；其二，坚持中国特色社会主义文化发展道路，推动中华优秀传统文化的创造性转化、创新性发展；其三，加强国际传播能力建设，完善国际传播工作格局，创新宣传理念和运行机制，汇聚更多资源力量，讲好中国故事、传播好中国声音，向世界展示真实、立体、全面的中国，提高国家文化软实力和中华文化影响力，推进人类命运共同体思想及其全球认知、认同。

（中国青年网，2018 年 9 月 11 日）

革命文化是奋力实现民族复兴的持久动力

中华民族的伟大复兴，是一百多年来中国人民矢志不渝的追求，曾经一次次鼓起人们的必胜信念，而今中国共产党务实地把国家带上了继续圆梦的荣光大道。民族复兴任重道远，如若心想事成、华丽回归，不仅要坚持马克思主义给出的品质规定，还要依靠中华优秀传统文化的原发动力，更要仰赖初心始成、使命确立之后筚路蓝缕的结晶——革命文化这个持久动力。

第一，民族复兴只有靠中国共产党的领导才能成为必然和现实。

山河破碎、主权零落、尊严扫地、生不如死，鸦片战争以来的中国备受煎熬，醒过来、站起来、富起来、强起来，便成为尊崇自由、热爱和平的中国人民的乱世梦寐，一代代人、一次次努力，真实演绎了屡战屡败的悲壮。开明派用禁烟御敌、洋务运动等方式，表达了地主阶级对于家国命运的关切；改良派和革命派用戊戌维新和辛亥革命，勇敢地探索了制度巨变引领富强的尝试，成为资产阶级的骐骥一跃；农民阶级则用三元里抗英、义和团、太平天国、捻军等旗帜，展示了最朴素的族群情怀。可惜，芳华碎地、前功尽弃，他们最后都未能成为民族的擎天柱和救世主。之后，新生的工人阶级在中国共产党的领导下，团结一切可以团结的力量，才在文化觉醒、社会革命的风潮里，在新民主主义革命的旗帜下，实现了屡败屡战的光荣转折。

28年革命，星火燎原、翻天覆地，"三个历史选择"（中国人民和中国历史选择了马克思主义、社会主义和中国共产党）生动宣示了中国共产党的创世之功和神武魅力；之后近70年的定鼎新政权、建设新国家、飞扬新中华，再一次宣告中国共产党才是民族复兴大业最忠诚的战士、最有力的团队和最真实的榜样，在民族复兴的路上，舍我其谁。

第二，革命文化是中国共产党的不朽原创和步入辉煌的动力系统。

革命文化，源于中国共产党人坚持马克思主义基本原理对中国命运与前途的思考和探索。它是中国共产党领导广大人民在追求民族解放、国家创建和人民自由征程中的创新、创造，如今已经凝练成为一种继往开来的历史财富和文化资源，记录着中国人民艰苦奋斗、坚定推进马克思主义中国化的进程和风采，承载了中国共产党的革命史、奋斗史、英雄史，蕴含着坚定的理想信念、崇高的革命精神和高尚的人格魅力，具有超越时空的强大吸引力和感召力。

崇高的信仰、坚定的理想、不屈的意志、忘我的奋斗、集体主义、忠诚奉献、国家观念等，这些都是革命文化的重要内容和经典符号，淬炼、凝聚着中国共产党用马克思主义解决中国问题的赤胆忠心和不懈努力，体现了鲜明的中国特色和民族传统，彰显出共产党人和革命群众的独特思想与精神风貌。

抚今追昔，孕育形成在新民主主义革命的恢宏历史里，革命文化成了革命者披荆斩棘的精神支柱，并且已经融化成创党、建军、开国的精气神，熔铸成共和国强健的筋骨，转化为人民幸福的长堤；嬗变升华在社会主义革命和建设的浩荡实践中，革命文化成了新中国广大人民群众磨砺意志、锻造品质、闯关前行的心灵密码；散化流淌在改革开放的时代风云里，革命文化演变成与中国共产党的成长一脉相承、同向共进的身份标识。今天，在消除贫困、驱赶愚昧、超越群雄的民族复兴新长征中，革命文化正义无反顾地凝神聚气，要在国家、人民和社会的转型升级中再建奇功。

第三，弘扬革命文化，导引民族复兴伟业的高贵品质。

2013 年 7 月 11 日，习近平到西柏坡视察时强调："对我们共产党人来说，中国革命历史是最好的营养剂。"的确，继承红色基因、传播革命精神、弘扬革命文化，能够巩固、加强党的领导，从而培固、强健追求民族复兴伟大梦想的动力和后劲。

首先，革命文化将为民族复兴书写开天辟地、敢为人先的首创品质。民族复兴不是或者至少不是简单的 GDP（国民生产总值）、GNP（国内生产总值）的冒尖，也不是疆域面积的扩充或者军事进攻能力的跨越，而是一个综合性的飞跃提升和整体型升级换代。对于中国而言，目前尚无现成的模式，也缺少可供复制的样板，一切都要靠中国人民在坚持马克思主义的前提下，紧跟中国共产党的领导，站稳中国立场、植根中国大地，发扬创新精神、增强创造意识、提升创新能力，开辟新道路、开启新航程。

值得庆幸的是，97 年来的中国社会发展，已经深深地教育了中国人民，革命、建设、改革都需要创新、创造，而且都是在创新、创造中一路过来的；民族复兴依然需要创新、创造，而且中国人民已经掌握了许许多多的创新、创造的秘诀。特别重要的是，中国共产党无论是作为从南湖红船上寻找光明的摆渡人，还是到烽火硝烟中挺立脊梁的主心骨，再到驾驭世界第二大经济体的领航员，一直初心如磐，以划时代的理论创新和实践创新，开启了走向民族复兴的伟大征程。

其次，革命文化将为民族复兴融汇坚定理想、百折不挠的奋斗神韵。

苦干、实干、巧干，在干中崛起，在做中圆梦，这个以行动为本色基调的奋斗，便是勤劳勇敢务实的中国民族风。民族复兴，一旦融入矢志不渝、开拓进取的精神风貌，便会获得以奋斗著称的革命文化的滋养和激励。

在曾经的岁月里，奋斗写实了我们的足迹。即使一些人沉湎于安闲、琐屑甚至慵懒，也能从容自得，那是因为"哪有什么岁月静好，不过是有人在为你负重前行罢了"。在如今的新时代，奋斗也是我们逐梦、凯旋的导航仪，工农商学兵在东西南北中，各守一方、各司其职，一起在或平凡或壮烈的工作中兢兢业业、鞠躬尽瘁，祖国和未来因此更加明亮。

革命文化凝结在历史的苍穹里，更生动地渗透在人们的生活中。现在，党史党情教育越来越被重视、红色文化越来越受欢迎、红色旅游越来越有市场，无不透露出革命文化在新时代的原初魅力。因此，只要我们花大气力，"把红色资源利用好、把红色传统发扬好、把红色基因传承好"，实现民族复兴，就可以获得取之不尽、用之不竭的朝气和干劲。

最后，革命文化将为民族复兴奠定立党为公、忠诚为民的奉献规格。

革命文化彰显了中国共产党人对理想信念的无比忠诚，凝聚了中国人民深沉的爱国情怀。在28年的革命浪潮里，曾经有2000多万共产党员、共青团员和革命群众英勇献身。他们凭借钢铁般的意志、大义凛然的献身精神和对人民对事业的赤诚，谱写了追求理想、匡扶正义的生命凯歌。他们，是我们仰承和平雨露，阔步向前的灯塔和楷模。

中国共产党从诞生的那天起，从来就没有自己的私利，而是以全心全意为人民谋福利为根本宗旨。从王尽美、方志敏到刘胡兰、董存瑞，到邱少云、刘英俊，到焦裕禄、两弹一星元勋，再到李保国、黄大年，我们的事业就是依靠像他们这样的千千万万党员的忠诚奉献而不断铸就，他们不愧是奉献给初心和使命的形象大使。因此，奉献精神，决定了"我们走得再远，都不能忘记来时的路"。之前，我们曾经奉献过团圆、财产、自由，甚至生命，今天我们可能还要继续奉献平台、财富以至于性命。有了这样的勇气、肝胆和底色，我们就能够回到梦想起航的地方，朝着民族复兴的蓝图，再出发、再长征，在坚持和发展中国特色社会主义伟大进程中创造无愧于时代、无愧于人民、无愧于先辈的业绩。

（光明网，2018 年 9 月 11 日）

讲好中国共产党治国理政的故事

近日，习近平总书记在全国宣传思想工作会议上做出了新指示、新要求，强调"要不断提升中华文化影响力，把握大势、区分对象、精准施策，主动宣介新时代中国特色社会主义思想，主动讲好中国共产党治国理政的故事、中国人民奋斗圆梦的故事、中国坚持和平发展合作共赢的故事，让世界更好了解中国"。新时代下，我们应讲好中国共产党治国理政的故事，让世界更好地了解新时代的中国和中国共产党，进一步提升中国软实力和国际话语权。

第一，讲好中国共产党坚持首创精神，开天辟地、敢为人先的奋斗历程和光辉成就。中国共产党自诞生之日起，一直坚持用马克思主义观察中国实际、解决中国问题、推动中国发展，因而开辟了具有中国特色的革命、建设和改革的发展道路，展示了中国共产党人勇立潮头的磅礴精神力量。从南湖红船上寻找光明的摆渡人，到烽火硝烟中挺立脊梁的主心骨，再到驾驭世界第二大经济体的领航员，中国共产党始终初心如磐，以划时代的理论创新和实践创新，点燃照亮中国的燎原之火，开启走向复兴的伟大征程。中华人民共和国成立时，中国共产党立足于中国国情，设计制定了一整套涵盖政治、经济、文化、军事、外交等各领域的制度，建立了具有中国特色的社会主义民主政治，在制度设计上区别于西方的一党制、两党制和多党制，既遵循、坚守了中国革命历史的规律和结论，又展示了治国理政的博大胸襟。在接下来的社会主义建设和改革实践中，中国共产党又带领人民探索出了一条具有中国特色的社会主义发展道路，极大地解放和发展了生产力，极大地改变了中国的面貌，重塑了人民的生活，给中国特色社会主义开创了前所未有的光明前景，为古老的中华民族注入了蓬勃复兴的生机活力。

第二，讲好中国共产党坚持奋斗精神，坚定理想、百折不挠的进取场景和成功经验。凭借脚踏实地、实干苦干加巧干的优秀传统和拼搏精神，我们党从奋斗起步，更靠奋斗发展，成就了一项又一项伟业。共产党人的奋斗精神，刻印在战争年代的烽火硝烟、建设年代的广阔天地、改革年代的风起云涌，让中华民族相继迎来了从站起来、富起来到强起来的伟大飞跃。在这一过程中，中国人民坚守着抗洪抢险精神、抗震救灾精神，有效抵御了自然灾害；扛起铁人精神、红旗渠精神、北大荒精神，逐步超越了贫穷；高举着雷锋精神、焦裕禄精神，展现了高风亮节，形成了奉献集体、尽忠国家的现代风范。在党的领导下，中国人民一步一个脚印，艰苦奋斗，在一穷二白的基础上，逐步构建起社会主义制度，又逐步打造出独立自主、门类比较齐全的工业体系和国民经济体系，发展成为世界第二大经济体。

第三，讲好中国共产党坚持奉献精神，立党为公、忠诚为民的拳拳心路和制胜法宝。从诞生的那天起，中国共产党从来就没有自己的私利，一直以全心全意为人民谋福利为根本宗旨。革命年代，中国共产党为推翻剥削阶级的反动统治、建立劳动人民当家作主的新政权而奉献。革命年代需要毁家纾难，奉献财产、家庭、自由和性命；和平年代，更多的是奉献机会、时间、荣誉、安逸、健康，也包括非常时刻的生命搏击。在新中国诞生之后的将近 70 年的建设中，又涌现出了无数的劳动模范、道德楷模、优秀共产党员，从王进喜、时传祥、雷锋，到焦裕禄、孔繁森、郑培民，再到李保国、廖俊波、黄大年，正是靠着像他们这样的千千万万共产党员的忠诚奉献，才不断铸就了我们的事业。如今，中国特色社会主义进入了新时代，面对人民对美好生活的向往，还要继续弘扬中国共产党人立党为公、忠诚为民的奉献精神，讲好中国共产党同人民想在一起、干在一起的故事，朝着实现中华民族伟大复兴的宏伟目标奋勇前进。

（求是网，2018 年 9 月 19 日）

砥砺前行：2018年教育部高校思政课骨干研修班结业典礼上的汇报

【题记】2018年9月28日晨，兰州大学萃英大酒店。笔者被邀作为全体同学的代表，在结业礼上汇报发言。

同学们、同志们，大家上午好！

非常荣幸在这个尊贵的讲台，代表本期研修班的200名同学向大家汇报三周的学习情况。

如您所知，三周来，趁着金秋好时光，我们的学习也进入收获季节。让我们有所收获的源泉和动力有很多。主题报告、大会交流、小组讨论、实践研修、心得展示、研修通报，甚至间歇时分、空闲时段里的简单互动，车里、路上偶遇时刻的面对面，等等，每一次、每一种的动脑与动手，都让我们动心。而凉凉的秋意、明媚的天气、充满活力的兰州大学（以下简称兰大）校园等，也都让我们心旷神怡。其实，我们深深懂得并深谙于心：远在京城的教育部，您的高瞻远瞩、统筹规划，在源头上赋予了这次研修成功的前提；而身在其中的兰大尤其是兰大马院为研修班提供的优质服务，更是在座诸位收获满满的根本保障。兰大马院从书记、院长到分管副院长、副书记，到带班主任、联络员，还有各个环节的服务人员，不管是老师还是学生，他们的微笑和谦恭一直表达着兰大人的自信，他们的热情始终彰显着全国思政人是一家的理念。因此，我们有理由，更有必要向上述各方及其工作人员表露我们的心声：感谢你们。

三周来，我们越来越虔诚：从事思政课教育教学和马克思主义理论学科建设，是一项利国利民的千秋大业，是我们融入共和国历史的最佳方式，是我们实现自我人生价值的第一路径。兰州交通大学马院的蔡院长不是提出八个自信吗？因此，不仅任重道远，而且信心十足。明天有我们的希望，我们更是明天的希望！

三周里，我们越来越懂得：思政课建设首先要站稳讲台，同时积极参与网络意识形态建设。习近平总书记提出三全育人新理念，就是明确要求我们在用好课堂、校园的同时，也必须在穿越、贯通教室和校园的网络里有担当、有作为。网络时代里，学生都全部网络化、社会化了，教室和校园也网络化、社会化了，而我们思政课教师还简单地守着课本、课堂，肯定不行了。要走出去，走向社会；要走进去，走进网络。而走进网络，已不再是建立一个课程网站、投放一些教学音视频、搞几次网络考试了，也不是传统的公开课、弹幕课、翻转课堂了。还要建立微信公众号、写网文、上电视、下基层、进社区。比如，此次研修班所用的小教助考勤系统，不是给很多同学开了眼吗？又如，如果从这次研修班开始，您开建了个人的微信公众号，将是对兰州和兰州大学学习研修的最好记忆。

三周来，我们越来越深信：实践教学不仅仅是带学生走走看看，还要写还要说，还可以演出、讲课、设计、制作等。实践教学也不仅仅是单纯的政治理论的检验和深化，还应该包括革命文化、优秀传统文化和先进文化的感知体悟等。比如，我们对兰州历史文化、山川风物的了解，我们品尝了牛大、田贝子、灰豆子、手抓羊肉，登临了白塔山、五泉山、皋兰山，参拜了中山桥，感悟了伟大的母亲河，等等。这些都是利用学习之余的空闲时间，纯自费且在安全第一的前提下进行的，但这些经历必将是我们回去之后开展教学的活素材。又如，昨天晚上，我们在东方宫开开心心地集体品鉴了天下第二面——兰州牛肉面，果真：和拌捣揉掼摔抻，妙手神技誉满华夏；汤清肉烂味醇厚，一碗拉面香飘神州。这不是我们教育学生爱国、爱家、爱桑梓的乡土教材吗？例如，100多位同学沿着河西走廊，一次次感受红军西路军的艰难悲壮与伟大，肯定不仅仅是连续性的自我教育，而一定是回去之后教育学生的素材；还有30多位同学在会宁、在南梁、在六盘山，让我们感慨万千的万里长征，肯定不会仅仅停留在自己的心灵震撼上，一定会转化成教育我们所在学校学生的精神财富。

三周里，我们越来越记住：马克思主义学院建设、学科建设，并不单纯是思政课教学，还有教师队伍的稳定与素质提升、人才引进与自我培育、办公空间与环境改善、经济支持与生活待遇优化，还有党中央的期待与社会尊重、校内的统筹与校外的通联协同等。其实，一研修，我们更懂得：学校要发展，不能让我们思政课教师越来越瘦、越来越单薄；学校要发展，一定要想办法让我们思政课教师越来越自信，越来越有干劲。不是说，我们从事的是学校第一院第一学科第一课程的伟大事业吗？那就进一步充分实现思政课教师是"天下第一师"至少"校园第一师"的理想吧！

总之，以前我们放眼全国、环视左右、仰视标杆、羡慕先进，觉得自己作为一般大学的思政课教师和马克思主义学院，已经不行了，姑且随大流好了。但是，三周下来，我们深化了初心和使命，觉得我们又行了，干劲又倍增了，甚至还相信我们有一天也会成为新时代的先进和标杆。毛主席他老人家不是说：数风流人物，还看今朝吗？从93、94期骨干研修班出发的这200人，必将发展成为新时代思政课领域和马克思主义理论学科里的新人类。

　　为了这一天的到来，我们一起再一次感谢教育部，感谢兰州大学，感谢我们自己，感谢伟大的新时代！

　　还有一句啊，大家手中的结业证，不是研修的终点，而是我们团结一致共同向前的合作证。所以，岭南的、巴蜀的、秦晋的、中原的、关外的，同学们，无论来自哪里，想我了，请到江南来，我在杭州等您。大家同时想念了，我们相约一起回兰州大学！

　　谢谢大家！

（兰州大学马克思主义学院，2018 年 9 月 28 日）

开展红色文化学科建设，意义重大大有可为

红色文化研究的宗旨是研究我党领导下的中国革命、建设和改革开放伟大事业历史进程及辉煌成就。设置相应的二级学科硕士学位点，是对马克思主义理论学科的拓展和深化。它的学科定位、理论指导和边界是清晰的，设置并运行的条件也是成熟的，设置的学术价值和实践意义非常突出。

第一，红色基因的传承是一项系统的工程，务必全方位协同参与。首先，需要党和政府的引导，学术参与尤其是史学的挖掘整理，搞清楚红色文化的发生发展和历史规律、基本经验等。其次，需要教育的植入，学校教育等各种教育系统有效地把红色文化纳入教育教学工程中去。最后，还有媒体舆论的宣传，红色文化实际工作部门的守土有责和积极作用，甚至红色文化收藏展陈部门的大力开发等，都必不可少。

第二，红色文化学科建设有利于提升红色文化建设的品质。比如，学科建设有利于在更高的平台和层次上形成凝聚力量、同做大事的氛围；适应中国人办教育、搞文化的传统，把红色文化建设引入学科的高度和格局中来；支持红色旅游产业，为其提供更加有益的学术支撑；区分与党史、近现代史、国史等传统学科和相邻相近学科，做到各司其职，各负其责，共同致力于马克思主义传入中国以来尤其是中国共产党诞生以来的社会进步发展历程和基本经验、历史性成就的研究传播和继承弘扬。

第三，采用红色文化研究这样的学科名称，有利于拓展文化自信的认知基础。用红色文化研究这样的学科名称，可以使我们对革命史、建设史的关注，更加中性、柔和，至少保持着一种中性柔和的外表，而内质依然坚守住党史文化、革命文化和先进文化。用红色文化这个学科名称，使红色文化研究更接地气，更容易引起全社会上下的共鸣，更容易凝聚社会各方面的共识，从而走向更加广阔的舞台，变身更大更多的教育、引导和聚力作用。同时也增加了更多的生活气息，把20多年来社会已经形成的红色旅游事业继续推向进步。

第四，建设红色文化学科，有利于增进红色文化的传承与弘扬。红色文化存在的价值不仅仅是表现一种客观现象、传递一种文化信息，更主要的是要发挥文化作用，教育世人、培育社会风尚、促进社会进步。不仅在学术层面上，使其后

继有人，而且层次越来越高。我们培养的学生，必须有坚定的马克思主义理想信念，系统掌握马克思主义，懂得党史、革命史和中国特色社会主义建设等，同时还应该懂得文物辨别、保护等专业知识，具有导游和讲解员的工作技能，同时养成一定的学术能力。这样的研究生走入红色文化实际部门，会大大提升红色文化的保护、开发的品质和可持续性。

（琅琊新闻网，2018 年 10 月 26 日）

不断推进理论创新是改革开放以来
马克思主义中国化的重要经验

改革开放 40 年，马克思主义中国化的经验很多。其中极其重要的一条就是不断坚持理论创新。推进理论创新，价值重大，成果丰厚，意义深远。

第一，不断的理论创新，最深厚的成果是中国化马克思主义步步深入。从邓小平理论，到"三个代表"重要思想，再到科学发展观，直至今天的习近平新时代中国特色社会主义思想，不断回应中国改革开放和社会发展的新情况、新问题、新挑战，不断丰富马克思主义理论宝库。每一个新思想、新理论，都是时代主题和社会发展需要的产物，也都在理论和实践的双重意义上，引领了中国进步，推动了中国发展。

第二，不断的理论创新，最突出的成果是逐步建立了社会主义市场经济体制。从计划调节为主、市场调节为辅，到公有制基础上有计划的商品经济，再到计划经济为主、市场经济为辅，直到社会主义市场经济体制，每一次思想认识的提升，都带来一次理论跨越，每一次理论跨越都造就了经济活跃、社会大发展。

第三，不断的理论创新，最生动的成果是在推进改革开放的同时客观记录了改革开放的历程。理论是一种社会存在形态，也是一种历史叙述方式。理论的酝酿、创建、传播、践行、完善，既是改革开放的重要层面，也是改革开放的重要轨迹，庄重地绘制、传承了轰轰烈烈的改革画面。

第四，不断的理论创新，最朴素的成果是引发并带动了人们思想观念的转变和行为方式的大胆革新。一方面理论为行动之先导，另一方面国家层面的理论创新，客观上激发了社会成员的思想行为之变。恢宏的时代巨变，投射、聚集于普通民众，便是跟上形势，有所作为以至大有作为。

第五，不断的理论创新，最珍贵的成果是全面深化了对于坚持社会主义初级阶段基本路线不动摇的认同。这是决定中国命运的一招，是决定改革开放成败的一招，也是已经上升到决定理论创新成败得失的关键一环。改革开放以来的马克思主义中国化，倍受世界局势及潮流的影响，确保新的思想理论不溢出马克思主义，不脱离中国实际，尤其是社会主义初级阶段基本路线的规范与约束、坚守与贯穿，定力非凡。

（2018 年 11 月）

不断推进理论创新，引领改革继续前行

中国的改革开放轰轰烈烈到如今，还将在"四个全面"的战略布局中继续前行。不断的理论创新，是之前改革开放凝心聚力、筚路蓝缕的重大成果和基本经验，同样是今天和未来的改革开放跋山涉水、再造辉煌的动力和保障。

第一，不断的理论创新，在趔趄却坚毅的摸索中步步深入，写实了改革开放40年的曲折艰辛与浩荡澎湃。

伟大事业总是在伟大的历程中砥砺而来。改革开放以来，我们走过了一条布满艰辛的路。但是，不断地回眸过去，并总结经验、创新理论、面向未来，确保了这条路虽曲折却光明，我们的步履虽坎坷却坚实，也确保了改革开放逐步迈入佳境，马克思主义中国化渐次走向新高度。从邓小平理论，到"三个代表"重要思想，再到科学发展观，直至今天的习近平新时代中国特色社会主义思想，前后相继、层层递进、步步向前，不断回应改革开放和社会发展的新情况、新问题、新挑战，不断充实丰富马克思主义理论宝库。

在发展的意义上，我们深切地体会到：每一次思想认识的提升，都带来一次理论跨越，每一次理论跨越都造就了经济活跃、社会大发展。而每一个新思想新理论，都是时代主题和社会发展需要的产物，也都在理论和实践的双重意义上，观照了中国改革开放的宏大现实，关照了中国人民乃至世界人民，指导了中国发展，推动了中国进步。同时在历史的逻辑上，我们也深深地体会到：不断的理论创新，用最具有文化品位和历史厚度的形式，生动记录了改革开放的历历在目、曲曲活剧。理论以一种更高大的社会存在形态和更富有魅力的历史叙述方式，借助酝酿、创建、传播、践行、完善等具体形式，全面融入了改革开放，庄重汇集、书写、传承了改革开放。

第二，不断的理论创新，超越过去、继往开来，引领后续的改革开放信心倍增、意志弥坚。

伟大理论来自伟大实践的召唤。40年来，我们在前无古人的开创性事业征途中，不彷徨、不犹豫，有胆有识，边想边做、边干边想，先行先试、小试继之大干、试点升华为国策，推动改革开放之路越来越明朗、越来越好。比如，关于改革开放重大目标的追寻，我们从计划经济到商品经济，再到市场经济，试验与实践越来越广泛，认识越来越深化，信念越来越坚定，直到确认建立社会主义市场经济体制的改革目标。关于改革开放基本保障的党的领导和党的建设，我们始终理念领先、紧抓不放，但又一直紧跟形势的变化，在调整中跟进，在发展中提升，通过党纪党规建设尤其是反腐倡廉，不仅坚定捍卫了中国共产党对各项事业的领导地位，而且大大提高了中国共产党领导各项事业的能力和水平。改革开放涉及方方面面，这项系统工程需要整体协调、系统推进。诸如关于社会主义精神文明重要性的坚守，关于生态文明认知的新高度，关于国企改革特殊性、复杂性的深化理解和坚毅实践……无不像一盏盏明灯，高悬于改革开放的途中，闪亮在富强民主文明和谐美丽的凯歌里，一再凝聚起民族复兴的逐梦底气和伟大张力。

伟大实践也因其创新、创造而更加鲜活生动，更加激励后人、扬弃往昔。40年来，我们也有反复、有折腾、有失误、有教训。历览前贤多少事，知错能改尤可贵。目前，我们不仅深刻认识到了这些问题，党的十八大以来，更是通过一系列政策举措行动，在修正、在改革、在优化、在完善。

第三，不断的理论创新，在马克思主义的旗帜下，探索、积聚并初步呈现了民族、国家兴起的新经验、新道路、新范式。

伟大斗争源自伟大理想的感召和激励。实现中华民族伟大复兴的美好蓝图，是中国共产党和中国人民投身改革开放、砥砺前行、奋发有为的内生动力和强大凝聚力。解决中国人民从醒过来到站起来，再到富起来，直到强起来的历史性跨越问题，不仅是一个百年梦想、理想设定，更是一个实实在在、非兢兢业业不足以达标的行动过程，还是一个非遵照国情民情和历史文化传统不足以圆梦的探索创新新长征。

秉持接续中华人民共和国成立初期艰难异常的社会主义探索的伟大成就，经过40年改革开放的深化、升华发展，我们更加坚定了中国特色社会主义道路自信、理论自信、制度自信和文化自信，更加坚定了人民代表大会这一根本政治制度、中国共产党领导的多党合作和政治协商制度、民族区域自治制度和基层群众自治制度的基本政治制度，更加完善了公有制为主体、多种所有制经济共同发展的基本经济制度和按劳分配为主体、多种分配方式并存的分配制度，也逐步建立了具有中国特色的社会主义法律体系和建立在基本政治经济制度上的其他政治制度、经济制度、文化制度和社会制度，更加胸有成竹地推进了党的领导、人民当家做主和依法治国的有机结合。这些成就不仅是我们在改革开放进程中坚持中国特色社会主义，主动进入世界现代文明的主流，充分吸收人类文明成果的产物，还是我们坚持马克思主义，在面向现代化、面向世界、面向未来的格局中不断前进的结晶。这些成就不仅破除了长期存在的对马克思主义的教条式理解和附加在马克思主义名下的错误观点，也破除了改革开放以来那些已经不合时宜的东西，打造成了具有鲜明中国特色的社会主义道路、理论、制度、文化。因此，中国人民在世界上高高举起了中国特色社会主义伟大旗帜，拓展了发展中国家走向现代化的途径，给世界上那些既希望加快发展又希望保持自身独立性的国家和民族提供了全新选择，为解决人类问题贡献了中国智慧和中国方案。

（央视网，2018 年 12 月 24 日）

以解放思想引领改革开放勇往直前

解放思想，作为一种包含自信、睿智、通达等品格的行为，成为横贯改革开放 40 年的关键和动力。继续改革开放，首先就要保持准确识变、科学应变、主动求变的勇气、信心和智慧，在解放思想中深化改革，在改革中推进解放思想。

第一，解放思想首先源自全面突破苏联模式的桎梏，继而扩展为敢于修正改革开放以来的不合时宜。

第一轮改革，邓小平提出以富民为先，以民生为重，以不断提高人们的生活水平为最高目的，从而确定了中国现代化的根本目标。这个巨大的思想解放把中国引领到新的发展道路上来。在"面向现代化，面向世界，面向未来"的格局中不断前行到今天，我们越来越坚信不断深化改革、创新理论，还要继续破除长期存在的对马克思主义的教条式理解和附加在马克思主义名下的错误观点。解放思想的边界就是坚持中国特色社会主义，主动进入世界现代文明的主流，在开放中充分吸收人类文明成果，实现并拓展新一轮的改革。习近平总书记向世界庄严宣告：开放已经成为当代中国的鲜明标识。中国开放的大门不会关闭，只会越开越大。中国推动更高水平开放的脚步不会停滞！中国推动建设开放型世界经济的脚步不会停滞！中国推动构建人类命运共同体的脚步不会停滞！

第二，解放思想还源于对改革开放的持续认同、拥抱，继而转变为工作中的大胆创新、不断探索。

改革开放 40 年，硕果累累、世界瞩目，中国发展进入新高度，改革开放深入人心。没有改革开放，就无法永葆中华民族站起来，无法实现富起来，也就更加难以达到强起来的伟大梦想。但是，接下来还要不要继续改革，新一轮改革谁来改、改什么、如何改，诸如此类的思想观念问题，首先就制约了中国发展的趋势和方向。面对一些人的存疑、懈怠和满足，习近平总书记高瞻远瞩、旗帜鲜明："中国改革开放永不停步！""改革开放只有进行时没有完成时。"作为"决定当代中国命运的关键一招"，改革开放"停顿和倒退没有出路"，从而为未来中国发展确定方向，为民族同心指配轮毂。全面深化改革进入深水区，剩下的都是难啃的硬骨头，新一轮改革要确信：鞋子合不合脚，只有穿鞋的人自己知道；要改的必须改，不改的就是不能改。新一轮改革不追求廉价掌声，既勇于冲破思想观念的障碍，又勇于突破利益固化的藩篱；既不走封闭僵化的老路，也不走改旗易帜的邪路。

第三，解放思想还要排除一切障碍，紧密团结在以习近平同志为核心的党中央周围，形成无比坚定的政治信念和政治局面，凝心聚力，不断改革。

习近平同志作为中国新一轮改革开放的领航人和掌舵者，展现的担当意识、改革勇气和治国成就、理政智慧，令世界敬佩，令中国人民爱戴。他确立了全面深化改革的总目标："完善和发展中国特色社会主义制度，推进国家治理体系和治理能力现代化。"这个目标不仅指明了全面深化改革的方向和道路，还清晰勾画了实现中国特色社会主义制度更加成熟、更加定型的路线图、时间表。如何搞好这"第五个现代化"，他又构建了一套独特的方法论：要处理好解放思想和实事求是的关系、整体推进和重点突破的关系、全局和局部的关系、顶层设计和摸着石头过河的关系、胆子要大和步子要稳的关系、改革发展稳定的关系；要注重改革的"系统性、整体性、协同性"；要坚定"两步走"战略；等等。展现出了一个层次分明、系统完整、逻辑严密的理论体系。

因此，完全可以相信，今后只要我们秉持不断解放思想、不断创新发展，"以钉钉子精神抓好改革落实"，确保"党和人民需要我们献身的时候，我们都要毫不犹豫挺身而出，把个人生死置之度外"。认定目标、真抓实干、锲而不舍，就一定能够迎来中华民族的伟大复兴。

（央视网，2018 年 12 月 25 日）

不断的理论创新是改革开放的重要逻辑

  不断的理论创新，是改革开放的重要逻辑，也是中国特色社会主义发展的重要逻辑之一。作为马克思主义中国化不断深化和中国特色社会主义形成发展的时代背景、历史舞台和基本时空，改革开放的过程就是不断进行理论创新的过程，理论创新成果表现为次第产生且一脉相承的邓小平理论、"三个代表"重要思想、科学发展观和习近平新时代中国特色社会主义思想。因此，不断的理论创新，可谓改革开放这个生动历史舞台的显著风采和表征，也是这个基本时空的重要成果和记录。

  为何要不断理论创新？推动改革开放走向深化。众所周知，改革开放的原发动力是渴望并追求人民幸福、国家富强和民族复兴，而根据时代主题的规定和主要矛盾的约束，突破现有思想桎梏，大胆进行理论创新，从而引导实践的快速发展，也是引发改革开放的次生动力。破解现实困难、超越现实阻隔，回应人民对幸福生活的期待，作为改革开放的基本态势，必然带来思想的解放和理论的更新创造。比如，20世纪80年代的万元户，一方面形象生动地体现了人民对尽快富裕起来的美好追求，另一方面孕育烘托了一种新的创业理念和发展理论，即打破平均主义和贫穷的"平等"，通过市场经济让一部分人先富起来，以先富带后富，最后走向共同富裕。这样的创新思路和榜样示范进一步加快了计划经济突破和市场经济认知、参与，由此在更高层次和更大层面上加快了关于改革开放的目标与方向的确认。又如，在探索如何更好更快地解决"三农"问题上，浙江总结经验教训，大胆走出了以村民集聚化、社会城镇化、生产工业化、产品产业化为特征的城乡一体化新型道路，不仅适应了城镇化改革的大方向，还契合了乡村振兴战略的实施，更是在新农村建设的大格局中找到了新出路，从而拓展、丰富了中国化的城乡治理和综合发展理论。

  在哪里实现理论创新？回眸过去的40年，从具体点位上说，在改革开放的紧要处、关键点和"瓶颈"期、徘徊时，要冲破思想教条和坚定改革信念；从具体对象上说，突破对于马克思主义的教条式理解和苏联计划经济模式的桎梏，以及改革开放以来形成的那些显然已经不合时宜的东西的困扰。就微观层面上的创新而言，这些年尤其是党的十八大以来，我们逐步突破了计划生育、农村土地承包、强军兴军、文化自信、网络意识形态治理等一系列重大问题上的传统认知，形成了适应新时代、助推新时代的思想观点，达到了新的思想理论水平和社会实践高度，产生了新型的国家法律政策和制度体系，从而更加有力地推进了全面深化改革。比如，取消手机漫游费、实行身份证异地办理、实施医保异地结算等，这些惠及万千民众的举措，不仅仅是简单地分享、共享改革开放的成就成果，更主要的还是创新并深化人民中心思想。

如何理论创新？一方面，从理论与实践的关系视角看，一般而言，理论创新有三种类型：①未雨绸缪型，即思虑在前，理论在先；②先行先试型，即先试验先实践，后总结再升华；③边做边改型，即一边革除旧积习、旧思想，主动求变、随时应变，一边积极改革，阐释新义、凝聚共识、创新理论。另一方面，从理论创新的源流来看，往往是一个人振臂一呼、先声夺人，勇毅表达出一种新观点、新思想，接着很多人跟着说出来、研究起来、传播开去，逐步形成思想氛围和理论力量。比如，2005年时任浙江省委书记的习近平同志发表《弘扬"红船精神"，走在时代前列》一文，首先提出红船精神的概念，并系统论述了红船精神的基本内涵、历史意义和时代价值。紧接着，浙江及至全国党政军民学各界一起参与、热议共论，不遗余力地解说、宣传、推进，形成了十分繁荣的理论发展态势。十几年过去了，如今，红船精神不仅在理论上成为中国共产党领导下的一切革命精神的源头，和社会主义建设过程中一切优良传统与奋斗奉献精神的圭臬，更主要的是在改革开放的伟大实践里，进一步引发了伟大觉醒，引领了伟大变革，助力了伟大飞跃。

谁来理论创新？即参与理论创新的主体有哪些？事实上它应该包括领袖群体、理论家与学者和社会民众。以邓小平、江泽民、胡锦涛和习近平同志为核心的领袖群体，分别是他们各自所处的时代开展中国特色社会主义理论创新的主体，作为前后相继的领导核心，他们都倾力主导并汇聚了各个不同历史时期的理论创新。2018年12月18日，在庆祝改革开放四十周年大会上表彰的100位先锋人物，其中有一类属于在特定领域积极创新的人，他们即是理论创新的第二种主体：理论家和学者。例如，农村改革的重要推动者杜润生、经济体制改革的倡导者厉以宁、推动依法治国的理论创新者王家福、中国特色社会主义法律体系建设的积极推动者许崇德、落实干部政策平反冤假错案的执行者何载、社区党建和治理创新的探索者茅永红、马克思主义中国化理论研究的推动者郑德荣、真理标准大讨论的代表人物胡福明、经济体制改革理论的探索者林毅夫、司法体制改革的"燃灯者"邹碧华等，他们在各自的领域以各自独特的方式和优势参与并推动了相关的理论创新。其实，普通民众，也是理论创新的重要主体，他们尽管不直接参与理论思辨和研究，但是他们以生动鲜活的需求和改革开放的实践参与，呼唤、导引理论创新，或者成为理论创新的先行先试者，如农村改革的先行者小岗村"大包干"带头人。当然，他们首先还是理论创新的拥护者和受益者。

（2019 年 1 月）

讲好红色故事，你我共舞台

　　红色故事，源自党的教育、引导，存于党领导下的革命、建设和改革，是人民群众奋不顾身求取国富民强、民族复兴的理想之花、信念之灯和拼搏异彩。讲好红色故事，无疑就是新时代再铸理想信念，再扬拼搏奋斗的定调、定位、助心、助力之举。

　　第一，谁来讲？

　　工农商学兵、男女老少、各行各业的人们，都可以参与进来，大家一起讲红色故事。就像我们平日里唱红歌、参加红色旅游和观赏经典主旋律影视作品那样。老干部、老八路军、老战士、老英雄可以讲述当年自己和战友、同伴、同辈的奋勇杀敌、保家卫国、视死如归；老党员、老前辈、老模范不妨叙述曾经的岁月里携同志、同行、同事如何克服困难、勇攀高峰、创新创业。只要你有感动人、激励人，导人向上、向前、向善的故事，无论是自己的、别人的，尽可说给大家听。天下红色故事会遂成。

　　第二，讲什么？

　　讲在中国共产党的领导下，在革命、建设和改革开放的伟大事业进行中，先烈们、前辈们、英雄模范们如何坚守开天辟地、敢为人先的首创精神，坚定理想、百折不挠的奋斗精神和立党为公、忠诚为民的奉献精神，为远大理想的实现，为美好生活的进步，为精彩人生的展开，所做出的可歌可泣的探索和贡献；讲普通民众在平凡的工作生活中做出的平凡但又具有强烈的教育意义、示范价值的正能量行为和事迹。一言以蔽之，要讲在中国共产党创建和发展，在中华人民共和国缔造与建设，在改革开放和中国特色社会主义伟大事业的波澜壮阔里，涌现出来的模范人物、先进事迹和精彩故事。

　　第三，为什么讲？

　　一方面，讲红色故事是我们开展革命历史教育、民族精神教育、时代精神教育、文化自信教育和社会主义核心价值观教育的重要渠道和手段，是一种我们从革命战争年代就积累传承下来的行之有效的宣教育人措施。在市场经济时代，我们再次把它捡起来，发扬光大，特别是跟新媒体相结合，让它焕发出时代光彩，发挥出更大的凝心聚力、引人奋进、教人为善的作用。

另一方面，讲红色故事，对于共产党员来说，就是贯彻落实习近平总书记关于"在党言党、在党爱党、在党护党"的指示精神，唤起大家的党员身份意识和使命感、荣誉感，为实现中华民族的伟大复兴而团结起来，不忘初心，努力担当，再造辉煌。对于广大人民群众而言，就是要聚起更多的精气神，同心同德，鼓足干劲，追求更加美好的生活，就是要引导并激发人们继承红色基因，弘扬红色精神，传承红色文化，努力做一个正直、正义、善良、勇敢、积极向上的人。

第四，怎么讲？

看书找故事，从历史中发现精彩；深入生活找典型，在身边发现美丽。故事首先是已成事实的光彩言行，创党建国的伟岸身形与披肝沥胆，扛枪打仗的精神抖擞与牺牲壮烈，站起来富起来强起来的不屈不挠与百转千回，平淡、平常、平凡中的日出日落与奇伟瑰丽，等等，莫不失楷模典范好故事、好素材。高台上、讲桌前娓娓道来于听众，话筒中、屏幕里慷慨激昂于粉丝，手机里、网络上面对面于路人，等等，何处不可讲故事、说好人？功夫就在身边与手头。

（中国社会科学网，2019 年 2 月 14 日）

浙西南革命精神学习弘扬实践的若干思考

一、为什么要总结凝练浙西南革命精神，并开展学习实践活动

第一，拓展、充实、丰富现有的中国革命精神谱系。中国革命精神谱系是以我党领导革命的历史进程为纵轴，以其中形成的思想理念、斗争品格和精神气质不断展开并发挥实际的统领、聚集、感召鼓舞作用为横面的革命历史逻辑和革命文化表达模式之一。

革命精神谱系以革命时期党中央的革命活动轨迹为主干，主要有红船精神、井冈山精神、苏区精神、长征精神、延安精神、西柏坡精神等。同时也有围绕在党中央的周围，听从党中央的领导，以区域性革命斗争为依托的区域性革命精神，如沂蒙精神、大别山精神等。它们像枝丫和绿叶，构成中国革命精神谱系这棵大树的重要方面，并使得这棵大树更加茁壮、高大和丰满。浙西南革命精神，就是这样的枝丫和绿叶。

第二，以具有鲜明地方特色的区域性革命精神激发干部群众的时代热情和担当活力。在中国革命精神谱系主干内容的哺育和感召下，培固理想信念，激发实干担当意识。这是我党一贯的和常规的教育方法，具有全国性意义。同时，立足本地实际，开挖彰显、发扬光大源于本地带有浓郁地方特色的区域性革命精神，将会更直接、更有针对性地启发、引领本地党员干部和人民群众凝神聚力建设地方的自觉性、主动性和创造性。

浙西南革命精神源于丽水，凝结融会在丽水的血脉和文化中，它能够并应该得到重视、开发和利用。

第三，为丽水人民落实习近平总书记的"丽水之赞"注入更加直接的历史自信和文化自觉。"丽水之赞"更多地肯定了过去，鼓舞了走向未来的决心和意志。如何把它更加有效地转换、升华成丽水人民追求发展进步、创建美好幸福的现实动力，从而更加有力地激起丽水人民的历史自信和文化自信，凝聚真抓实干、奋发有为的精气神？开挖丽水革命历史宝库，整理丽水革命文化财富，凝练学习践行以丽水主体时空的浙西南革命精神，便是最现实有效的选择。

二、浙西南革命精神的基本内容和历史厚度

第一，浙西南革命精神源于并融会贯通于从未间断过的浙西南革命历史。浙西南革命横贯我党领导下的新民主主义革命的全过程，包括五四运动与建党时期、国民革命和北伐时期、土地革命时期、抗日战争时期、解放战争时期。在革命的主题上，就是追求民族解放、国家独立和人民自由。在革命的主体上包括共产党人、干部战士、革命群众，也包括红军抗日先遣队、红军挺进师、新四军游击纵队等，更包括周恩来、粟裕、刘英、叶飞、季步高等领导人和先烈们。在革命的主干上，包括红军、新四军、解放军，也包括党的各级组织机构及其领导，还包括我党领导下的游击区、根据地。在革命的重大事件和重大影响上，主要是红军抗日先遣队和红军挺进师。它们是中国革命的重要组成部分，也是非常时期中国革命的重要标识、符号。

第二，浙西南革命精神从一个侧面丰富、烘托了苏区精神、长征精神和抗战精神。先遣队、挺进师的诞生和革命业绩，源于中央红军长征所带来的特殊使命，也因此成为长征的另一组画面、另一个战场、另一个元素。它与长征密不可分，没有长征就没有它们及以后在这一地区的革命活动。因而先遣队和挺进师在浙西南的艰苦斗争、伟大业绩和不屈意志等，也就成为长征精神的一个补充和侧面。

先遣队和挺进师在浙西南按照中央苏区的发展战略和建设模式，开展政权建设（建政）、党的建设（建党）、军队建设（建军）和群众工作、统战工作等，并因此获得很大的发展，甚至达到一定时期的辉煌，为中国革命道路的探索和发展、巩固，做出了特别的贡献。以区域性革命实践，落实、完善和发展了以毛泽东同志为核心的关于中国革命道路的党的正确路线。因此，也就成为苏区精神的重要践行区、发展者。

之后在抗战期间，在浙西南我党领导下的革命武装一方面独立开展抗日活动，另一方面根据国共合作的总体态势，与国民党合作联合抗日，一度成为浙江抗战的典范区、示范区。因此，在一定意义上，丰富、充实了伟大的抗战精神。

第三，浙西南革命不是孤立的，封闭的。浙西南革命因中央红军长征而汇入中国共产党领导下的革命大洪流、大视野、大历史；因民族抗战坚持不懈而成为抗日战争的重要区域；与福建、江西、安徽、江苏等周边省份的革命联动互动共动，与全国革命形势连为一体。

浙西南革命的主要功绩和历史地位：支持中央红军战略转移，独立自主开展土地革命，打造江南新四军，浙江抗战大本营，中国革命重要的一环，我党革命精神的重要萌发地之一。

（网易网，2019 年 2 月 23 日）

"丽水之干"担当"丽水之赞"的建议

挖掘浙西南历史文化资源，夯实"丽水之干"的文化自信，深化"丽水之赞"的历史支撑。同时，以今天的"丽水之干"，扬起未来更加美好的"丽水之赞"。让"丽水之干"代代相传，让"丽水之赞"永为动力。

一、进一步挖掘浙西南历史文化

（1）进一步丰富、完善景宁中国畲族博物馆。特别是增加畲族人物、畲族人民跟着共产党干革命的内容。

（2）以丽水宣传部、社科联的名义，或者以丽水市委、市政府与中共浙江省委党史研究室、浙江省红色旅游领导小组合办的名义，面向全国征集研究课题和揭榜队伍。研究、整理浙西南历史人物、重大事件、重要遗产（古镇、古村、古街、古桥、古墓、名木、亭台、楼阁、名校、名作、名人，分门别类系列研究）、主要特色、重要产业等。既是践行"丽水之干"的具体工作，也是深化、延伸"丽水之赞"的文化支撑。

（3）启动全国性学术研讨会。因为高质量论文的撰写需要三五个月甚至更长的时间，尽快通过央媒向全国发布研讨会征文信息。

（4）启动浙西南红色文化教育教材编写和课程实施方案。丽水市教育局可以调研、参考江西赣南、浙江武义和嘉兴的成熟做法。

（5）组建"浙西南革命精神研究院"实体型单位。人财物到位，定时适时开门。确定研究院战略定位，制订研究院发展规划。可以考虑放在浙西南革命纪念馆或丽水市委党校。

（6）组建"浙西南红色文化干部学院"实体型单位，人财物到位。

（7）配合、协调浙江理工大学全面对接丽水人文社科发展的总体设计。

二、宣传、展示丽水

（1）浙西南红色旅游线路整合。通过整体规划、资源整合、学术深化等渠道，逐步形成各县市区红色旅游和红色文化建设协同发展、共铸品牌的发展格局。尽量弱化当下各自为战、单兵游勇的做法，形成合力。

（2）高度重视网络宣传，尽快启动网文征集。主题围绕浙西南历史研究、乡情乡谊缅怀追记、美好未来追慕奋斗等。通过各种网络媒体广为宣传，鼓干劲、增信心、广传播。征文要求符合网络宣传特征，短小精悍、主题鲜明、讴歌有力。

（3）启动浙西南红色故事会。面向丽水全市各行各业，大讲浙西南红色故事。一方面建立历史自信、文化自信；另一方面充实浙西南革命精神研究学习践行的内容，扩充渠道和手段。

（4）外出宣传。赴杭州、北京、上海、深圳等重要城市，或者到港澳台，甚至走出国门，推介丽水。具体方式方法有文化宣传、产品展销、作品发布、旅游优惠、形象展示等。

三、两个注意

第一，如何把铸魂赋能立根落到目前按部就班推进的各项工作中，不是等到践行阶段才开始。第二，承担或受益的主体，不仅仅是党员干部，更主要的还是广大群众。要让他们知道、懂得、支持、参与、受惠。特别是宣传教育阶段，不能仅仅在党员干部层面，要下沉、落实。

（1）在大动员之后，接着开展大学习、大调研、大研究、大宣传、大创作、大讴歌。动员其实是层层动员，各种形式一起上。市县层面以动员开会、宣誓为主，基层动员和部门动员不能仅仅强调仪式感，而应以实际的具体的学习、调研、宣传、创作、讴歌活动为主。大动员宣传报道到县区这个层面即可，接下来以报道落实为主。

（2）各地红色（绿色、古色）文化资源进一步挖掘整理和展示。此乃基础性工作，也是承前启后、造福后人的事情。借此大普查、大保护、大开发、大宣传，做到源于历史，融于现实，引领未来。①挖掘整理是前提，弄清楚家产家底。②宣传展示的表达方式应尽可能多样化，适应融媒体时代特征。纸媒流媒一起上，图文并茂，视听结合。图，要多样化。照片、手绘、区域图、分布图、形象图、历史图片、现实图片等一应俱全。已经开展的《浙里听书》，好！形式好，领导带头好！③展示资源的现在、过去和过程。④讲故事也是一种新的资源展示。

（3）各地各界各业自觉学习的情况。学习，如何学习，学习的反应？都要了如指掌。不能只有组织者的身影，更要有学习者的声音。反应、体现的主体，要沉下去，沉到最底层，必须有老百姓的反应、民间的声音，不能只说官不说民，不说上不说下。人民中心思想要在这个阶段就落实在行动上。做好"最后一公里"的落实、宣传和推进。比如，讲故事、文献诵读，在现有领导干部以身作则、率先垂范的同时，让中小学生、普通民众都来讲说。

（4）学习、转发上述工作的报道，要作为各级各类干部的工作内容和工作手段。对此，干部们必须转发，坚持三部曲：点赞、评述、转发。还要作为工作指标，予以督促、考核。

（5）乡绅乡贤和在外本籍人士互联互通。做到"三驾马车"一起开动：商会、校友会、同乡会。

（6）与域外媒体、省级媒体、央媒的合作联动，还要进一步拓展扩容深化。大家各施其能，各展其长，八仙过海。官媒与草媒、政媒与学媒，都要用。工作报道、新闻推送、资源宣介，要跟学术研究相结合。现在的、过去的学术成果，都找来并展示。不要怕没话可说，不要担心没东西可展示、可报告。具体实施过程中要敢于打破工作岗位视野，打破区域限制。

（7）不管是工作报道，还是资源展示，请记住：做美容、攒美誉、拉投资、抢游客，都是我们的追求和目的。

（8）免费旅游。定向周边大城市，或定向省区市；抓住"五一"黄金周。

（9）主题、专题活动要持续深入。以市县区为例，如猎一处龙泉艳（发现活动，如同杭州的寻找第一朵梅花、第一株莲花），讲一段青田故事（不仅仅是红色故事），找一位缙云美帅（人物宣传），画一幅云和美色（景观展示），走一处遂昌古村落（历史挖掘）……

（10）始终把握发展主旋律，一切服务于发展，一切为了发展！

（丽水网，2019 年 2 月 23 日）

五个认同是增进中华民族凝聚力的基础
——读"中华文化认同论"丛书

民族凝聚与中华认同，是基于文化发展的历史性课题，如今时代价值越来越突出。

在国家社会转型进程中，引发工具理性凸显与传统文明断裂二元对立的现代化，不断挑战着复合民族共同体内部文化认同的传统根基与阐释原则，并由此导引着民族成员前所未有的文化反思和价值质疑，进而推动着民族文化认同重塑为时代命题。中山大学詹小美教授与青海大学武永亮教授、杨玢副教授等共同主编的"中华文化认同论"丛书，正是在时代背景中基于长期研究基础上对民族文化认同这一重大问题的深度探索。

"中华文化认同论"丛书共有三本著作：《历史记忆认同论》《民族交融认同论》《文化传播认同论》（新华出版社，2018年）。三本分量十足的佳作，为我们回应了价值质疑的现实迷茫、解疑了文化反思的时代困惑。其中，《历史记忆认同论》在历史记忆的时空重现中释义着国家认同的空间指向，《民族交融认同论》在民族交融的关系构型中辨明着文化认同的主体意义，《文化传播认同论》在文化传播的时代场景中推动着价值认同的实然共识。作为一种社会现象，文化是共同体的基因图谱和精神支撑，它以民族为载体依附于具体国家而存在，由此出发，文化既是人类创造世界的主观方式，又是民族存在的现实图景。在民族共同体既定限域内，文化认同不仅生发着多元主体民族认同的价值本源，而且凝聚着其政治认同乃至国家认同的价值共识。事实上，全球化与"去中心化"的现实场域使得文化认同与国家认同对于国家而言比以往任何时候都显得更为迫切。中华文化所导引的精神合力不仅彻底摧垮了多元族群历史形成的固有隔阂与心理局限，在民族共同体内部拓展着由"我"到"我们"的归属确证，汇聚为中华民族集体认同和民族国家整体认同的价值本源，而且在民族认同、国家认同的历史展演中升华为对中国共产党执政地位的高度认可和对中国特色社会主义道路的价值认同。

基于理论厘清与实践澄明之上，"中华文化认同论"丛书着力在文化—民族、政党—政治、道路—国家向度链接中，探寻民族文化认同内生逻辑和外延关系的现实演进。国家与民族的互动，不仅指向了文化认同的逻辑源点，而且指向了文化认同的价值旨归。历史记忆、民族交融、文化传播构成了中华民族共同体历史形塑的重要内容。作为民族共同体集体认定的共有"历史"，历史记忆指谓了共同体成员所共享往事的过程与结果；作为民族共同体族际互动的现实行为，民族交融指谓了和谐共生、命运与共、同舟共济的民族关系构型；作为民族社会主体交往的文化互动，文化传播指谓了多元主体借助符合系统所进行的意图表达、信息传递和价值共享。共居的地域空间催生着共同的文化形成，一体的文化走向积淀着共享的文明传承，文明的世代相传凝聚着共通的价值诉求，在民族国家的记忆再现与民族文化的价值整合中筑牢"五个认同"的价值共识与心理自觉，恰恰是"中华文化认同论"丛书的主旨目的。

在文化多元和价值困惑的现实境遇中大力弘扬中华文化，固本强基"五个认同"，既是中华民族历史形塑的应然之义，又是中国特色社会主义时代发展的必然指向，"中华文化认同论"丛书对此做出了积极探索。在此，希望丛书编者就关涉问题研究继续拓展深入，争取更大的成果收获。

（中国社会科学网，2019 年 3 月 12 日）

红色故事会，就是这么深入人心

【题记】2019 年 5 月 24 日，浙江"红色故事会"走进舟山蚂蚁岛。应邀作为嘉宾进行点评。

红色故事会，一场又一场，一地又一地。无论春夏秋冬，无论雨雪风霜，浙东浙西十一地市讲一遍，每一场，万民参与，海选亮相；每一地，精心组织，用情讲述。或声泪俱下，撼人心魄；或铿锵玫瑰，催人奋发；或娓娓道来，沁人心脾；或钩沉索隐，引人入胜。台上的，话英雄、道平凡，歌舞事业艰辛；台下的，听故事、追情节，尽显胜利荣光。一串串红色故事，牵出一个个前辈俊才；一种种倾情演说，荡起一阵阵惊雷涟漪。就这样，红色故事风靡了浙江大地，听说有情、长短待续，真个要问究竟为哪般？

可曾听说"浙东刘胡兰"冯兰和誓死不弃党的利益？被敌人投进监狱之后，面对父母高年却无子、夫君北上死生未卜、二子年幼即将失亲的残酷考验，她书信家人，叮嘱待孩子长大，一定要引领到妈妈墓前，告诉他们母亲是为大众而死、为自由献身，不必悲伤，捧一束鲜花插地即可。

可曾知道"党章守护者"张人亚父子两代协力守护党的重要文件的故事？父亲用建儿子活人墓的另类方式，完成儿子的特别叮咛，把中国共产党的第一份章程等诸多珍宝级文物保护传承下来！

可曾记得蚂蚁岛的建设者们如何战天斗地、改天换地，还有那一曲怎么也无法忘怀的《军港之夜》，更有从嘉兴南湖驶出的那一艘红船如何劈波斩浪驶向井冈山、驶向遵义、驶向延安、驶向西柏坡、驶进北京、驶进全世界……

他们，还有她们，用必胜的理想信念，持守谋幸福、谋复兴的方位初心，一步步走向了辉煌。每每想到这些，作为后来人的我们就心潮起伏、感慨万千，如今再一次在故事会上看到、听到关于他们的忠勇奋斗、诚挚情怀、勇毅担当，更是情不自禁，潸然泪下。

故事与听众的联通、对视，靠的是主人公冲破故事情节激扬出来的献身精神；演绎者铺陈给观众和主人公的魅力，靠的是自己进入角色的真情实意。故事，打动听与说的双方，也早已历练转化成了现实的模版，象征着无数劳动者的拼搏担当。红色文化就如此这般汩汩而出，流进了、渗入了所有相关者的心田。

红色故事会所讲的多姿多彩的故事，人们体会到的还有蕴含其中却又超越具体情节的坚定信念和高尚情操。无论是革命者的机智顽强、流血牺牲，还是建设者的钻研奉献、创新发展；无论是他们多样化的成功，还是无法比对的挫折与失败，受众都反复强烈地被真切真实地启迪、触动。

从红色故事中走来，主人公示范教化着各地的受众；从红色故事里走出，讲演者内化导引着从此的自我。

（浙江新闻，2019 年 5 月 26 日）

浙西南革命精神表述语二问

一、基本释义

1. 忠诚

忠诚，是一种思想高度和精神状态。忠诚的对象主要有：初心与使命、理想与信念、世界观与价值观、党的事业与人民的利益等。

浙西南革命精神的"忠诚"，主要表现为当时的革命者对于党的事业、人民的利益、初心与使命、理想与信念的坚贞不二和忘我求索。

如今，忠诚在弘扬践行浙西南革命精神活动中，又有特别的意义。忠诚，就是注魂！注入初心与使命、理想信念、党的事业、人民的利益，注入忠贞赤诚的建设丽水、发展丽水的情怀与意志。

2. 使命

使命，首先是一种认知状态，即主体明了并认同自己所应承担的责任和义务。该责任、义务源自初心。其次，使命是一种情感厚度和道德高度，是一种深沉的思想定位和言行自觉。主体在认同责任和义务的基础上，把它们融入自己的人生，变成终生追求的方向和目标，变成自己的荣辱和命运。

在浙西南革命精神里，使命，即中国共产党"为人民谋幸福，为民族谋复兴"。具体而言，在浙西南革命斗争语境里，使命，即担当起推翻反动统治、解放人民，建立劳动阶级当家作主的新政权。

如今，在弘扬践行浙西南革命精神活动中，使命更加聚焦、更加鲜明，即担负起为丽水人民谋幸福、为丽水发展谋未来。

3. 忠诚使命

浙西南革命残酷的斗争形势和历史，表现为革命者义无反顾、矢志不渝、无坚不摧、无难不克地追求革命的理想信念和所属团体的伟大目标，即解放浙西南人民于水深火热之中，拯救浙西南走向和平安宁和幸福美好。

浙西南革命精神的内涵丰富多彩，首先表现为革命者坚信党组织赋予的责任义务和人民表达的渴望期待。其次表现为革命者毫不犹豫、自觉冲锋、勇往直前、义无反顾地践行、担当这种责任义务。无论是克服自然环境的苦难，还是斗争形势的压力，或者是克服自身的不足，革命者在浙西南23年的奋斗，就是献身于责任义务和人民的期待渴望。

4. 求是

求是，是一种工作原则和作风，也是一种行为状态。作为一种工作原则和作风，表达革命者自觉遵循客观条件和形势，尊重现实，在此基础上开展各种革命事业。作为一种行为状态，是指革命者努力弄清楚、弄明白、弄准确客观形势和各种环境条件，为决策提供最可靠、最可信、最务实的前提。

在浙西南革命斗争实践中，求是就是指当时的革命者从中央苏区过来之后如何迅速适应浙西南的各种情势，适应之后在这里发生的各种变化，适应全国革命形势的变化，并及时调整对策。

5. 挺进

挺进，首先是一种革命风范和战斗姿态。革命永不停息，战斗一直朝着胜利的方向。不停息、不放弃、不优柔、不荒废，一直向前、向前、向前。其次是一种气势、做派，一种源于忠诚、基于求是的干革命、干事业的规格、模式。

在浙西南革命斗争中，挺进的特色和意义最为鲜明。在一系列中国革命精神谱系里，挺进对于浙西南革命精神具有无与伦比的说明、支撑、名片作用，堪为浙西南革命斗争及精神的最为显著的标志。

现在，在弘扬践行浙西南革命精神活动中，挺进又有特别意义，即排除各种有形的、无形的、现有的、未来的、必然的、可能的各种主客观困难、障碍和消极因素，朝着高质量绿色发展，朝着富强民主文明和谐美丽的明天奋进。挺进一词，是浙西南革命精神的内涵资源库里，最早出现、最广泛使用、最高度认可、最大范围内认同的。

6. 求是挺进

在浙西南革命斗争实践中，根据当地当时、其时其地的主客观形势，选择革命的道路和方式方法，排除各种艰难险阻，勇往直前，直至胜利。求是作为一种办事风格、革命作风，也作为一种工作前提，为挺进做准备，为挺进打基础，为挺进定规矩、树品质。

在浙西南革命精神里，求是挺进是过渡、是桥梁，是从忠诚使命朝植根人民的迈进。

7. 植根人民

植根，是说把根部深深地扎入泥土中，把理想信念和事业牢牢地插入基础里。这方泥土、这个基础，就是人民，广大人民群众。

植根人民，还可以理解为把革命事业的目标确定为为人民服务，满足人民群众的需求，实现人民群众的利益。一切革命理想，一切革命行动，都必须以能够为人民群众带来实惠、带来好处、满足需求、实现利益服务，作为其评判标准。

在浙西南革命斗争实践中，植根人民是革命得以开展并迎来一个个胜利的前提保障，植根人民是革命事业有目标、有方向、有追求的导航和引领。

二、逻辑关系

1. 忠诚使命是灵魂，求是挺进是特征，植根人民是品格

（1）在浙西南革命精神里，忠诚使命，即彻底信奉、真心追慕、勠力践行共产党人的初心，直至把生命奉献给初心。

忠诚使命，是浙西南革命精神的灵魂。忠诚使命统帅着浙西南革命精神，使其具备了中国革命精神的一般特征和基本属性，也因此决定了浙西南革命精神是中国革命精神谱系的重要组成部分。

忠诚使命，也表达了对于浙西南革命斗争异常艰难的形势与环境的认识、理解、尊重和接受。在异常艰难的环境里，依然保持着初心、理想信念等灵魂性东西，并坚决予以尊崇、奉行。

（2）求是挺进是特征。挺进，首先是一种革命。浙西南革命斗争因为环境、形势、条件的异常艰难，而必须实事求是，必须不断前行。这是坚持从实际出发的马克思主义基本原理的实践特征，也是浙西南革命精神最为鲜亮的成分。先遣队、挺进师等革命武装的名字，在一定意义上表达了这样的意蕴。之后所开展的革命斗争实践，更加生动地实现与表现了求是精神、挺进精神。

与其他一系列革命精神相比，求是挺进是浙西南革命精神最具有自我性的部分。

（3）植根人民是品格。这是指浙西南革命精神的目的性、方向性、宗旨性。浙西南革命不是某个人或某些人的英雄主义、横空出世，也不是革命者自我生存、自我发展的室内剧、双簧或独角戏，也不是蜗居的自编自演，而是浙西南人民的命运呼唤，是浙西南人民的全力支持参与，是浙西南人民在党的领导下共同组成的革命洪流，是浙西南巨大的社会舞台和历史空间的召唤与支撑。

一方面，没有忠诚使命的内质规定和灵魂牵引，就没有求是挺进的行动，便不可能实现植根人民。另一方面，没有求是挺进的革命，忠诚使命就会成为单纯的思想活动和毫无实际意义的空想幻想，植根人民也就永远只能是一个美好的招牌或空洞的说教。同样的，没有植根人民，求是挺进将失去强大的基础和远大的目标而终将迷失方向甚至走向反面，忠诚使命也将因此无法被承载、无法被聚焦、无法被落实。

革命，源于人民；革命，为了人民；革命，起于人民；革命，终于人民。因此，浙西南革命精神在植根人民方面，保持了中国革命精神序列的最根本的特质。

2. 忠诚使命是内核，求是挺进是躯干，植根人民是保障

一方面，浙西南革命精神因为有了忠诚使命而被确立起来，使得求是挺进可以以真实的样态面世，成为一个可以聚拢更多东西的物体，植根人民相应地提高了这个物体的高度，也促进这个物体越来越坚不可摧。

另一方面，浙西南革命精神因为有了求是挺进而进一步具体化、形象化、生动化，从而使忠诚使命更加灵活、更加深邃地融汇进来，也使植根人民变得有可能，变得更加值得期待。

同样的，浙西南革命精神因为有了植根人民而更加高贵，更加接地气，更加有基础、有保障。植根人民让忠诚使命落到了实处，植根人民让求是挺进拥有了更加明确的方向和更加坚贞的立场。

3. 忠诚使命是旗帜，求是挺进是进路，植根人民是动力

一方面，浙西南革命精神因为有了忠诚使命这面旗帜，而使求是挺进成为前行的道路、途径，也使植根人民有了更加明确的方向，更加真切的可能性。

另一方面，浙西南革命精神因为有了求是挺进这条路，而使忠诚使命能够在革命过程中得以践行、得以巩固、得以深化、得以实现。当然，也因此使植根人民变成了真实具体的行动，获得了更大的实现可能。

同样的，植根人民作为一种动力，在浙西南革命精神格局里，推动忠诚使命释放出来、展现出来、实现开去，为求是挺进提供了一个大舞台，让求是在人民的呼唤和支持下一步步完成，让挺进在人民的目标方位里，一直坚持下去。

（丽水网，2019 年 6 月）

浙西南革命精神表述语简析

（1）语句式：听党指挥、走在前面的先锋精神，不忘初心、坚守使命的担当精神，不畏艰难、敢于突破的创新精神。

（2）词组式：忠诚，担当，挺进。

忠诚。是一种品质，更多的还是精神层面的修养，属于人的内质方面的。忠诚的对象主要有：党的事业与人民的利益、初心与使命、理想与信念、世界观与价值观。浙西南革命精神的忠诚主要表现为当时的革命者、革命军队及其领导人对于党的事业与人民的利益、初心与使命、理想与信念的坚贞不二。一方面，忠诚也未必直接带来不假思索、不由分说、自觉冲锋、勇往直前、义无反顾的担当行为，可能还是较多地停留在精神层面和内心领域。这种人，生活中并不罕见。例如我们看到这样的一类人：工作没有主动性，更缺乏创造性。上级交代了任务、布置了工作，也会用心去做，按部就班地完成，但是不一定用心、用脑去做。另一方面，忠诚并不一定带来大胆、积极、主动的作为，可能只是一种精神状态，一种思想品质。比如，生活中的老好人、老黄牛，他可以是值得信赖的人、受欢迎的人，但是工作成效和业绩、创新创造性等诸多方面不一定达到较高的程度和水准，即常说的没闯劲、不出活、低效率等。现在，忠诚在弘扬实践浙西南革命精神活动中，又有特别意义。忠诚，就是注魂！注入忠诚之魂，注入理想信念，注入党的事业、人民的利益，注入初心与使命。

担当。首先是一种意志，更多地体现了人的责任感、荣誉感、成就感和心理格局；其次是一种行为，更多地表达了人的生存状态和干事风格。担当的主要对象是义务与责任、使命与价值；担当的主要表达与呈现，则是外化、践行忠诚，落实、展现良好政治修养。浙西南革命精神的担当，主要表现为在极其艰难的环境中，积极进取、主动作为、敢于变革、敢于创新，不等靠要、不消极懈怠、不墨守成规。但是，担当一方面不一定带来高效率、高质量、高保真的行为；另一方面也不一定带来正向行为的可持续性、连贯性与恒常性，极有可能被打断、被中止。比如，那些有限担当的领导，那些不知道如何担当的党员，那些不会担当的干部，等等。在担当问题上，会有不会，会有不能，同样也会有断续。当然，这里还有一个特别的问题和情形，需要我们考虑，即要不要在意目前被广泛使用的"担当"一词。我的态度是：不需要过于在意，不需要担忧"担当"被泛化被滥用。这是因为，一方面，担当，对于不同的革命精神而言，或者在不同的语境下、历史话语中、特定时空里，会有不同的意蕴和指称，因此不会出现高度的重叠和难以识别。另一方面，只要我们在浙西南革命精神的语义里，找准、找清、找完，并且解读好、宣传好、推介好、共识好，便可以有充足的自信继续使用。比如，在浙西南革命实践中、在浙西南革命精神里，失去了中央和上级的领导，到一个完全陌生的环境里，要不要继续革命、如何继续并更好地革命，这不是只要有忠诚即可解决的重大问题，它最需要在忠诚支撑和引导下的担当，需要不遗余力地适应、创新、创造，高质量、高效率、高保真地革命。这种历史状况，跟很多地方的革命都不一样，因而使用"担当"可以更加确切地体现浙西南革命及其精神的极其珍贵。当前，担当在弘扬实践浙西南革命精神活动中，又有特别意义。那就是敢于接过"丽水之赞"的荣誉，敢于高质量、高效益、高保真地开展"丽水之干"。这是不容置疑的，是对丽水所有党员干部的崇高要求。敢于拼命、敢于创新、敢于出彩、敢于担责，如同胡海峰书记所讲的"丽水之干"如何干那样。如今的担当，担当什么？担当内心修炼的忠诚，担当人民的期待，担当总书记的期待，担当为官一任、造福一方的职业道德，担当干一行、爱一行的职业操守！

如何担当？赋能。当然，这里还需要一个源于忠诚，敢于、善于并确实能够做到的担当，这就是第三个方面——挺进。

挺进。首先是一种行为状态和工作作风，不停息、不放弃、不优柔、不荒废，一直向前、向前、向前。其次是一种气势、做派，一种源于忠诚、基于担当的干革命、干事业的规格、模式。在浙西南革命斗争中，挺进的特色和意义最为鲜明。在一系列中国革命精神谱系里，挺进对于浙西南革命精神的说明、支撑、名片作用最为显著。

现在，挺进在弘扬实践浙西南革命精神的活动中，又有特别意义。毕竟挺进一词，在浙西南革命精神的表述资源库里，最早出现、最广泛使用、最高度认可、最大范围内认同。

（丽水网，2019年6月6日）

准确理解红色文化的属性和地位

【题记】 受邀参加上海立信会计金融学院举行的学术研讨会，勾勒此发言大纲。

立场——来自浙江的河南人，或者新浙江人。中原文化、吴越文化等多元文化都经历了一些。此行，不为河南、浙江站台，说说努力超越地域的红色文化认识。

精神来自几个要件——实践、学术、符号、巨人。具体的革命精神多姿多彩，有百余种：红船精神、浙西南革命精神、南梁精神、中国原子城精神、杨靖宇精神、大陈岛垦荒精神……

准确理解红色文化的属性和地位是研究、弘扬红色文化的逻辑基础。红色文化作为中国共产党带领广大人民群众在革命、建设和改革事业中的伟大创造，既带有浓郁的中华优秀传统文化的基因品质，又具有马克思主义的基本立场、显著特征，是马克思主义中国化的重要成果，是中国特色社会主义文化的重要组成部分。中国共产党在红色文化的创造过程中发挥了特别的作用，具体表现为定位、导向、塑身、造型、定性、培固、升华等。中国共产党植根中国文化土壤，立足中国时代巨变的大地大势，通过理解、宣扬、践行马克思主义，推动马克思主义与中国国情、与中国人民的利益需要、与中国历史变迁的潮流相融合，在90多年的生动具体的革命、建设和改革实践中，孕育、造就、形成、发展了红色文化，从而在推动中国社会进步的洪流中，丰富、增厚、提升了中国文化的品质、形态与意蕴，并把优秀传统文化、革命文化、党史文化等相近的文化形态在交融中拓展、在整合里深化，直至形成更具有中国魅力、中国味道的先进文化。因此，红色文化是现存中国文化系统和格局的基本组成部分和重要角色，是中国共产党与广大人民群众共同奉献给中国社会、中国历史、中国文化和中国未来的重大成果，还将进一步构筑、夯实、拓展中国发展的前景、道路、动力和品质。

一、红色文化在中国文化系统中的方位

当下中国文化系统，其内部构成可谓丰富多彩、纵横交错，既有种类之异，

97

也有形态之差,还有地位之别,更有性质之殊。单就种类而言,既有民族性的中华传统文化,也有自中国共产党诞生以来并以其为领航和骨干的革命文化、党史文化和中国特色社会主义先进文化;既有进步的、正向的文化,也有消极的、负能的文化;既有主流文化,也有支流末流文化;既有中国土壤滋生的本土文化,还有其他各种形态的舶来品……红色文化是如此文化大熔炉里的其中之一,属于发生在中国大地的中外交融的主流文化、先进文化,是中国共产党推进马克思主义中国化、大众化、民族化的产物和记载,也是马克思主义进一步中国化、民族化、大众化的重要载体。

因此,红色文化与革命文化、党史文化在起止时间上不一致,内容也有诸多差别,但本质相同:都是中国共产党领导、推动中国社会进步的文化;红色文化作为中华优秀传统文化在马克思主义指导下的基因传承和创新发展,同时具有中国显著的民族性;红色文化作为中国共产党领导下的革命、建设和改革事业的反映与凝练,具有中国特色社会主义文化的高贵品质,也属于先进文化的范畴。

二、红色文化在中国共产党历史中的方位

中国共产党成立以来的历史,都是追求人民幸福和民族复兴、推动中国社会进步的历史,中国共产党的诞生成长、中国共产党的事业、中国共产党推进马克思主义中国化,这三个视角下的历史和状貌,同体、同向、同进步。红色文化是在这样的交互、同频、共进中发生的,并以自己特殊的方式和宏大的手法记载了这个历史,呈现了这个状貌。

中国共产党成为红色文化缔造的主体和弘扬的主导。在过去的历史中,红色文化承载并表达了中国共产党的立场和意志,也推进了中国共产党的事业。在未来的发展中,红色文化将一如既往地载传中国共产党,助推中国共产党。

三、红色文化在近代以来的中国社会变革中的方位

近代以来的中国社会变革是曲折的、艰难的,三座大山是变革的阻力,也是变革的对象。解决中华民族与帝国主义的矛盾、人民大众与封建主义的矛盾成为社会变革的主题和主流。在这个进程中,以反映中国人民抵御外来侵略、奋发有为、民族独立、国家富强、人民解放为基本使命和主要内容的红色文化逐步诞生了,并在这个进程中不断发展、成熟、壮大。

(上观新闻,2019 年 7 月 13 日)

泪洒井冈山，从此不负人

【题记】2018 年 8 月 27—30 日，浙江理工大学和江西省委党校共同举办的第二期"井冈山革命传统教育培训班"在"中国革命的摇篮"——井冈山顺利举行。在结业仪式上，被委托作为 60 余名学员代表上台发言。

一、感谢

感谢大家的信任，向同志们汇报为期 5 天的学习情况。

第 5 次登上井冈山，每一次都有新的思考、新的触动、新的收获。5 天来，一次又一次把我们带回到那个信仰纯真的年代，那个血雨腥风却激情燃烧的岁月，一次又一次冲击着我们的感官、感觉和感性，一次又一次刺激着我们的理智、理想和理性，一次又一次拷问着我们的灵魂，也一次又一次把我们拉回到平淡真切的现实中来。

二、收获满满

1. 多次落泪，不断净化自我

（1）看到中共历代领导人看望王佐、袁文才遗孀与后人的时候，我感动得哭了。这体现了中国共产党的光明磊落和襟怀坦白，敢于承担责任，敢于尊重历史。中国共产党的善良、磊落、正直，与世无双。伟大，从来都是自书（自我言行创作出来）的历史状貌和品质；英明，自古不外他人心悦诚服的敬佩与仰赖。

（2）看到红军女战士把襁褓中的婴儿托付给老区大嫂的那一个场景的时候，我痛心地哭了。母子情深却前途未卜、开始"游子吟"的红军、被"三光"的老区人民，这一别就是遥遥无期。也许，后来父母、婴儿、大嫂都没有了。《十送红军》送得真情真意，至情至性。伟大的革命事业竟然艰巨到这种状态。

（3）听到曾志大姐的后事，我敬佩得哭了。陶斯亮，高中语文《一封终于发出的信——给我的爸爸陶铸》，还有陶铸的《松树的风格》（内有"每一个具有共产主义风格的人，都应该像松树一样，不管在怎样恶劣的环境下，都能茁壮地生长，顽强地工作，永不被困难吓倒，永不屈服于恶劣环境"）。曾志大姐活得轰轰烈烈，走得平平淡淡。还有周恩来、粟裕等人，都是如此处理后事，真正做到了为信仰而活，活得专注赤诚；死了，也做到为信仰奉献最后一抔土。高风亮节，已然高山仰止，与日月同辉。

2. 再一次领悟一个常被困扰和困扰很多人的疑问

为什么那一代共产党人、革命者如此坚贞、纯正、简单？选定的信仰信念从不动摇！认准的目标理想，从不怀疑、从不修剪，只是往前、往上增长！不管是面对血雨腥风里杀头的威胁，还是和平岁月的浸泡、侵蚀与考验，都矢志不渝，丝毫不改。

3. 再一次坚信一系列道理真理

（1）中国人民是最伟大的民族群体，最值得敬佩的人群！

（2）革命老区是近代以来中国最值得感恩的区域，老区人民是近代中国最可爱的人！

（3）中国共产党是中国历史上最伟大的民族英雄！最杰出的群体榜样！

（4）中华民族是崇尚英雄、成就英雄、英雄辈出的民族，和平年代同样需要英雄情怀。如同伍若兰、陈毅安等4万多井冈英烈，用鲜血和生命诠释了中国共产党的初心和使命，他们英勇顽强、视死如归的英雄形象激励着一代又一代中国共产党人汲取力量，奋勇前行。

（5）老区人民对毛主席、共产党的感恩和缅怀、敬仰，是发自内心的，是虔诚炽热的。烈士陵园里的革命景仰与世俗信仰高度融合、老区世俗宗教被革命纪念所替代，这些就是生动的明证。

4. 再次了解历史，尤其是浙江跟井冈山深厚的关联

（1）红船精神是中国革命精神之源，井冈山精神是六大革命精神之一，前后相继。嘉兴是党的重要诞生地之一，井冈山是人民军队的诞生地；嘉兴是党的摇篮，井冈山是革命的摇篮；嘉兴是毛泽东较早开始建党的地方之一，井冈山是毛泽东最早开始建军建政的地方。

（2）"四一二"反革命政变之后，具有全国影响的三大武装起义与浙东暴动、亭旁起义，革命形势具有同样的历史风貌。

（3）有一个共同的名字：红军。井冈山的红四军、红五军，浙南的红十三军，他们都是党中央领导的14支中央红军的重要组成部分。

（4）井冈山是毛泽东开国执政的起步之地，杭州是毛主席新中国成立后最喜欢居住的地方。杭州，毛主席一生48次莅临（合计700多天），是新中国成立后除北京之外，他待的时间最长、来的次数最多的地方，曾称杭州为"第二故乡"。

（5）许多革命者从井冈山出发前往浙江开展革命。比如，潘心元是井冈山革命斗争时期的重要干部，后来被委派为浙南红十三军的党代表和政委，最后魂

落浙南、血洒浙南。潘心元随毛泽东参加秋收起义，曾在关键时刻保护过毛泽东，被毛主席称为"救命恩人"。1930年两次受中央派遣，以中央巡视员的身份到浙南从事革命活动，并任红十三军政委，后来在玉环被捕牺牲。

（6）国共合作与北伐战争后期双方的决裂，最根本、最深厚、最具有因果的关系，还是以江浙财团为主的蒋介石集团的叛变，以及之后对井冈山革命根据地的"围剿"。当时派往井冈山地区实施狂轰滥炸的飞机，就是从杭州笕桥的中央航校起落的。

三、新的姿态

1. 向初心保证，请井冈山作证

（1）带着井冈山精神，带着感恩的心，带着巨大的动力，回到杭州、回到工作岗位上。

（2）一如既往地，不说不做愧对革命前辈，不利于党的领导、社会和谐、国家统一、民族进步的话和事。不说，坚决不说不利于党的团结、统一和领导的话，坚决不说不利于社会和谐、国家发展、民族进步的话；不做，坚决不做任何不利于党的领导、社会主义建设和民族复兴梦想实现的事。

2. 厚己利人，兼济天下

（1）在平凡的岗位，做不平凡的业绩。努力做到在常人的生活里活出非常的日子，在普通党员的工作里建构优秀党员的格局。

（2）努力用5天所学的正义、正直、正气去影响身边的人，包括家人、同事、学生。做一传手，弘扬井冈山精神，用伟大的井冈山精神，用高贵的红色文化释放更多的积极影响，扩大增进此次学习的社会效果。

3. 感谢江西省委党校

欢迎到浙江理工大学来！我们都有共同的事业——红色文化研究与实践。我们单位有红色文化的第一本教材、第一个硕士点、第一个我党红色文化发展史国家级重点研究课题、第一个红色文化讲习馆，还有一个"第一"正在努力中。

祝福江西省委党校越办越好，祝福我们的合作更加有力量，祝福井冈山精神永放光芒，祝福我们伟大的党、伟大的国家再放时代光芒！

（浙理党建，2018年9月5日）

学习习近平关于红色文化的重要论述

2019 年两会期间，习近平在看望文艺界、社科界委员时意味深长地说："共和国是红色的，不能淡化这个颜色。"习近平关于红色文化的重要论述，是习近平新时代中国特色社会主义思想的重要组成部分，集中反映了习近平关于如何面对革命历史文化财富、如何坚定人们的理想信念、如何凝神聚气提高人们的道德境界、如何酝酿打造奋力实现中华民族伟大复兴中国梦的精神动力和文化品格的基本认识与一贯主张。

一、习近平关于红色文化的重要论述的基本线索

习近平关于红色文化的重要论述，是指习近平在走上地方领导岗位开始理政后，尤其是党的十八大以来，相继作出的关于研究、学习、传播、继承红色文化的重要论述及其内含的立场观点、思想理念、指示精神等。追随习近平的脚步，我们一方面能真切地感受到他深厚的红色情怀，另一方面也能体会到他对红色文化的认识不断深化的过程。

习近平立足青少年教育、执政党地位巩固、国家长治久安、民族复兴后继有人等高度，运筹帷幄，积极引导与大力提倡传承红色基因、红色传统、红色文化。他关于红色文化的重要论述表现为逐步深化的过程，即从立足革命文化、中华优秀传统文化和社会主义先进文化的关系格局出发，逐步上升到专门的红色文化阐述。

习近平关于红色文化的重要论述，既有逐步展开、丰富、发展的历史性特征；也有以"把红色资源利用好、把红色传统发扬好、把红色基因传承好"为核心的基本观点；还有把历史视为最好的教科书、把中国革命历史看作最好的营养剂，坚持把党史学习放到坚持和发展中国特色社会主义、把党和国家各项事业继续推向前进的"必修课"的战略高度的规律性认知和原则性判断；还包括针对不同环境和对象的继承红色文化基因的一系列具体论述，以及进一步发展成为国家层面的政策引导的具体指示、批示文论等。

二、习近平关于红色文化的重要论述的基本特征

第一，习近平关于红色文化的重要论述具有深厚的理论渊源和丰富的实践基

础。习近平关于红色文化的重要论述的理论渊源是马克思主义，尤其是中国化马克思主义和中华优秀传统文化。其实践基础是我国社会主义建设事业尤其是新时代中国特色社会主义事业大发展、大跨越的宏大历史进程，是文化强国战略实施的时代工程现场和红色文化传承与弘扬的全民社会运动，包括习近平的个人经历、家学传统、家庭环境、工作历练与体悟、地方管理实践、治国理政新理念新思想新战略的酝酿践行等。

第二，习近平关于红色文化的重要论述既与其本人的成长环境、经历等个性化因素密切相关，也与当代中国社会发展的宏观背景高度一致。细究之，可以发现：家学家教纯正，是习近平关于红色文化重要论述生发的天然土壤；青少年时期经历的革命传统教育和成长的社会化环境，是习近平关于红色文化重要论述形成的现实条件；地方社会治理实践，是习近平关于红色文化重要论述深化、践行的试验田和催化器；治国理政实践，是习近平关于红色文化重要论述践行、推进的广阔舞台；中华优秀传统文化，是习近平关于红色文化重要论述生发、完善的深厚滋养；马克思主义理论，是习近平关于红色文化重要论述发生、发展的指导与引领；培养正气、涵养骨气、凝心聚力、不忘初心和牢记使命等，是习近平关于红色文化重要论述的育人目标；继承红色基因，传承红色文化，确保社会主义事业后继有人，是习近平关于红色文化重要论述的旨归。

第三，习近平关于红色文化的重要论述的生发、酝酿、演进、形成脉络，彰显了鲜明的时代特色。这个过程大致可以分为以下几个阶段：早年读书求学时代、陕西梁家河知青时代、冀闽地方工作期间、在浙江和上海工作期间、担任国家领导人之后等。2005年6月21日，习近平在《光明日报》发表了《弘扬"红船精神"走在时代前列》，不仅提出了"红船精神"这一概念，而且第一次全面系统地对"红船精神"进行了阐释，论述了"红船精神"的时代价值和历史意义。这篇文章可以视为习近平关于红色文化重要论述的较为清晰的完整论述。每个时期，习近平关于红色文化的思想理念的充实、深化、升华和实践化、政策化等，都有不同的表现。这个过程体现并反映了时代的变化和社会的进步，具有鲜明的时代特色，也客观上反映了思想孕育的外部框架、基本根据和社会动力。

第四，习近平关于红色文化的重要论述线条清晰、逻辑严谨、观点鲜明、主旨宏大。概而言之，传承红色基因，是核心；弘扬红色精神，是实践品质；传承红色文化，是最高追求。其他方面还包括从建军强军、建设强大国防出发，要求继承红色基因；从全面从严治党、巩固党的执政地位出发，倡导传播红色文化；从增强社会主义文化自信出发，强调传承红色文化；从社会主义事业的长期发展和后继有人出发，强调建设和发展红色文化；还有从军队抓起、从青少年抓起，以共产党员尤其是领导干部为主要对象，以教育与实践相结合、以专门学习与具体业务相结合等传承红色基因；等等。

三、深入学习习近平关于红色文化的重要论述的时代意义

第一，学习习近平关于红色文化的重要论述，有助于我们抵御历史虚无主义、提升文化自觉与文化自信。从全面从严治党的角度看，习近平关于红色文化的重要论述，是我们学习、领会并务实推进党的政治建设、思想建设，深化党内教育，把我们党建设成为能够坚定抵御"四个风险"、有效应对"四个考验"的特别能战斗的执政党的精神力量。学习好、研究好、阐释好习近平关于红色文化的重要论述，有助于我们进一步明晰习近平关于红色文化的重要论述在新时代中国特色社会主义思想体系中的地位和功能，有助于我们进一步确认红色文化的社会属性。

第二，学习习近平关于红色文化的重要论述，有助于我们进一步把握习近平新时代中国特色社会主义思想。经过几十年的发展，中国特色社会主义理论无论是在内容还是价值上都引起了全世界的高度关注，而且这一理论还在进一步充实和发展。红色文化是对中华优秀传统文化的继承与创新，是社会主义先进文化的重要源头，成为连接社会主义先进文化和中华优秀传统文化的重要纽带。红色文化研究不仅有助于拓展传统的党史和革命史研究，也是捍卫党的光辉历史、维护主流意识形态、增进先进思想文化凝聚力的重要舞台和渠道。学习、把握习近平关于红色文化的重要论述在新时代中国特色社会主义思想体系中的地位和功能，有助于进一步确认红色文化的社会属性和理论价值。

第三，学习习近平关于红色文化的重要论述，有助于我们深化拓展红色文化资政育人的功能。围绕中国红色文化百年图式、发展规律、历史成果等，引导党员干部、青年学生和社会大众逐步建立起对于红色文化的历史感、敬畏感和尊崇意识，自觉弘扬红色精神、传承红色文化，把红色精神、红色制度和红色物质文化遗产变成人们追求进步人生、服务社会、奉献国家的文化力量和实践舞台。习近平非常珍视我们党在长期实践中形成的优良传统，他强调："我们党在长期实践中形成的党内生活的光荣传统，不论过去、现在还是将来，都是党的宝贵财富。光荣传统不能丢，丢了就丢了魂；红色基因不能变，变了就变了质。"牢记习近平的这一重要论述，促进干部队伍理想信念和政治素质提升，延续红色血脉，更加坚定地牢记初心和使命，促进红色文化资政育人功能的拓展、深化和升华。

（学习强国，2019 年 8 月 7 日）

浙江精神与红船精神的内在联系

红船精神是中国革命精神之源，开启了之后一系列革命精神，成为中国人民的宝贵精神财富，也因此彰显了浙江在中国革命史上的独特地位。浙江精神是依托浙江特殊的地域状貌、生产生活、历史文化等孕育、凝练、升华出来的区域性精神财富和文化标记，真切、准确体现了浙江的社会历史文化品质，特别表达、呈现了浙江人民在中国共产党的领导下，在革命、建设和改革的伟大实践中做出的特殊努力、特殊贡献。

一直以来，浙江人民非常重视本土文化品性和精神风貌的概括凝练与弘扬传承。曾于 2000 年提炼出 16 个字"自强不息、坚韧不拔、勇于创新、讲求实效"来概括浙江精神。2005 年，时任中共浙江省委书记习近平同志把浙江精神概括为"求真务实、诚信和谐、开放图强"。2016 年，在 G20 杭州峰会结束之际，习近平总书记再次对浙江精神作了新的概括和发展："干在实处，走在前列，勇立潮头。"这些表达，一方面展现了浙江人民对自身情况的深切体验过程，另一方面表达了浙江人民对于自身未来发展品质的理解和定位。同时，既是对之前浙江在中国社会进步中所扮演的角色、发挥的作用及所处的历史地位的深刻认识、充分肯定，也是对今天和未来浙江在中国社会进步中应该发生的、能够发挥的重要作用的真诚期待和重要引导。

红船精神指引中国革命冲破重重困难、跨越万千风险，从胜利走向了胜利，不仅一次次证明了中国共产党的伟大英明，同时还一再地与浙江发生紧密的联系，把浙江融入中国社会进步中，在一定意义上凸显了浙江对于革命、建设和改革的重要意义。红船的起航地，标识了浙江无与伦比的建党史、革命史优势；改革先行地，彰显了浙江在全面深化改革历史时期的重大贡献，那一份首创精神、奋斗精神、奉献精神，谱写成 10.6 万平方公里上的一曲曲探索的凯歌；习近平新时代中国特色社会主义思想重要萌发地，则现实地展现了浙江精神的非凡魅力。红船精神融会贯通中国革命精神系列和谱系，浙江精神汇聚其中，并作为特殊的地域性弘扬与实践，有力地充实丰富了红船精神。

浙江精神，过去对于浙江经济社会发展发挥了极其重要的凝聚、示范、引领作用，做出了非常特别的贡献，至今每每想起来，都让我们倍感振奋和鼓舞。现在，在全面深化改革开放、奋力推进中国特色社会主义事业的新时代背景下，浙江精神也一定会带着它独特的魅力，继续激发、推动浙江人民立足本土和当下、面向全国和未来，再接再厉，探索进一步富起来、强起来的新路径、新方法。浙江精神的生命力在于实践，在于为更长久的未来保驾护航。进一步研究、把握面向未来的浙江的新实际、新特征、新方位，需要本着"求真"的精神，确保领悟全面、认知到位、谋划精准、践行有力。说符合浙江情况的话、干贴切浙江实际的事、做具有浙江特色的梦、走立足浙江土壤的路，必须在"务实"的精神状态下变现。与自然有约，走生态文明道路；与周边四至相携，做分享共享善举；与国家、民族更深融合，确保言行唯利家国；与初心使命理想信念拥持，提升发展动力、进步境界和成功格局。这些都必须坚守"诚心"格局，自身融洽、内外双修、知行合一、共同富裕、各业安和、今明统协，在"和谐"的理念下追求浙江的壮丽前途。放下传统的负担，扔掉"三地"的狭隘心理优势，摒除民营经济包打天下的盲目自信，拓展海洋经济，阔步挺进"一带一路"等，把"开放"做成浙江的新品牌、新优势。图浙江人民幸福之"强"，图浙江再造中国发展新模式之"强"，图浙江楷模示范全国进步之"强"，图"浙江的今天"为"中国的明天"之"强"，把前述的"求真""务实""诚信""和谐"与"开放"，都放到"图强"的天平和导航上来。

浙江精神是干出来的发展业绩，是蹚出来的区域文化，是标识自我的心理优势，更是指向明天的方向盘。在"四个全面"的战略布局里，党中央对浙江充满新期待。弘扬浙江精神，不言而喻便是浙江人民回馈应承期待的新的着力点。

研究历史、回眸过去，我们确信：浙江精神曾经是浙江人民进步发展的重要动力和强大内在优势。由此，我们有理由相信，而且更有信心：今天和未来，浙江精神依然是浙江人民在中华民族伟大复兴的征程中作出新的突出贡献的文化支撑和心理优势。砥砺奋进，继续诠释好、发挥好、弘扬好浙江精神，进一步佐证、丰实中国革命的红船精神和悠久绵长的中华民族精神，浙江人民一定不会辜负时代之托，一定可以把浙江精神擦拭得更亮、拱卫得更紧、弘扬得更壮。

（浙江新闻，2019 年 9 月 19 日）

"红色文化讲习馆"导语、序言、结语

一、导语

红色文化是中国共产党领导中国人民在追求民族解放、国家富强和人民幸福征程中所积累的文化资源，表现为物质、精神和制度三种形态及一系列具体的状貌形式。本质上是中国共产党以马克思主义为指导，关于中国问题、中国命运和中国出路的思考、回答与解决，承载着我党的革命史、奋斗史、英雄史，蕴含着坚定的理想信念、厚重的历史文化、崇高的革命精神和高尚的人格魅力，具有超越时空的强大吸引力和感召力。

红色文化在新民主主义革命语境下孕育生发，在社会主义革命和建设实践中凝结成形，在改革开放时代条件下嬗变升华。党的十八大以来，以习近平同志为核心的党中央高度重视红色文化建设，强调"历史是最好的教科书""中国革命历史是最好的营养剂"，并将学习党史提到坚持和发展中国特色社会主义、把党和国家各项事业继续推向前进的"必修课"的战略高度。习近平总书记在多个场合反复强调"要把红色资源利用好，把红色传统发扬好，把红色基因传承好"，要创新党史学习教育的方式方法，努力增强党史学习的吸引力和实效性。

红色文化研究与传播的宗旨，是总结、呈现中国共产党坚持马克思主义指导思想，领导中国革命、建设和改革开放伟大事业的历史进程、基本经验和辉煌成就，以此对社会成员尤其是青少年和党员领导干部，进行党史、革命史、红色文化史的教育，助推人们深入领悟近代以来的中国历史是一部可歌可泣的站起来、富起来、强起来的拼搏史、奋进史，从而自觉抵制历史虚无主义，不断提升文化自信，进一步凝聚建设中国特色社会主义伟大事业的信仰、信念和精气神。

二、序言

红色文化产生于国际社会主义和共产主义运动。广义上，是指在国际社会主义和共产主义运动整个发展过程中形成的人类进步文明的总和。狭义上，是指在马克思主义指导下，中国共产党领导实现民族解放与自由和建设社会主义现代化强国的实践过程中创造出来的各种财富的总和。

红色文化的产生、发展，体现了马克思主义的中国化、民族化和大众化，与中国共产党的诞生、发展和事业进步同向共进，其逻辑主线就是中国共产党领导中国人民改变中国的奋斗历程及其成果经验。

红色文化有物质、精神和制度三种构成要素和三个基本形态。其中，物质形态是红色文化的外显部分，构成红色精神的客观载体，记录中国共产党领导国家建设和民族发展、社会进步过程中积累下来的文本文献、场地场所、组织机构、设施设备等；精神形态是红色文化的内含部分，集中表现为红色文化的物质与制度所承载的主体精神状态和风貌，主要是指政治信仰、理论知识、价值取向、道德观念等，并通过政治理论、文学艺术等形式表现出来；制度形态则集中反映了红色精神，主要包括由理论、纲领、路线、方针、政策等体现出来的一系列规范体系和行为模式，还包括创建、推行和保护物质与精神形态红色文化的各种规章制度、法律法规等。

红色文化展陈、传播的目的在于发挥文化的作用，化人育人，激发社会正能量，引领社会风尚。红色文化讲习馆就是要通过有形空间和具体素材，向人们生动讲述中国共产党领导人民奋发图强的壮丽蓝图、伟大历程和光辉业绩，用"论从史出、理由事生"的逻辑，深度阐释、全面呈现我们必须坚定不移和正在勠力践行的正确的道路、理论、制度和文化。

红色文化讲习馆的展示分为三大模块，即红色文化产生的社会历史条件，红色文化的发生发展，红色文化的嬗变升华与创新。分别从物质、精神和制度三个层面和领域进行展现和解析。

三、结语

红色文化作为中国人民坚定文化自信的重要源泉，秉持着优秀传统文化的基因，以革命文化为内里和本质，催生并推动社会主义先进文化的产生发展，成为社会主义先进文化的重要历史来源，并且在社会主义现代化强国建设过程中不断升华创新发展。

红色文化对于中国特色社会主义事业没有过时，也不会过时，而且仍将更好地发挥印证历史、传播话语、价值认同、资政育人和经济开发等社会功能。

重视红色文化的传承与发展，深入挖掘红色资源，坚定弘扬红色精神，遵循红色文化的内在规律，积极探索红色文化创新发展的路径，更好地发挥红色文化的积极作用，确保我们的"共和国是红色的"，推动实现中华民族伟大复兴的进程。

红色文化丰碑，将永远矗立在中华民族砥砺奋进的道路上！

（浙江理工大学，2019 年 9 月 20 日）

108

红色故事会致敬忠诚

【题记】2019 年 9 月 25 日，浙江"红色故事会"在浙江理工大学举行总决赛暨闭幕式。应邀为引人入胜的活动撰写评论。

一首歌，歌赞英模；一段舞，舞祷平凡；一副柔肠，因先辈抛妻别子、肝脑涂地的那封家书而涌动回旋；一种坚定，缘同志恪尽职守、干净担当的那份情操而深入骨髓；一份执着，就奋斗不屈不挠、前赴后继的那种传统而日深益坚……又是一年国庆时，快闪《我和我的祖国》，在大江南北，成为当下中国人礼赞幸福安和的由衷；听说红色故事会，在各行各业，成为新中国赓续庄严伟岸的自觉。何以如此？红色故事说闻皆有情，红色文化看学都入心！

其一，红色故事曾经感动激励了一代代中国人，如今披沙沥金、再拾珍宝，倍感亲切。抛头颅洒热血，矢志不渝反帝反封建反官僚资本主义，28 年血雨腥风，终于换来新中国。在此期间，中国共产党扛起鲜艳的大旗，号召人民、聚拢天下，披肝沥胆、兢兢业业，挽救了民族危亡、捍卫了国家主权、维护了人民尊严。那些泣鬼神、飙人间的牺牲奉献，那些撼人心炳史册的丰功伟绩，一直激励着人们投身革命和建设，营造并写实了中华民族站起来、富起来的艰辛历程与辉煌现实。如今在追求强起来的伟大征途上，人们自然而然地想起曾经的红色故事、红色历史和红色精神。历览前贤多少事，成败臧否，都付敬畏于曾经的努力奋进。

其二，改革开放，困难重重、任重道远，仍需从红色文化中汲取营养。推翻三座大山的革命依靠中国共产党的英明、勇毅和中国人民的坚韧不拔而胜利；社会主义建设在探索中艰难前行，逐步找到了中国道路，从而建立了未来发展的政治、经济、文化、外交、军事等重要基础，卓有成效地奠基了后来的改革开放。如今全面深化改革开放，困难挑战、阻力障碍更多更大，由此更加需要借助红色文化营养库，培固愈益坚定的理想信念、特别忠诚的担当付出和尤其豪迈的拼搏探索。前事师后事，忠肝义胆、急疾向前，红色基因最宜传承。

其三，祖国强大，人民自信满满，感恩前辈、铭记初心，自觉回眸既往。安居乐业与心情舒畅、国泰民安与风调雨顺，中国人千百年来从未有过地感受到了尊严与幸福，打心眼里感谢中国共产党的领导，感激国富民强带来的荣耀，也更加感恩革命前辈缔造共和国的旷世之功。我们越来越深刻真切地体会到，如今的成果、成绩、成就，在根本上都源于建党建国和改革开放、推进中国特色社会主义这三个重大历史事变与三个伟大里程碑。一代代中国人民的披肝沥胆、砥砺趋前、奋发有为，是今天和未来我们继续前行的最大依赖和最大信心。

（光明网，2019 年 10 月 29 日）

精神的力量是无穷的

革命精神是中国人民的宝贵财富，它以"红船精神"为源头，前后相继，发展成为一个丰富多彩的序列和谱系，鼓舞、引导、支持中国革命和建设不断取得胜利、走向成功。而今在全面深化改革开放的伟大时代，继续激荡着并发挥出砥砺趋前、奋发有为、建功立业的动力作用、引领意义和支柱价值。浙江台州的大陈岛垦荒精神即是其中之一。

大陈岛垦荒精神以"艰苦创业、奋发图强、无私奉献、开拓创新"为主要内涵，是台州人民贡献给中国革命精神宝库的重要成果，标示着台州持续发展的重要精神风范。大陈岛垦荒精神历经风雨、万般淬炼，引领台州相继登上"中国民营经济发祥地""股份合作经济发源地"和"市场经济先发地"的高台，发展成为盛享"制造之都"美誉的特色城市、优势区域。目前，台州正在务实有力地推动台州人民以更坚定的信心、更高昂的斗志、更务实的作风、更扎实的举措，努力打赢新冠肺炎疫情防控阻击战和经济企稳回升翻身仗。

新冠肺炎疫情给中国经济带来了巨大滞阻和危害，几乎按下了经济社会发展的暂停键。台州也深受其害，累计确诊人数一度达到浙江全省最多，极大地干扰了人民的生产生活和欢乐祥和。面对突如其来的灾难，台州人民就像当年不曾向自然低头一样，今天也没有向磨难弯腰，而是一如既往地发扬大陈岛垦荒精神，勇毅果敢、精准有力地奋发奉献，向新冠肺炎疫情宣战。

在重大考验面前，台州人民在党的坚强领导下，不怯懦、不失守，群策群力、协同作战，有效防止了疫情的扩散。在恢复生产回归正常方面，台州人民根据党中央和省委、省政府关于疫情防控的总体部署，结合本地情况，分类指导、分区施策，在维护、打通产业链的前提下，加大气力开机、开工、开业，再一次显示了"台州式的硬气"。

全国各地攻坚克难、善作善成的革命实践，孕育、生发出具有地方特色的革命精神，它们如枝叶似果实，前后左右相接相连，进一步丰富、壮大了中国革命精神谱系，深化、增厚、延展了中国革命精神的时代内涵和民族特征，一起导示、充实着中国高质量发展之路。

（光明网，2020 年 3 月 13 日）

弘扬企业家精神是经济向好的重要保障

【题记】要想带领企业战胜艰难险阻，创造新的辉煌，必须在爱国、创新、诚信、社会责任和国际视野等方面，不断提升自己，努力成为新时代构建新发展格局、建设现代化经济体系、推动高质量发展的生力军。

7月21日，习近平总书记在企业家座谈会上发表讲话，集中谈了三个方面，回答了三个问题，即面对疫情带来的新形势新挑战，企业发展、经济回升的总需求总趋势，政府做什么、企业家怎么做、大家一起怎么做。关于国家视角下的经济形势研判与应对，总书记以"保护和激发市场主体活力"为核心，用了1400多字，提出并阐释了四点方向性意见：落实好纾困惠企政策，打造市场化、法治化、国际化营商环境，构建亲清政商关系，高度重视支持个体工商户发展。

总书记谈得最多的问题是企业家精神及其发挥、弘扬。他用了将近1600字，高度肯定了企业家和企业家精神为改革开放做出的特别重要的贡献，指出改革开放以来，一大批有胆识、勇创新的企业家茁壮成长，形成了具有鲜明时代特征、民族特色、世界水准的中国企业家队伍，也因此逐步培育出了企业家精神。同时，总书记又特别强调发挥企业家精神的重要性：无论对于国家，还是对于企业而言，要想摆脱当前由于疫情带来的经济发展困难，必须不断弘扬企业家精神；要想带领企业战胜艰难险阻，创造新的辉煌，必须在爱国、创新、诚信、社会责任和国际视野等方面，不断提升自己，努力成为新时代构建新发展格局、建设现代化经济体系、推动高质量发展的生力军。

企业家精神有特定的内涵和基本表现。爱国并不断增强这种情怀，是中国企业家走向成功的民族道德的优秀基因和传统；勇于创新，是中国现代企业家立于不败之地的动力之源和制胜法宝；诚信守法，是法治文明时代中国企业发展的底线、底气和保障；担当社会责任，则是中国企业获得更加广阔的舞台和前景的形象工程与固本行为。

企业家精神是中国商业文明的优秀传统。自古及今，中国一直高度重视商人、企业家的道德修养和伦理塑造，并因此历练、养成了敢于创新、勇于担当、追求大义、诚信守法、开拓视野的信条。比如，范蠡三致千金，靠的就是因地制宜、因时制宜、不断创新，而浙商作为当代中国商业文明的杰出代表，其优势也在于创新。之前的晋商、徽商的爱国、诚信传统，不仅助推了当时的经济交流、商业繁荣，也丰富充实了古代商业文明，并逐步走向一个又一个高峰。晋商创造的"票号"这种创造性的经营结算方式，本质上依靠的就是诚信的力量，阐释、散发的也是诚信。近代以来，从清末民初的张謇，到抗战时期的卢作孚、陈嘉庚，再到中华人民共和国成立后的荣毅仁、王光英，等等，作为民族企业家的杰出代表，经典诠释了爱国主义的中国企业家精神。

企业家精神是改革开放的重要动力活力之一。商品经济、市场经济的到来，再一次激发了中国人的经营意识和商业细胞，一大批企业家脱颖而出，胆识兼备、顺应潮流，创造了一个又一个商业传奇和经营神话。年广九的傻子瓜子、步鑫生的海盐衬衫总厂、鲁冠球的万象集团，一直到后来的老板、海尔、阿里巴巴、华为等，一次又一次地挺起了中国企业的脊梁，带领企业奋力拼搏、力争一流，实现质量更好、效益更高、竞争力更强、影响力更大的发展，因而不断丰富充实培固了中国的企业家精神。靠着改革引领、创新在先、诚信立身、担当有为、开拓进取，企业在务实助推中国国民经济的发展、社会生活的繁荣和人民生活水平的提高的同时，企业家也因此成为很多民众人生的楷模甚至时代发展的标杆。

企业家精神是打造新时代中国企业家群体的重要内质禀赋。企业家不是与生俱来的，也不是一蹴而就的，他需要时代提供的舞台，需要立人、创业的锻炼修养，需要高尚高贵的内在品质禀性。用鲜明的企业家精神予以熏陶、示范、引领，即为极其重要的一环。比如，面对全面依法治国的发展战略，企业家能不能持守"诚者，天之道也；思诚者，人之道也"，不仅需要社会性的道与法的训育、强制，也需要企业家精神的浸润渗透，坚持在信用经济、法治经济中活跃社会主义市场经济，在法治意识、契约精神、守约观念下，参与现代经济活动，努力成为企业界诚信守法的示范，也努力把自己变成全社会诚信守法的表率。又如，企业和企业家以身作则，在承担经济责任、法律责任、道德责任的同时，敢于主动地承担社会责任，以此为更多的企业家提供范例和鼓舞，也是企业家精神发挥、弘扬的应有之义与重要功能。在防疫抗疫中，无论是之前的捐款捐物、提供志愿服务，还是当下想方设法稳定就业岗位、关心员工健康、扩大生产，都是企业家把企业发展与社会稳定、进步紧密联系在一起的重要责任和现实方式方法，都体现了企业家的社会担当。同样，这也是企业家精神在此空前的人类浩劫中对同时代人的教育，生动而又现实地启发、教育了无论国有企业、民营企业，还是合资企业、混合经济、个体工商户等各种经济活动参与者。当然，拓展更大的视野、舒展更加宽广的胸怀，在经济全球化遭遇逆流、经贸摩擦加剧的背景中，立足中国、放眼世界、积极应对，不仅是企业家精神时代发挥的重要着力点和重要品质，也成为引导、培育新时代企业家群体成长的行为示范和鲜活教材。企业只有切实提高把握国际市场动向和需求特点的能力，提高把握国际规则能力，提高国际市场开拓能力，提高防范国际市场风险能力，才能临危不惧、摆脱困境，创造属于自己的也属于时代的经济奇迹。

防疫抗疫、复兴经济更加仰赖弘扬企业家精神。新冠肺炎危害甚重，交通滞阻、经济低迷，连人们的生活空间也被大大压缩，中国因为防疫抗疫取得战略性胜利而备受瞩目，也因此遭遇一些来自外部的危机与挑战。面对此情，如何实现经济复苏，一方面需要企业家们涵养深厚的家国情怀，自觉把企业发展同国家繁荣、民族兴盛、人民幸福紧密结合在一起，主动为国担当、为国分忧；另一方面需要企业家们面对大疫当前、百业艰难的情况，具有危中有机、唯创新者胜的清醒认识，努力做创新发展的探索者、组织者、引领者，勇于推动生产组织创新、技术创新、市场创新，重视技术研发和人力资本投入，有效调动员工的创造力，努力把企业打造成为强大的创新主体，以此在新冠疫情造成的困境中实现凤凰涅槃、浴火重生。

（中国网，2020 年 7 月 25 日）

始终坚持中国特色社会主义法治建设之路

【题记】3月1日出版的第5期《求是》杂志发表了中共中央总书记、国家主席、中央军委主席习近平的重要文章《坚定不移走中国特色社会主义法治道路，为全面建设社会主义现代化国家提供有力法治保障》。文章强调，推进全面依法治国，坚定不移走中国特色社会主义法治道路。

党的十八大以来，以习近平同志为核心的党中央从全局和战略高度对全面依法治国作出一系列重大决策部署，在建设中国特色社会主义法治体系上下大功夫、开新路子、做新成就，如今已经推动我国社会主义法治建设发生了历史性变革、取得了历史性成就，并形成了鲜明的中国特色。

第一，坚持中国共产党的领导。无论在理论上，还是实践上，党的领导和依法治国都是统一的。党的领导不仅是我国社会主义法治之魂，是我国法治与西方资本主义国家法治最大的区别，而且是推进全面依法治国的根本保证，离开了党的领导，全面依法治国就难以有效推进，社会主义法治国家就建不起来。

如今，我们必须清醒认识到，全面依法治国决不是要削弱党的领导，而是要加强和改善党的领导。

第二，高度重视法治建设。无论是在新民主主义革命时期，还是在夺取政权之后，我们党始终把以立法、司法、执法为主体的法治建设作为大事来抓，逐步建立起了社会主义法制框架体系，确立了社会主义司法制度。进入改革开放历史新时期，我们党提出"有法可依、有法必依、执法必严、违法必究"的方针，强调依法治国是党领导人民治理国家的基本方略，依法执政是党治国理政的基本方式，不断推进社会主义法治建设。

党的十八大以来，党中央明确提出全面依法治国，并将其纳入"四个全面"战略布局予以有力推进。党的十八届四中全会专门进行研究，通过了《中共中央关于全面推进依法治国若干重大问题的决定》。党的十九大召开后，党中央组建中央全面依法治国委员会。正是基于这样的重视，才确保了我国法治建设的有序推进，才逐步建立起来了具有中国特色的社会主义法治体系。

第三，坚持为人民服务的宗旨意识。全面依法治国最广泛、最深厚的基础是人民，因此法治建设必须坚持为了人民、依靠人民。法治体系的构建要体现人民利益、反映人民愿望、维护人民权益、增进人民福祉，要各领域全过程保证人民在党的领导下通过各种途径和形式管理国家事务、管理经济文化事业、管理社会事务，保证人民依法享有广泛的权利和自由、承担应尽的义务。

推进全面依法治国，根本目的是依法保障人民权益，保障人民群众日益增长的对民主、法治、公平、正义、安全、环境等方面的要求，积极回应人民群众新要求、新期待。建设具有中国特色的社会主义法治体系，必须系统研究谋划和解决法治领域人民群众反映强烈的突出问题，不断增强人民群众获得感、幸福感、安全感，用法治保障人民安居乐业。

第四，坚持中国特色社会主义理论的全面指导和落实。建设中国特色社会主义法治体系，本质上就是在法治领域具体体现中国特色社会主义道路；发展中国特色社会主义法治理论，本质上就是创建并形成中国特色社会主义理论体系的法治领域和层面；建设中国特色社会主义法治体系，本质上就是创设中国特色社会主义制度的法律表现形式。因此，谋划、建设、实践中国特色社会主义法治体系，必须全面坚持中国特色社会主义理论，尤其是习近平新时代中国特色社会主义思想。

第五，继承中华优秀传统法治遗产。中国特色社会主义法治体系不是无源之水、无本之木，而是中国悠久历史和文化传统的现代创新发展。因此，必须一如既往地学习、研究、借鉴中华传统法治文明和法律文化，继承出礼入刑、隆礼重法的治国策略，"民惟邦本、本固邦宁"的民本理念，天下无讼、以和为贵的价值追求，德主刑辅、明德慎罚的慎刑思想，援法断罪、罚当其罪的平等观念，保护鳏寡孤独、老幼妇残的恤刑原则，等等，进一步彰显中华优秀传统法律文化和法治文明的智慧与魅力，构建起实现好、维护好、发展好中华民族伟大复兴的法治力量。

（中国网，2021 年 3 月 7 日）

明理承基因 增智助大业

学习习近平的历史思维方法在浙江的探索与实践，对于我们处在新的历史方位开拓进取、再创辉煌，意义重大。一般而言，历史思维决定我们虑事、决策、实践的准度、高度和厚度，也直接影响着我们思、信、行的长度、畅度和温度。"我们现在的所有工作，都是站在前人的肩膀上来进行的。"唯有追溯历史源头、回望历史过程、总结历史经验、探索历史规律，才能"继续写好这部创新史，才能无愧于前人，无愧于后人"，才能明确自己的基因特质、身份属性、方位品格，判明大势、定位当下、开辟未来，聚集起更大的发展能量。

民族基因决定了浙江发展的中国特色。中华民族是世界上历史最悠久的伟大民族之一，具有独特的基因传统，表现在民族文化、民族精神等诸多层面，如爱好和平、崇尚团结、家国一体、推崇公利、勤奋坚韧、善于创造、敢于超越等。作为中华民族的一分子，浙江人民始终不畏艰难、敢字当头、干在实处，进一步丰富了中华民族的文化血脉。

作为改革开放的先行地，在全国一盘棋的飞跃式发展中，浙江更是疾步走在全国前列，把中华文明传承下来，把中国特色彰显出来，更把中国品格巩固下来，并且做得更大、更强、更亮。新发展阶段，浙江还将努力成为全面展示中国特色社会主义制度优越性的重要窗口。

红色基因决定着浙江发展的品质高度。传播马克思主义，浙江人做出了特殊的贡献；创建中国共产党，浙江也是厥功甚伟。浙江是当之无愧的中国革命红船起航地，红色基因、光荣革命传统、红色文化资源特别深厚、特别具有活力。它们引导新时代的浙江担大任、开新篇、创新局，既做好改革开放的模范生、先行者，又成为习近平新时代中国特色社会主义思想的重要萌发地，并将努力成为全面展示中国特色社会主义制度优越性的重要窗口，勇当高质量发展的排头兵。

其实，作为红色文化资源大省，浙江的快速发展跟历届省委、省政府一张蓝图绘到底有直接关系，更与当年习近平同志高度重视党史文化、红色文化的教育激励作用分不开。习近平在浙江工作期间，先后五次到嘉兴南湖瞻仰红船，首次总结提炼了"红船精神"，并特别强调"红船起航于浙江，既有历史的偶然性，也有历史的必然性。这是浙江的光荣"。如今，只要我们不忘初心、牢记使命，继承红色基因、弘扬红色传统，就一定能不负党中央期待，不负总书记嘱托，取得更大进步。

区域文化决定了浙江的鲜亮个性。浙江深厚的文化底蕴、独特的文化品格、丰富的文化资源、悠久的商业传统和改革开放以来经济社会的快速发展，既是浙江人民奋力争先、勇立潮头的动力源泉，也是浙江精神的丰厚滋养和生动实践。

浙江精神是浙江这块热土蓬勃兴旺发达的特殊财富，"这不仅与浙江人民的历史生命相伴，而且更与浙江人民的现实生活与未来创造相随"。习近平同志曾倡导："努力用浙江历史教育浙江人民、用浙江文化熏陶浙江人民、用浙江精神鼓舞浙江人民、用浙江经验引领浙江人民，进一步激发浙江人民的无穷智慧和伟大创造能力，推动浙江实现又快又好发展。"如今，梳理浙江文脉，传承浙江历史，大力实施新时代文化浙江工程，进一步弘扬浙江精神，激发浙江人民的智慧、活力和创造性，一定能让浙江经济更富强、生活更美好、精神更富足、社会更和谐。

（浙江新闻，2021 年 4 月 1 日）

讲好党的故事，人人都能有所作为

（1）讲好百年党史故事，本质上就是讲好马克思主义中国化的故事。党的历史，说到底就是中国共产党带领中国人民用马克思主义思考中国问题，回答并解决中国问题的过程。因此，在中国学习、宣传、运用、发展马克思主义的过程，就是党的历史不断展开、深化的过程，就是党的故事的发源地、集散地和大本营。

（2）在革命史、社会主义建设探索史、改革开放史的框架里，讲好党的故事。不仅要讲好过程、人物、活动、事件和成就、规律、经验，还要讲好在全国各地不同地区、不同领域行业的实践表现。

（3）百年党史故事，主要体现在"三四三三"框架体系内，即100年来中国人民所从事的三项伟大事业——革命、建设和改革；所干成的四件大事——救国、建国、兴国、强国；所迈出的铿锵三大步——站起来、富起来、强起来；所形成的三大里程碑——建党、建国、改革开放和推进中国特色社会主义事业。

（4）讲好百年党史故事主要就是讲好"三人一精神"的故事。三人即三种人：革命烈士、英雄人物、先进模范；一精神，即一种精神：中国共产党革命精神，它是一个谱系，有一个系列，由一系列的坐标、标杆构成。

（5）用通俗易懂、人人可为的各种方式讲好党史故事。比如，严肃规范的学术研究与理论宣传，大众化的文博展陈、主旋律影视，走基层接地气的讲故事、现场考察与体验，传统媒体与现代媒体的融合竞合，等等。个性化探索，更需要推广，如浙江卫视的理论综合节目《中国共产党为什么能》《中国共产党党史知识学习达人挑战赛》等。

（上海师范大学马克思主义学院，2021年5月9日）

中小学党史学习的供需考虑

搞清楚供需双方的需求与实况，扎实有效推进中小学党史学习教育。

一方面坚持灌输原则，把必须给予的东西，坚定地传授开去、传播下去。另一方面兼顾供需实际，做到乐学、好学、能学、学懂、学会，并且用好。

必须灌输给学生的，就是党史里体现的中华民族的磨难史、奋斗史、英雄史、荣耀史，就是中国人民不甘屈侮、坚决抗争的意志毅力和行动，就是中国共产党坚强有力的领导，就是中国终于站起来、富起来、强起来了。这样的过程，这样的精神，这样的意蕴，这样的品质，这样的成就，都必须坚定不移、坚持不懈、坚持完整地教给学生。

第一，供。①供的内容。完整、准确、翔实的百年党史。不能戏说、乱说、胡说。不管是全国党史，还是地方党史，甚至学校党史，都要坚持论从史出、理由事生，有理有据。都要坚持过程描述与重大事件、重要人物展示相结合，要坚持大是大非、规律趋势与具体情节精彩故事相结合，要坚持宏大历史叙事与微观细节剖析相结合。因此，供给，就是要供给真实、完整、翔实并且尽可能客观的百年党史。②供的渠道方式手段。坚持多样化、时尚化、现代化与传统表达相结合，坚持有形与无形相结合，坚持说教与言传身教相结合，坚持本土化、地方化、身边视角（夏衍中学、郁达夫中学、杭州高级中学、马寅初中学、刘英小学等独特的党史资源）与全国性、全局化、全景式（浙江党史、全国党史、党史全程与局部精彩片刻场景）相结合。

第二，需。中小学生和教师，尤其是学生希望学什么、怎么学、学到什么程度。①需故事。尊重、符合中小学生身心特点，情节表述与规范的学理呈现相结合，情节与史实相结合、人物与事件相结合。②需真实。这是育人的根本原则，也是党史教育的原则。既是传史的规矩，也是创造新的"历史"的前提。更是增进历史魅力的法则。③需情理。讲党史中的情与理，在情与理中讲述党史。革命、事业、真理、信念、信仰的情与理，家与国、说与做、生与死、个人与集体的情与理，遍布并组成了百年党史。努力说准确"理"，努力表达清楚"情"。情，是高尚的，善良的，令人尊重和敬仰的；理，更是正确的，真理的，使人信服和坚守不移的。比如，红色家书中的情与理，又如

《刑场上的婚礼》《可爱的中国》《半条被子》《张人亚守护党章》等故事里的情与理。

（《浙江教育报》，2021 年 5 月 14 日）

传承革命精神，走在弘扬红色文化的前列

【题记】浙江卫视中国蓝系列节目"思政课讲述重要窗口的故事"脚本。

一、革命精神是红色文化的核心

党史学习动员大会上，习近平总书记说，要认真学习三种人和一个精神。三种人：革命烈士、英雄人物、先进模范；一个精神：中国共产党革命精神。

革命精神是中国共产党带领中国人民进行革命、建设和改革伟大征程中创建积累下来的宝贵财富，是关于共产主义理想信念、信仰和价值观的具体表现。有一个丰富多彩的谱系，由一系列具体的革命精神组成。它们像坐标，分布、矗立在百年党史和红色文化发展历史里，树起来一个又一个鲜亮的标杆和旗帜，象征着事业发展的一个又一个高潮，生动地代表并诠释着一个又一个重大事件、重大成就。在这个长长的谱系里，红船精神是源头，用"首创""奋斗""奉献"三种最基本、最重要的品质，规范并引发了之后伟大事业推进过程和初心使命践行历程的一个个崭新的更加具体的革命精神，如井冈山精神、苏区精神、长征精神、延安精神、抗战精神、沂蒙精神、抗联精神、太行精神、西柏坡精神、大别山精神、抗美援朝精神、铁人精神、雷锋精神、焦裕禄精神、红旗渠精神、"两弹一星"精神、"两路"精神、塞罕坝精神、右玉精神、孔繁森精神、抗震救灾精神、98抗洪精神、改革开放精神、抗疫精神、脱贫攻坚精神、移民精神等。

红色文化由三部分构成：物质、精神和制度。其中，物质是基础，制度是保障，精神是核心、是灵魂。

生活中普遍存在、到处可见的浸透、包容、承载着党史、革命史和红色文化发展史的场地场所、组织机构、设施设备和文本文献，都属于物质类红色文化资源。比如，革命纪念地、烈士陵园，用红色人物命名的道路桥涵、学校城镇，主旋律影视作品和文艺作品，等等。

根本制度、基本制度和具体制度，作为行为规范和法纪准则，从制度层面上保障红色文化事业发展，属于规矩的力量，保驾护航、矫正纠偏的工具。

革命精神，则是红色文化孕育、生发、发展的方向性要素，是红色文化发展的质地规格标尺和水平高度测量仪，属于红色文化最具有生命力和传承意义的

内容。

弘扬红色文化，根本意义上就是继承红色基因，传承革命精神，秉持共产主义理想信念和社会主义事业的性质、方向，就是鼓起更大的精气神，坚定更高昂的意志，开拓进取、创新创业。

二、准确理解革命精神

中国共产党的革命精神来源于革命、建设、改革的伟大实践，是中国共产党带领中国人民以马克思主义为指导，探索中国发展出路、解决中国发展问题的重大成果和成就，是一种以精神的状态、意识的形式存在并发挥作用的宝贵财富。

中国共产党的革命精神是以实现为人民谋幸福、为民族谋复兴的初心使命为本质和主题的。它们的生发孕育和形成发展以及嬗变升华，都完全依托于并有力引导、保持初心使命的追求实现过程，是100年轰轰烈烈、不断创新，不断走向成功的党史和红色文化发展史的生动写照与重要载体。

中国共产党革命精神的核心要义是理想信念、为人民服务、奋斗、创新等。一系列具体的革命精神，分别以具体的历史事实为依据，展现了不同的革命、建设、改革的历史事实，但是它们都秉持了红船精神的基本品质，在具体的事业创造过程中表现出了惊人的相似、相近和相同，如共产主义的理想信念，来自人民、为了人民、服务人民、依靠人民的人民中心观，迎难而上、不怕困难、敢于胜利的奋斗精神，不墨守成规、不盲目照抄照搬，敢于结合实际创造的创新意识，等等。这些都是中国共产党革命精神的重要特征和优势，也是它们的共同特征。

三、努力讲好有关浙江的革命精神的故事

浙江是中国革命的红船启航地、改革开放先行先试地、习近平新时代中国特色社会主义思想重要萌发地，红色文化资源非常丰厚，在全国具有特殊的地位和影响力。弘扬红色文化，在浙江，必须首先领悟好、践行好、弘扬好与己有关的革命精神，在全国的视域内，在中国共产党历史的框架里，在百年红色文化的逻辑中，讲好有关浙江的革命精神的故事。

有关浙江的革命精神，丰富多彩、厚重精彩，仅从数量上看，远远超过其他省区市。站在全国看，每一种具有重大而深远影响的革命精神，几乎都与浙江有关。

红船精神，是中国共产党革命精神谱系之源，核心表达的是建党精神，体现了中国共产党从无到有的具体过程、基本状貌和历史规律。其中，不仅有见证中国共产党诞生的产床、承载并象征建党精神的物质载体——红船，还有为中国共产党的创建做出杰出贡献的浙籍卓越人物，他们是那个时代最闪亮、最富创造精

神、最有前途的一群人。比如，陈望道、俞秀松、王会悟、邵力子、徐梅坤、沈雁冰、沈定一、施存统、叶天底等，他们推动马克思主义传播，参与或见证了中国社会主义青年团（如今的共青团）、中国共产党的创建，绝大部分还是第一批中国共产党党员。

他们每一个人，都有说不完的革命故事、英雄业绩、重要影响。讲好他们每一个人的故事，就能够讲好在浙江革命精神的创造发展过程中具体鲜活的案例，精彩纷呈的历史过程。

迄今为止，在浙江这块大地上，在百年党史和红色文化发展史上产生出来的革命精神，除了红船精神之外，主要有以 28 年新民主主义革命为主要历史背景的红十三军精神、浙西南革命精神、金萧精神，以轰轰烈烈的社会主义建设探索为主要历史时空的一江山精神、海霞精神、蚂蚁岛精神、大陈岛垦荒精神、围垦精神、千鹤妇女精神、南堡精神，以改革开放为时代空域和发现主题的浙商精神、浙江精神等。它们如同中国共产党其他一系列具体的重要的革命精神一样，是发生在浙江这块热土上，以浙江人民为主体的党领导下的革命建设、改革伟大事业的具体成就和鲜亮坐标。

弘扬红色文化，在浙江必须首先总结好、发扬好、弘扬好这些具有鲜明浙江地方特色的革命精神，为当地服务，为浙江服务，为中国全面改革开放服务。

有关浙江的地方红色文化，尤其是革命精神的凝练、发挥，还跟习近平同志有紧密的联系。时任中共浙江省委书记时，习近平曾亲自撰文或在现场，凝练总结，如蚂蚁岛精神、红船精神、浙江精神；入京治国理政之后，又对大陈岛垦荒精神、海霞精神、浙江精神等给予密切关注和高度重视，分别以回信、撰文、视察等方式表达嘱托和期待，从而生动有力地推动了这些革命精神的宣传和弘扬，也因此对浙江挖掘、整理、传播红色文化，发挥了独到的引领价值作用，具有重要的指导意义。

党中央对于浙江在展示新时代中国特色社会主义制度优越性方面寄予厚望，在浙江能够发挥窗口的独特作用。不管是政治、经济、文化，还是社会、生态等，每一个领域、每一个方面，浙江在干在实处、走在前列、勇立潮头的格局和气势下，开拓创新出了一系列具有窗口价值的模式、规范。因此，我们有理由确信，在挖掘革命资源、传承红色基因、发扬革命精神方面，浙江一定能够办实事，开新局，走出一条弘扬红色文化的创新之路，从而在继承革命传统、保持红色基因、弘扬红色文化上，发挥窗口作用。

这些年来，仅以浙江理工大学为例，我们同心同德、凝神聚力，在红色文化的研究与实践上，走出了一条具有浙江特色，又具有示范推广价值的新路子。2016 年，我们在全国率先创办了红色文化研究专业硕士学位点，把红色文化弘扬事业提升到了学科建设的高度；2017 年，编制出版了全国第一本通论性红色文化教材《红色文化概论》；2019 年，在全国高校率先创建了红色文化讲习馆；2020 年，我们走出去，支援西部红色文化开发，在四川乐山建立了红色文化研究院分院。除此之外，我们还在与地方政府全面合作，提高服务水平，满足地方需求，推动党建和红色文化研究事业上，务实拓展，先后支持地方开展了红色地名展、红色故事会、红色经典诵读、具体革命精神表述语的凝练等具有社会影响力的文化活动，还帮助地方设计、建造了有关红色文化主题的展览馆、博物馆、陈列馆，与杭州市临安区全面合作，开建了天目少年思政学院，推动大中小学红色文化进课堂、进教材、进头脑的系统工程……这些做法不仅有力推动了立德树人，还大大促进了资政育人、服务育人和社会文化育人，而且探索出了红色文化研究与实践的多样化的路子。

（浙江卫视，2021 年 5 月 25 日）

如何以大历史观解读百年党史

【编者按】《中共中央关于党的百年奋斗重大成就和历史经验的决议》（以下简称《决议》）是党的百年史上的第三个历史决议。它梳理、总结了党的百年历史和成就。本期有理君邀请浙江理工大学马克思主义学院院长渠长根，从大历史观维度出发，为读者解读《决议》一文。

《中共中央关于党的百年奋斗重大成就和历史经验的决议》，前承20世纪40年代、80年代我党的两个历史决议，把建党以来的革命史、奋斗史、英雄史再次予以梳理、总结，在接续透视、把握改革开放和社会主义现代化建设的基础上，特别关注、阐释了十八大以来的历史性变革、历史性成就。

通读《决议》，因深邃理性而大振人心，因深情礼赞而百年益浓。贯穿始终、一线纲举，则是用辉煌业绩提炼百年；深藏浅在、一味醒目，就是以大历史观解读党史。

一、回顾历史、总结经验：定性定质过去百年

定性，即定姿态、定属性、定品质。过去的百年，是党带领人民奋斗的百年，是以"为中国人民谋幸福、为中华民族谋复兴"为初心使命，始终坚持共产主义理想和社会主义信念，跟全国人民一道争取民族独立、人民解放和实现国家富强、人民幸福的光辉奋斗历程。

定质，即定质量、定价值、定高度。过去的百年，是党带领中国人民不断创造的百年，创造写实、擦亮了这个百年的品相、底色和基调。这个前后相继、矢志不渝的百年创造，形成了指导思想上的"三个重大理论成果"，谱写并成就了中华民族几千年以来最恢宏的史诗，实现了中国人民从站起来、到富起来再到强起来的历史飞跃。

三个理论成果的"飞跃"，是中国共产党对马克思主义的悦服、敬守和开拓；四个历史时期的"创造了"，标识了中国人民的百年步态、境界和水准，不断在奋斗中创造，在不断的创造中飞跃。

《决议》透观百年党史，提炼成就、总结经验，成为新时代评价历史的精彩

范本、思维逻辑和磅礴篇章。它的评判与结论、更具有包容性的词语表达等，无不更加有利于团结，有利于实现最大范围之内的团结，团结在不同时期为中国社会进步和国家建设做出努力的所有人们。

这是政治智慧，更是稳定与发展的理论追求，有效避免了制造分歧、刺激分歧、引发分裂，有力践行了历史评判的最高准绳：实事求是，有利于服务现实，有利于引领未来。

二、条分缕析、形质统一：重新分期分段过去百年

建党以来，新民主主义革命、社会主义革命和建设、改革开放和社会主义现代化建设、新时代中国特色社会主义，即革命、建设、改革、复兴，四个历史时期前后相继、一脉相承、无往不胜，也即形象表达的建国、兴国、富国、强国四大创造、四大里程碑。再生动些，就是四种天地境界：开天辟地、改天换地、翻天覆地、惊天动地。

把历史的阶段性说清楚，把党的奋斗、创造过程说清楚，这不仅是一个基础的历史评估、分期和理论认知问题，也是一个实践归纳问题、史观知行统筹问题，更是一个统一认识、摒除分歧、凝聚力量、面向未来的重大筑基导向工程。

可以更好地让人们在进入历史之后跳出历史、纵视综观通察历史，尊重但又超越细节历史、微观历史，形成宏观历史视野、过程性历史逻辑和大历史观，更加通透通达、高屋建瓴地看待我们的过去、昨天，看待我们的经验教训，看待我们的得失成败。这是超越纷争、放下负担、解放思想、凝聚共识、达到更多认同所必经的环节、必需的工作和必要的前提。

三、为中国特色社会主义新时代再次定性定位

新民主主义革命的伟大成就源于"浴血奋战、百折不挠"，社会主义革命和建设的伟大成就得于"自力更生、发愤图强"，改革开放和社会主义现代化建设的伟大成就归于"解放思想、锐意进取"；而"自信自强、守正创新"则创造了中国特色社会主义新时代的伟大成就。

自信，不仅表现为对我们的道路、制度、理论、文化的自信，还表现为对我们的创造性飞跃式历史的自信，对当代的自信，对现时代的自信。

百年奔波，其成其曲、其平其波，皆成既往，都有其当时的必然性和历史的复杂性，尤其不以目前我们的主观意志为转移。因此，检索历史、总结过去，需要有足够的勇气从容，也要有足够的坦荡胸襟，相信革命发展、历史运动乃即时与客观的交融、偶然与必然的碰撞。这样的自信，是后人的智慧，更是在尊重中获取的新力、伟力。

自强，表达的是中国特色社会主义新时代所遇到的时代背景、主客观环境，

确认并证明我们是在一种极其艰难复杂多变的时代和环境中，不断追求并逐步实现富强的。当前，我们处于百年未有之大变局，处于两个一百年的交汇期，看准变局、稳立交汇、直面挑战，就是自强；变局中能够自立、交汇里可以识向、挑战前变换机遇，就是已经走入新时代的中国共产党和中国人民的自强；从百年中"看清楚过去我们为什么能够成功"，就能够"弄明白未来我们怎样才能继续成功"，就是我们面向未来的自信、自强。

守正，是说十八大以来我们所走的路，探索并积累下来的百年经验，必须坚持下来，坚守下去。此"正"，包括马克思主义理论、共产主义信仰、中国共产党的领导、实事求是，包括毛泽东思想、中国特色社会主义理论体系、习近平新时代中国特色社会主义思想。守正就是利用红色资源、发扬红色传统、传承红色基因。

因此，明确什么是"正"，是十八大以来党中央所做的一项重大工作。比如，不断地用革命的理想信念、社会主义的价值观、共产主义的信仰，尤其是百年来中国共产党人的坚韧、坚定、坚毅的追求和实践，来教育感化引导中国人民尤其是中国青年，说到底就是明确了我们的"正"，努力地来守持这个"正"。这也就是今天浙江一直在大力倡导的"守好红色根脉"。

创新，新时代不仅是一个守正的时代，更是一个创新的时代。创新，表现、落实在各个领域、各个方面、各个层次、各个环节。政治、经济、军事、文化、国防、外交等，都在守正中创新、创造、发展，在创新、创造、发展中守正。今天和未来，必须继续根据时代主题的要求，融入百年未见之大变局的宏观环境，在初心使命的规范、引导下，在两个百年伟大奋斗目标的鼓舞下，凝神聚力，适应新环境、探索新出路、寻找新方法、实现新发展。

已经由一代代中国人民用昨天写实的历史、由当下所有中国人民正在壮写的当代史，如何递进、提升？如何看待这种进步、发展？《决议》高瞻远瞩，拨云见日。未来由中华民族谱写的新历史，如何下笔？何处浓墨素描？《决议》穿透历史，再做蓝图。

（学习有理，2021 年 11 月 25 日）

二、纪念

一次次毕业：在寻觅中为自己定位

　　毕业，通常是一个人结束一个正规的学习阶段的标志，而我反复地把这样的标志举起。从 20 多年前的本科毕业，到十几年前的硕士毕业，再到六七年前的博士毕业，如果把中小学也算上，可真的就是一次又一次地走出校门。但是，有意思的是，每一次毕业走出校门，竟然都接着进入另一个校门。及至后来，匆忙的人生，越来越简单化为在不同学校之间的跳跃、盘桓，尽管其间也曾经有过几次分神和岔道。然而，一次次的身形转动终归驻足学校。是外面的世界不够精彩，还是自己的能力不足以跋涉更广阔的世界？闭目回思，我只能说，是我在连续的尝试中、期待里，终于给自己找到了最合适的位置。

　　清楚地记得本科毕业的时光。那时虽然已经不是 20 世纪四五十年代或 20 世纪五六十年代激情燃烧的岁月，却实实在在地一直是生活在希望的田野上，国家号召大学生到基层去、到艰苦的地方去、到祖国最需要的地方去。于是，男生脱下时尚了四年的草绿色仿军装，继续挎起亲密了四年的绿挎包；女生把喇叭裤叠起来压进箱底，用各色的连衣裙把青春装扮好，然后，我们满怀雄心壮志，带上四年的"书山有路勤为径"，昂扬着迈出了大学的校门。我是政治系毕业的，接受了比同龄人更多的理想信念教育，于是，更加坚毅地从省城走向了边远的小城市，做了地处豫皖苏鲁四省交界处的一所师范专科学校的老师。

　　远离家乡和父母，独自闯荡世界的第一次毕业，就这样被安排好了"选择"。没有经过系统的师范教育，也没有想到过要做一名人民教师，更没有想到要去一个远离故乡的地方去为人师表，仅仅是学校的统一分配而已。这纯粹是那个时代的人事制度使然——只要进了大学的门，就一定有一份工作等着你（如果没有意外的话）。呵呵，仅此而论，跟现在的高等教育大众化相比，还是那个时候的精英式教育更惬意，至少你不需要为四年结束时的饭碗忧伤、苦闷、彷徨。

　　第一次走上讲台的时候，捧着《伦理学》教材和讲义，面对一双双清澈的眼睛，他们是政治科大三的学生，实际上年龄与我相差无几，因为在学制上本科是四年，师专是三年。青涩的我和一群同样青涩的他们忽然间结成了人间最高贵的一种情缘——师生！台上台下，这么的一师一生，仓促地定格了我的第一次工作。接下来的日子，过得相当的生动。做大学老师的高尚和兴奋写实了我的简单而充实的青春。

没有过多久，也就是1986年的年底，高校出现了一种潮流，初为人师的青年们争先恐后地"上山下乡"去了，到农村去支援乡村教育，接受基层锻炼。并没有太多的思考，在涌动的潮流中，我也奔跑着报了名，很快就被分配到了地道的山村，在一所职业高中学校担任政治课教学任务。那所学校就在汉高祖刘邦斩蛇起义的芒砀山脚下，后来才知道淮海战役的时候，邓小平、刘伯承还曾在这里指挥过大战呢。一个农村的小伙子，刚刚经过四年省城的熏陶，渐渐改掉山野的诸多习惯，一下子又来到了熟悉却又陌生的异地农村，初来乍到的兴奋很快就被昏暗的灯光、泥泞的土路、黎明的鸡鸣和深夜的狗吠所倦怠，真切地验证了一条哲理：青春的萌动常常源自对生活的热情，主客观的反差往往会给准备不足的心灵造成冲击。

然而，在职业高中一年多的时间里，我慢慢地学会了在朝阳的牵引下，沿着绿意殷殷、青草味浓的小道慢跑，学会了跟随落日的余晖到大沙河畔边走边想；学会了用关切去追随、回馈学生们的渴望和拥戴；学会了唯有在现场见证了农民收入的窘迫拮据之后，突然惭愧大学期间潇洒地挥霍父母提供的生活费，开始精打细算和开源节流；学会了用煤球和煤油炉炒菜、做饭，洗衣服，自理生活；学会了在古旧的街道弄堂里穿行邂逅闻所未闻的人文旧迹；学会了在热闹非凡的集市庙会上来来回回，只看不买的感官自娱和心理承受；学会了用恬淡闲适的神态去回应乡间人们对穷乡僻壤里竟然还有大学生的诧异、疑虑（毕竟20世纪80年代，大学生是地道的稀缺一族啊）；甚至还学会了忐忑地去接受一些美女同事的有些超常的关心……

我深深地感谢在农村职业高中的那段时光，它锻炼了我许多许多。

20世纪90年代初，我顺利地完成了硕士阶段的学习，再一次毕业，再一次面临着工作的选择。不过，这时改革开放已经进入深度发展的阶段，就业开始成为当事人的自我行为，计划分配渐行渐远。孔雀东南飞、全民经商，基本上可以概括当时大学生、研究生就业选择的总体区位和行业定位。我的同学或校友大部分去了珠江三角洲，尤其是广州及其附近地区，深圳、东莞、珠海、汕头、中山、江门、佛山等那些沿海开放城市成了首选，甚至还有一些更小的城镇也吸引了我们的眼光，如番禺、顺德、南海、阳江等。因此，如今一旦我到广东公干私行，只要见到其中一位同学，则往往会高朋满座、群贤毕至。他们彼此关照、互相唱和，早已经钵满盆流、日子过得蒸蒸日上了。与众不同，我急不可耐地打道回府，回到了妻子的身边，回到了刚刚出生的女儿身边。三年的分居生活，让我无法忍心让妻子一人独自抚育孩子，她在省会城市的一所本科院校里教书，原本应该是颇为安逸的啊。一直到现在，我从来没有后悔放弃去南方打拼而与家人生

131

活在一起的抉择，也许在一些人看来有些狭隘。我对林小凤演绎的风靡其时的闽南歌曲《爱拼才会赢》首先理解为夫妻执手相携、风雨同舟才能赢。

回到家里，我去一家实力雄厚的建材类公司应聘，总经理亲自接见了我，说研究生到他们这里来的还不多，如果我能来，做企业文化之类的事情肯定是大有可为的。一个多小时里，我用当老师锻炼的口才把自己的学识和见解呈现出来，这位总经理不动声色地听完之后，给出了一句话：到人事部门报到吧，一个星期内，无论哪一天。我怀揣着录用通知和用人合同文本，回家与妻子商量。她说，你自己决定好了，反正都在同一个城市里。一连几天，我辗转反侧，不知该何去何从。毕竟这是一次重大的人生选择。

一个星期过去了，我默默地走进了妻子所在的那所大学的校门，重新拿起了搁置三年的粉笔。省会城市总归是有所不同的，不愧是省会高校，而且这所学校还与我当初求学的那所大学近在咫尺。绕来绕去，又回到了起点。有很多老师、同学一起生活在同一片蓝天下，想起来就觉得踏实！周末的聚会、席间的推杯换盏，还有哪位喜事来临时的簇拥祝贺，等等，生活过得安逸和闲适。

如此这般，晃晃荡荡、悠哉悠哉了几年，并且升为了副教授。突然有一天，面对着一大堆的教学科研事务，我顿生厌倦，妻子提醒我很有可能处于亚健康状态。呵呵，患病？我不以为然。又有一天，闲聊中听朋友说省电视台要打造品牌新闻栏目，正在面向全国招聘电视记者。最初也就是听罢即忘，根本没有当个事儿，忽生的倦困让我对这个信息产生了兴趣——也许是一个机会啊。于是，没有和家人商量，更没有跟单位打招呼，悄悄去应聘了。好家伙！黑压压的一大片，用黑土的老伴儿白云的话说，可真是人山人海啊。笔试、面试、体检、上机、实地采访，一个接一个的项目把我们搞得晕头转向。迷糊中，省台的副台长说，经过综合测试，渠长根被选入队，并且要分配到最能反映行业特征和这次重大改革的核心板块——"记者看天下"，做一名既能扛起摄像机深入街头闹市、坊间弄堂捕捉新闻素材的采访者，又能坐在编辑器前左拉右推、前进后退地摆弄最顶端的媒体器械的影像编辑。哇，这是一个什么职业啊，不就是那个只有在电视上才能看到的无冕之王吗？无论是猛听乍闻，还是细思慢想，总会给你无边兴奋。要知道，那么多美女帅哥一起来挑战，而且人家绝大多数都是科班出身，而我充其量也就是个业务爱好者或者本身就是一个凑热闹者。绝对是实力的较量、成色的比拼！

完全可以想象出来之后的日子该是多么紧张。哪里有新闻，就朝哪里赶；哪里有噱头，就往哪里挤，纯粹一个敬业到极致的业内精英！趁着这种车来车往的便捷，挂着这种省台记者的招牌，走遍省内外，也体悟了很多很多在学校里根本看不见听不到的人间奇闻，原来世界竟然是如此的光怪陆离、斑斓多彩。

长于文字而拙于声形，善于笔墨而笨于机械，乐于安逸而倦于劳顿，安于室内而疲于户外，喜于清净而烦于纷繁：热烈的生活中，我渐渐地明白了自己的本色。还不到半年的时间，我把疲惫留给自己，把懈怠和颓废留给了那家电视台，悄无声息地回到了学校，让我的同学、同事们好一阵郁闷和猜测，连懵懂的女儿也问："爸爸为什么不喜欢在电视里走来走去。"只有我知道。

时光荏苒，几年翻然又去。在讲台上徜徉，在书本里游走，在文稿墨香中畅想，在师生情谊中欢娱，如鱼得水般，好一个幸福了得！所以，等到21世纪之初，我戴上学位帽、穿上学位服，手捧着博士文凭把上海一所知名高校计入我的又一个母校之后，忙不迭地回到家里，取出教授资格证，毫不犹豫地来到了杭州，来到了浙江理工大学。几年过来，我越发深沉地认识到：放弃浮华、推开喧嚣，把自己放置到静谧的校园里，是再适合不过的了。而且，我还更加坚定地认为，在我们学校传道授业解惑的生活，尤为惬意。

当我顺利地取得学士、硕士、博士学位的时候，当我破格做了教授的时候，当我被可爱的学生们共推为"我心目中的好老师"的时候，当我戴上"教学名师"的桂冠的时候，我知道我的选择是对的；当我一次次地走进教室迎接学生投过来的信任目光的时候，当我默默地注视着每年六月间一群群青年才俊从我身边走过"仰天大笑出门去"的时候，当我每逢节庆日翻阅着来自天南地北的学生发来的祝福短信的时候，当我静夜细读过往今来的学生发来的信函的时候，我确信我的选择是正确的。

回顾来时径，苍苍横翠微。世间路万千条，有适合自己的，更有不适合自己的，别人的意见和评说只能是参考，唯有自己才是择路的主人；找寻属于自己的人生路，可以彷徨，可以痴迷，可以快意恩仇，甚至可以重来，但是，唯独不能误判。

（《浙江理工大学报》，2006 年 11 月 16 日）

汶川地震：天问·誓言

【题记】 面对汶川地震，震撼多多，感慨多多，敬畏多多。

哭我巴蜀，为何突然山崩地裂日月无光华
可知那天府自古本善良

哭我远去的同胞，为何就走得如此匆忙
你可曾舍得下自己的亲朋和家园

哭我咿呀学语的娃仔，为何瞬间遭遇瓦砾飞石
你们根本不需要这般粗鄙玩具

哭我读书琅琅的学生，为何突然失声
你们和同学老师一直亲密如家

哭我忙碌的兄弟姐妹，为何眨眼间生死两茫茫
你们的脚步未免太匆忙

哭我披肝沥胆的子弟兵，为何血泪相融奔波废墟间
只因为你们是同胞的铁壁和铜墙

哭我勤勉的总理，为何一直徘徊踯躅在断壁残垣
我们知道因为你的人民还在这里边

哭我有家不回的前线壮士，为何如此铁石心肠
因为我的家就是你的家

哭我祖国，为何在奋飞途中遭此厄运

其实你是那么坚强，无边的宽容海量

哭我华夏，为何命运多舛这些年
走过了万水千山还得接过天降之大任

哭我苍天，为何把不公多多强加
你太霸道太横蛮

我要把正义伸张，提剑斩天魔

（新浪网，2008 年 5 月）

面对汶川地震：在痛苦中成长

地震惊醒了中国民众——朝安逸平静的生活投掷了扭曲的战栗；

地震伤害了中国民众——那么多无辜者困顿于大自然的狂暴中；

地震教育了中国民众——把所有的东西都放下，关爱生命，珍重情谊，贴心拉手，永向前；

地震检验了中国民众——一个伟大的民族始终包容着巨大的凝聚力和向心力；

地震激发了中国民众——做大国就得从容面对各种天灾人祸，铸就坦荡人生。

今天是地震发生的第 4 天。昨天军队进入了震中汶川县城，72 个小时过去了，遇难人数已近 2 万人，估计会超过 5 万人。这是令人悲痛的大事变。与此同时，政府、军队、医护人员和普通民众结成抗震救灾的联合体，协力奋战，谱写了一曲曲同样令人感动不已的生命之歌；世界各地许多国家和政府伸出了友爱之手，从心理上、道义上和物质上帮助中国、支持中国，这是巨大的鼓舞，是人类面对自然之灾的良知互动；包括宝岛台湾在内的所有的中国人携起手来，表现出抗拒自然灾难的精神，铸就了新时期我们实现民族振兴的精神财富。

向他们致敬，向他们致谢，向他们学习！

看到一个又一个遇险同胞在耗时耗力之后终于被成功地施救，我感动得热泪盈眶；听到我们的子弟兵动用了所有的装备尽快开进灾区的消息，我的眼泪流了出来；看到我们的总理乘坐火车、飞机、轮船甚至摩托车一步一步地走进灾区，走进无辜待助的百姓中间，我热泪直流；听说还有很多同胞仍旧被掩埋在废墟里而生还的希望越来越渺茫，我难过得泪眼模糊；看到满载着宝岛台湾同胞深情厚谊的飞机降落在成都双流机场，我激动得双眼迷离；看到很多成功被救的同胞在到处呼唤着亲人的名字而没有回应时，我与他们一样喉头哽咽；听到来自世界各地的真挚问候、祝福和祈祷，我感激的泪水与遇险的人们一样掉落；再看看身边的人们、各地的人们用不同的方式牵挂着灾区的同胞，理解、同情、感奋的情怀让人激情难抑……

我们的同胞会战胜困难，我们的祖国会渡过难关，我们的人民会因此更团结、更亲密、更伟大。

（新浪网，2008 年 5 月）

危难之际显真情

时至今日，关于汶川大地震确实有太多太多的东西值得我们记忆和珍惜。

（1）孩子们最坚强，孩子们受害最深。

（2）人民军队再一次冲锋在前，实现了它的基本宗旨——解民于天灾人祸之倒悬。他们无愧于"最可爱的人"的称呼。解放军的威信在保境安民中得到大幅度提升。

（3）领导人和政府的爱民情怀、为民理念得到深度体现和提升。

（4）教师作为一个特殊的群体，作为一个被人们敬重的群体，再次出现在公众视野中。

（5）抗震救灾中，全国人民空前的团结，在凝重和压抑的气氛中，表现出了中国人民超乎想象的坚定、坚毅和坚韧。坚强不屈，再一次被锻造成中华民族的品牌和名片。

（6）政府的管理能力让人们真实地感受着温暖。对抗震救灾过程的监督、监察、监控，把政府的公共服务功能更好地落到了实处。

（7）特别党费尽管是组织行为，但更应该看作是共产党的集体自觉。这是凝聚战斗力和号召力的必要手段，是提升结构能力和系统自控的朴素路径。

（8）人类的共振通感情怀被大规模释放出来。俄罗斯等众多国家和地区所表现出来的对中国的尊重、关心和支持，不仅展示了他们的国际形象，也让善良的中国人再一次被感动，并因此把友善、宽容的民族特性倾泻出来，同时传递给了对方，感染了更多的人群和国度。他们很友善，中国人民更友善，和谐世界展露出了人性的和谐。

（9）面对一些杂音和异样言行，大家应该多一些善意，多一些真诚，多一些信心，多一些理解，多一些宽容，切勿盲目怀疑，动辄得咎。把事情留给时间，把纷争留给后来。

（10）中国是伟大的，中国是可信赖的，中国是充满希望的。惊人的全国调度能力和政府统贯能力，被灾难激发的民族悲情而形成的空前的民族团结，新生代展示给世人的高度可贵与可信，全世界范围内华人的高度认同和血浓于水的本性情结，国家富裕之后应对自然灾害时的从容不迫引发的对国富民强的新思考、新追求、新信心……这些都是与天灾一起到来的"财富"。

（新浪网，2008 年 5 月）

告诉你，我是一个善良的人

我是一个善良的人
20 多天里
泪眼模糊中爱抚着多灾多难的家乡
为他们感动着
为他们揪心着
为他们悲恸着
为他们坚强着——
那些罹险遇难的同胞
那些慨然援助的同胞
那些奋力抢险的同胞
那些与我一样牵挂灾区同胞的同胞

我是一个善良的人
不在于你洒泪的多少
不在乎你帮我的先后
不在乎你关切的方式
甚至不在乎你些许的怯懦或焦躁
甚至还不在乎你偶尔的卑微或失礼
因为我已经感受到了足够的温暖

我是一个团结的人
不管你的职位有多高
不管你的收入有多少
不管你的过去如何
不管你的脚步有多远
我们都紧紧地贴心在一起
我们都坚定地走在一起
拿出你的积蓄

使出你的气力
伸出你辛劳的手
捧出你坚毅的心
我们始终一起面对、一起度过

我是一个团结的人
因为我有一个值得信赖的领袖——她的名字叫共产党
因为我有一个值得依赖的橄榄绿——她的名字叫解放军
因为我有一个强大的祖国——她的名字叫中国
因为我有一个奔涌在心田的大家庭——她的名字叫中华民族
因为我们有一个坚强的共同理念——那就是义薄云天、舍生取义

我是一个刚强的人
我经历过很多的磨难
我走过很长坎坷的路
我看过了太多太重的悲欢离合
但是，我最终还是迎来了阳光和彩虹

我是一个刚强的人
但我还是没能抑制住感恩的心澎湃
因为我看到了像巴基斯坦那样"倾国而出"的帐篷
因为我领略到了面对连连厄运时大家的相互扶持和祝福

我是一个刚强的人
但我还是没能忍得住源出于心的泪水
因为我看到了从废墟中站立起来的敬礼娃娃
因为我终于见到了在瓦砾上披红走出的坚定的新娘

我是一个刚强的人
我要记录这异常的天空
把 2008 年的人间五月天永远珍藏
交给历史　交给后人　交给永远的中华好儿郎
我更要擦干眼泪、挺起胸膛
重建我的故乡、重塑我的未来　很宽　很长

（新浪网，2008 年 6 月）

141

九一八，年年飞渡

80年了，又到今天：九一八。
想什么，看什么，说什么？
想那个年月不屈的中国人，
看如今竟有方正县那样的现代化领导，
说如今的日本是否也记得那个时日。

还想我们年复一年地回忆九一八，
可是竟然没搞清楚纪念什么，
空留种种形式秀来秀去；
还看我们身边的人，
越来越不愿深沉、沉痛，
哪怕是属于我们共同的过去；
说我们自己浮躁，
要不是有人记起这个日子，
很多人早已把它抛入九霄。
……

回忆九一八，
仅仅是牢记古训"知耻近乎勇"；
一年深沉、沉痛这么一次，
不过是锻炼我们浮躁的心更具有承载力；
哪怕是被记住的人提醒着记忆，
也能够后发地、偶尔地摸索一次我们的民族同心。
……

我们曾经如此，我们却差不多忘记了这样的曾经！不是白驹过隙、岁月如梭，而是我们的心在变。

记忆，未必是为了复仇；
但复仇，不能没有记忆；
记忆，是为了更好的未来，
但未来，不能漠视过去。

（新浪网，2011 年 9 月）

转型期知识分子的职责与使命
——写在即将离开国教院的时刻

【题记】为期两个月的国家教育行政学院的学习即将结束，有感而发。风华是一指流沙，苍老是一段年华，若无闲事挂心头，便是人间好时节。让我们铭记国家教育行政学院的60天！让我们牢记清源求真的日日夜夜！让我们在浙江的高等教育事业中展开翅膀，奉献才智！

专注学习俩月，收获甚多，感触甚多，感动甚多。对社会的认识加深了，对教育的理解拓展了，对为师之道的体悟更真切了，对友情的培植与呵护更用心了……其中，至为关键的是认认真真地思考了并将继续坚定"如何做一名献身教育事业的知识分子"。

第一，全面、客观认识中国的社会转型期。

百年中国的第二次社会转型。转型期的重要特征：思想活跃、价值多元，社会矛盾复杂尖锐，社会稳定被担忧，公众焦虑浮躁，流言蜚语一石激起千层浪。此时，社会对于知识分子提出了更高的要求，要求知识分子在思想、言论、行动上示范社会、引导社会。因此，作为社会的大脑，知识分子要有使命感，要有独立判断。做不了乌鸦（发现问题解决问题，类似人间的批判家、医生），那就做喜鹊（以赞扬和自信为本分，类似吹鼓手、唱诗班）好了，至少不要去做麻雀（人云亦云、浮光掠影，类似旁观者）。要坐而论道，论好"道"。绝不为"变态的真相意识导致社会信任降低"推波助澜。

第二，自信面对现实和未来。

面对着我们的社会现实，回眸着我们的历史，畅想着我们的未来，我们要充满民族自信、制度自信、文化自信，还要充满历史自信和当代自信。

要对中国的悠久历史和优秀传统文化充满自信，要对马克思主义和中国特色社会主义制度、理论、社会实践充满自信，要有足够的发现成绩、成就并尊重成绩、成就的勇气与魄力。比如，评价历史人物，不能简单地看他对现代人都有哪些进步意义，还要看他相对于前人有哪些进步。比如，评价当代中国社会发展，要有发展的眼光、辩证的眼光和稳健的心态。很多时候，是这样的状况：我们的工作没做好，但并不是我们的工作本身是错误的。我们要做事，如果没做好，并不能因此得出结论：这件事原本就不该做。站在一个新的历史起点上，新的希望在焦虑中成长，让思维飞翔得更高，行动才更加坚定。

第三，正确处理真善美的关系。

在工作中，尤其是在社会观察、时代评价中，特别需要这样的辩证。防止求真有余、向善不足所导致的美的丧失。美是最高境界，不以求真而误善，不因求善而失真。如今，一些媒体已经进入了悖论和怪圈。

西北之行，黄土连绵、黄沙满眼，但是，西北并不荒凉。坚守在那里的人们更值得我们敬重。工作在那一片土地上，就是对祖国的贡献。他们的生活比不上我们，但是，他们真实地守卫着稍显贫瘠的一方山水，对于我们的国家，他们就是善的一群，就是美的一群，就是值得国家和民族、政府和民众尊重的人。

第四，要防止制度崇拜和法律拜物教，莫忘以德治国、治校、治院。

进一步培养自己并引领学生、身边人不断培育对于制度、法律的敬畏感，提升对于制度、法律的遵从自觉。现在，我们在很大程度上并不缺乏制度、法律，但依然存在一些问题，一个重要的原因就是，制度、法律未能真正得到维护和落实，已有的一些制度、法律变成了摆设，令人痛心。这也是依法治国与以德治国的国家治理战略选择在个人行为中的冲突式投射，理应得到调整和校正。

（2012 年 10 月）

走进大学：结缘 30 年，珍重这一生

同学们：

30 年前，我们走在了一起，开始了多彩的梦想。

大学路上激情燃烧的岁月、西流湖边的青春飞扬。一起上课，聆听林德龙、林金柱、李少兰、吴忠明等诸位恩师的教诲；也查过字典，力图搞清楚到底是"裸体像"还是"ke 体像"，是"靡靡之音"还是"fei fei 之音"；一起研讨，消化吸收《共产党宣言》《国家与革命》等共产主义的理想；在诸位老师的指引下，一起歌唱，憧憬祖国和我们自己的梦想……

我摆弄过李同新的照相机、录音机，第一次知道农村的孩子与城里的孩子差别是那么大；抄写过蔡新民龙飞凤舞的听课笔记，才知道书法就是"你写的字别人看不懂"；换穿过李全胜、韩建稳的条绒夹克衫，深深感动"撞衫"是我们那个时代的发明创造；感动过刘洪臣的顶上功夫——理发，一茬茬的三千烦恼丝在他老兄的飞剪下化作春泥更护花；惊醒过 308 房间到现在还没有定论的咬牙打鼾说梦话（估计是张国典兄的，要么是 81 级韩伟兄的，反正不是我的，哈哈）；惊喜过齐海军的恋情多美丽，偶遇过孟庆枝在小树林里的暧昧式诱人，感动过郑景献的臭袜子"暗香浮动月黄昏"，铺盖过李宝珍、李楠华等美女缝补过的棉被好温暖（可惜没有洗衣服），甜蜜地接收过某些女生的粮票、饭票支援，温饱了男生的辘辘饥肠，到现在还想再讨几斤作为纪念永不忘……

还一起骑着自行车，带着可爱的女生，经过 40 多分钟的长途奔袭却不知疲倦不知累，到那一片绿水田园——西流湖（却不得不分开去游泳）；在那里，抄录了"大肚能容容天下难容之事、笑口常开笑世间可笑之人"的古训。还在冯万民老师的带领下，参加了西流湖会议，第一次知道做"官"（三班班委会里的宣传委员）其实也有趣……

同学们，还记得那一套黑色条纹西装系服吗？这是我们政治系 82 级年级委员会、学生会、班委会带给我们的第一场西方文化盛宴。我想收藏它，可惜再也找不到！春来，你现在还有吗？这个可以有啊，这个应该有啊！

忘不了张萌的诗朗诵，听不懂刘学林雷人的笛声，看不够周静的曼妙美人舞，听不够赵锡信的悠扬长笛，等不及韩松德田径场如飞般的长跑……露天舞场

上，我们合唱过《我们的生活充满阳光》，畅想过《在希望的田野上》……也拉过某些女生的玉手，一夜惊魂不得宁……

30 年前，我们开始了新的未来。1986 年 6 月，在火车站，热泪送别南下、北上、东去、西往的老同学；从此后，南阳、信阳、驻马店、新乡、许昌、洛阳、平顶山，年年岁岁、你你我我常牵挂，广东、新疆、江苏、浙江逢年过节声声问候嘘寒问暖。天南的，奔赴了新的岗位；海北的，开始了全新的人生。那一天，我们互道珍重分别彩绘属于自己的明天；那一年，我们相约某年某月再相会，分享各地各种情态的彩绘人生……

30 年后，我们终于有了欢聚的今天。作为相对而言最不安分的人，我待过商丘、武汉、上海、杭州，进一步领略了"壶中日月长、肚里乾坤大"，一次次感动着"心有千千结、聚散两依依"。

这些年，我接受过杨玉修、陈联喜、李同新、赵世彦、韩建稳、李钧民、李全胜、段礼中、李宝珍、邓弋清、周静等哥们姐们的慰问，与各位大侠一起分享过西湖的婉约和美幻。

这些年里，我也曾与陈令春、张红亮、王子臣等一起喝过周口逍遥镇的胡辣汤，可惜无女生现场来见证；与赵世彦、赵元明一起品尝了七里营的农家菜，真真切切地记住了新乡其实就是"心想事成"的缩略语；与申永华、李永超、张扬、韩松德、艾春香在白河边畅谈，动情地说不出口、抬不动脚步；与孟庆枝、陈秋玲在南街村"三碗不过岗"之后登台表演过"小苍娃我离了登封小县"……

30 年后，我们将有更美好的明天。30 年即将转身过去，华丽要成大家的共同记忆。让我们一起举杯邀明月、把酒问青天，共祝 82 级政治系的明天更灿烂；30 年的风雨兼程，乐章已成，注入了各位斑斓五彩的履历，让我们同唱一首歌《八二级，最美!》，让我们同贺诸位老师的、你我的、父母亲朋的、各位有缘者的"明天更美好"！

同学们，我爱你们，无论兄弟或姐妹，像爱身边的某一位女生那样；

老师们，我爱你们，像爱我们的父母，您永远是我的、我们大家的恩师！

（金水河畔，2012 年 4 月 28 日）

中国抗战和世界反法西斯战争胜利纪念的时代价值

第一，学术价值。

①进一步弄清历史事实，既包括正本清源，也包括拨乱反正，把真实的过去告诉今人和后人。②检验学术研究成果，凝聚史学研究队伍。③拓展研究领域与视野，启发、引导、深化多学科多维度的学术参与。④掀起相关学术研究的小高潮。⑤加强世界范围内的相关学术研究合作，共同整理、继承第二次世界大战这份历史遗产。⑥支持道德价值、政治意义和外交功能的实现和释放。

第二，道德意义。

忘记历史就意味着背叛，否认罪责就意味着可能重犯。①深化爱国主义、英雄主义教育。②凝聚人心，从患难御辱、同仇敌忾的经历中凝练民族团结的精神遗产和历史文化品质。③校正历史观，再现历史道德，再塑历史良心。④继续揭示人类和平发展的道路乃唯一正途。⑤昭告"团结则国兴、分裂也族亡"的历史经验教训。⑥进一步彰显国贫被欺、族弱遭凌的历史规律，警示世人，励志自强不息。

第三，政治意义。

①凝聚世界华人同心同德。②彰显执政党治国理政成绩。③彰显国家实力，尤其是阅兵显示的国防状况。④两岸和谐，共同追溯历史面向未来。⑤彰显中国特色社会主义实践的成绩，打破社会主义是洪水猛兽的偏狭认知，增进世界和而不同、和平相处的信心。冷战已结束 20 年，一部冷战史，深刻揭示了经济社会的发展规律。中国坚持的社会主义，不是冷战时期那种与西方世界不共戴天的社会主义，而是顺应经济发展趋势，融入世界市场体系，在经济全球化进程、世界多极化趋势中，致力于世界不同领域、不同层次扩大和深化利益会合点，构建利益共同体，从而为自身争取和平发展的外部环境，又以自己的发展促进世界和平的社会主义，当然不是与谁冷战的社会主义。⑥警告"台独""藏独""疆独"势力。

第四，外交意义（与世界反法西斯战争的一体性）。

①超越分歧，凝聚共识，增进与世界反法西斯战争的一体性认识，团结共同历史观下的新朋旧友。②教育、警告、警惕拒不认罪、悔改的国际政治势力，孤

立邪恶势力。③宣传正义，弘扬和平。④鞭挞战争犯罪，呼吁世界和平。⑤维护人类公理和正义，捍卫世界共识和结论，正告任何颠覆历史、歪曲历史、诋毁历史的邪恶势力。⑥再次宣示中国作为世界反法西斯的主要力量所做出的突出贡献，再次明确中国在世界反法西斯战争中的历史地位和历史遗产。⑦昭示中国大国地位的历史积淀、现实承接与未来延续。立志做大国，表现担当意识和组织能力。

（浙江理工大学社科联，2015 年 6 月）

从抗战纪念中获取宝贵财富

北京天安门广场的阅兵马上就要开始，你准备看什么？走进杭州富阳的浙江抗战胜利纪念馆，你读到了什么？拜访一位抗战老兵，你看出了什么？听一曲《黄河大合唱》，你听懂了什么？

中国人民抗日战争暨世界反法西斯战争胜利 70 周年纪念，是一场世界性的历史追忆和反思。各个相关国家和地区，热烈而又凝重地举办各种各样的纪念活动，校园里的纪念更是比比皆是，由此形成了一个气势恢宏的抗战胜利纪念季。所有这些活动，目的只有一个：力图并势必能够从中汲取宝贵的历史财富。

学术研究为汲取历史财富提供了智力支持，学者们借助抗战胜利纪念，进一步弄清了历史事实，包括复原本貌、正本清源、拨乱反正等，把真实的过去告诉了我们。比如，日本侵略者到底有多么残暴和野蛮，他们都侵入了浙江哪些地方？中国人民的抵抗究竟有多么英勇和惨烈，浙江军民为什么能够成功地营救前来助战的美国飞行员？新四军在浙东抗战的主要战绩有哪些？浙江永嘉先烈吴超征何以成为最早献身抗日战场的高级将领？因纪念而集中呈现的一批批学术研究成果，形成了一个学术研究高潮，严谨地述说那场战争，增进了历史的真实性和可信度。而且，研究领域与视野也由此被大大地拓展了，历史、军事、交通、教育、文博、商业等不同学科、不同领域的人们都被启发、引导而参与其中，从各自的角度研究、解读伟大的中国人民抗日战争。比如，当年浙江大学"文军西征"和西湖小孤山文澜阁《四库全书》西迁，被越来越多的不同学科的研究者梳理出来，并给我们更多的新的启发：西征、西迁备尝辛苦。

如今，世界范围内的学术研究与合作越来越活跃，大家共同整理、继承第二次世界大战这份历史遗产，一起再次确认以中国为核心的东方战场是世界反法西斯战争的主战场之一，中国人民为打碎法西斯分割世界的美梦做出了非凡的贡献。对于学者们的这些努力，我们要听得进去，要听懂！

阅兵等纪念活动在外交上超越国度，在世界公理与正义的旗帜下，推进了不同民族之间化解分歧、凝聚并捍卫世界共识，一致谴责法西斯、邪恶战争和杀戮暴行，呼吁和平、追求和平、维护和平。第二次世界大战的胜利是世界人民团结奋战的成果，理应由世界各国共同珍惜和继承，即使如今各国的发展道路和水平不尽相同。围绕阅兵而开展的一系列抗战胜利纪念，还可以教育、警告那些拒不认罪、悔改的国际政治势力，孤立、正告任何颠覆历史、歪曲历史、诋毁历史的邪恶势力，警惕法西斯主义的沉渣泛起。当然，这些纪念活动也可以再次宣示中国为世界反法西斯战争的最后胜利付出的巨大牺牲，彰显当代中国为世界和平不遗余力的贡献。所以，9月3日的北京阅兵，可不是那么简单地走走方阵，展示一下我们的先进装备。而且，国家专门为此全民放假，我们必须认真看。

其实，已经、正在和将要开展的纪念活动，丰富多彩，不外乎几种类型：第一，学术研究型，包括围绕抗战的各种具体议题下的纪念会、研讨会、座谈会、本地抗战文化资源调研等。第二，体验认知型，诸如相关的动漫游戏、拓展训练、舞台剧编演、主题作品创作、遗址遗迹参观，还有寻访老兵、慰问访谈等。第三，观赏感知型，包括观看阅兵、影视剧、主题文艺演出。阅读书报期刊等出版物和微信、微博、博客等数字流媒，参观展览，鸣钟示警，收藏邮票等。试问，这些活动，我们参加了几个、几次、几场？我们有没有进行深层次的思考和讨论？

所有这些纪念活动，无论已经落幕，还是正在如火如荼地进行，抑或正在紧锣密鼓的准备中，其宗旨非常明确——正义可佩，邪恶可憎；战争可怕，和平可爱；侵略者可恨，卫国者可敬；历史不容忘记，未来不能阻挡。

中华民族的抗日战争是近代以来中国人民第一次抵御外侮的伟大胜利，其中的牺牲，是我们的壮烈付出；赶走了侵略者，是我们一致对外的血火涅槃；中国共产党中流砥柱，是我们取得胜利的重要保障；团结、强国，是我们必须由此牢记的血的教训。你看过哪个抗战题材的影视作品，如何评价其中的英雄和先烈，怎么看待汉奸败类？其实，这些主题影视作品的教育意义和道德价值同样非常鲜明：第一，深化爱国主义、英雄主义教育，褒奖、旌扬英烈，抨击、鞭挞卖国者。第二，凝聚观看者的心，让他们从患难御辱、同仇敌忾的前辈经历中，感受、凝练民族团结的精神遗产和历史文化品质。第三，给你一个正确的历史观，帮你校正历史观，再现历史道德，再塑历史良心，告诉你在民族危亡的大是大非面前，什么是真善美，什么是假丑恶，让大家牢记：抗敌无先后，卫国无南北；变节投敌，害人、害己、害国、害民，无耻之尤、可恶至极。第四，通过揭露战争罪恶，告诉你和平发展乃人类走向未来的唯一正途，不管打着什么样的幌子，践踏他国、欺凌别人，都是罪恶，都是对文明的背叛。第五，要向世人昭告"团结则国兴、分裂必族亡"的历史经验教训，珍惜当下的和平环境及和谐局面，同心同德，在中国共产党的正确领导下，致力于中华民族的伟大复兴，防止因为落后再次挨打，杜绝因为内部分裂再次被乘隙。这些，你可都想到过？

（2015 年 8 月）

抗战胜利 70 周年纪念大型图片展开展了

【题记】2015 年 9 月 10 日上午，我校在学生活动中心举行"抗日战争在浙江——纪念中国人民抗日战争暨世界反法西斯战争胜利 70 周年图片展"开幕式。作为主办方代表致辞。

今天我们在这里隆重举行纪念中国人民抗日战争暨世界反法西斯战争胜利 70 周年大型图片展，向下沙大学城的几十万大学生特别是我校师生宣讲中国人民伟大的抗战精神，展示浙江军民奋勇抗敌的英勇事迹，同时叙述我校的前辈先贤和校友学长们在那个备尝艰辛的岁月里的可歌可泣的奋斗历史。

大家知道，浙江理工大学是一所具有 118 年办学历史的学校，仅仅在 1949 年中华人民共和国成立之前，就相继走过了浙江高等蚕桑学堂、浙江省高等蚕桑学校、浙江省立甲种蚕业学校、浙江省立蚕桑科职业学校、浙江省高级蚕桑科中学、浙江省立杭州蚕丝职业学校几个重要时期。一百多年来，我校历经坎坷，磨砺前行，积累了宝贵的历史财富，也曾创造了诸多辉煌。作为中国近代最早的专业技术教育机构和农业专门学校，不仅颁发了近代中国第一张专门技术教育的高等教育文凭，更浓缩了丰厚而沉重的近代中国社会发展史。

我们学校蚕学馆，创始于风云变幻的戊戌变法前夜，接续并承载了洋务运动的维新风气，参与并见证了轰轰烈烈的辛亥革命，更经历了中国共产党领导下的波澜壮阔的新民主主义革命。至于从 1931 年开始，终于在 1945 年赢得最终胜利的中国人民的伟大的抗日战争，那个时候我们的学校更是精诚团结、全程投入，或摇旗呐喊，或投笔从戎，或冲锋在前，或精心育人，或以其他各种有用的方式，奉献了那个年代的蚕学馆人浓浓的爱国情怀！

历览前贤多少事，抗敌御侮有吾辈！参观中国人民抗日战争图片展览，翻看浙江军民抗敌卫国的历史，聚焦蚕学馆的抗战岁月，我们注意到了：1931 年九一八事变后，我校并未墨守那张平静的书桌。我校当时改名为浙江省立杭州蚕丝职业学校，愤慨于日本帝国主义的野蛮行径，积极行动起来，在"杭州学联"的领导下，参加反日集会和游行，宣传抗日，发动抗日。史料显示，我们学校不仅被指定专门负责杭州艮山门（门已不存，但路名留下来了，暑期法政学院学生接受我的建议，寻找杭州十大城门，探索日本侵略军是如何攻破城墙进入杭州的。《杭州日报》专门报道了此次活动）和东街路一带的抗日宣传活动，还推选学生代表周绍模、张耀澄等，与其他学校的学生组成"杭州学联代表团"，乘坐火车，赴南京请愿，沿途向世人宣传抗日，推动国民政府的抗日决策。

我们看到了：1937年日本全面侵华开始后，我校依然坚持办学，通过育人准备战后发展（胜利是肯定的，尽管不清楚具体时间。当时，对于战胜日本侵略者，绝大部分中国人都充满信心）。办学、育人，不仅是培养接班人，更是传承知识、技术、文化和文明。无论多么艰难，都矢志不渝地坚持办学，这是十分高远的卓识，更是极其困难的抉择，毕竟既要教学，又要面临侵略者的残害。当时，我们学校为保存蚕桑教育的火种，在校长陈石民、缪祖同的带领下，开始了长达8年的辗转流离办学路。

1937年8月，淞沪抗战爆发。八一四空战，高志航0：6完胜日本空军，当年我校恰恰就在杭州东郊的笕桥镇，与浙江大学农学院相邻，靠近笕桥飞机场。8月14日下午两点多，20分钟的空战激战，我们胜利了！有图片显示，如今杭州城区大学路浙江大学图书馆楼上有学生在观看拖着浓烟摔下来的日军飞机。相信我们学校的老师和学生一定也有人看到了那个激动人心的场面。今后，我们大家一起来找寻关于这次战斗我们学校师生的记录，不管文字还是图片，向我校建校120周年献礼，向10年后的抗战胜利80周年献礼！

1937年12月23日下午，日军侵入杭州。就在这几天，我们学校与众多机关厂矿和学校一起，通过刚刚通车的钱塘江大桥，转移到浙西。

在这以后，整整8年，我校由浙西到浙东，又辗转到浙南，真的是颠沛流离，历经坎坷。这都是日本侵略者造的孽、为的害啊！我们本可以安安生生地养育蚕宝宝，制作杭州丝绸，是可恨的侵略者打破了我们平静的生活！

我们学校先后在杭州的余杭、临安，金华的建德（寿昌紫竹庵、兰溪、汤溪）、衢州的龙游，绍兴的新昌、嵊县，丽水的缙云等地借用民房甚至寺庙僧房和搭建简易窝棚，坚持办学。1945年8月，日本投降，我校才在12月由缙云迁回杭州，并暂时落脚在黄龙洞及附近的护国寺。

我们更感受到了：14年抗战，我们的学长前辈们，位卑未敢忘忧国。至少用了三种方式支持抗击日本法西斯。

第一，宣传抗日、鼓动民心、激发民意，烘托抗战舆论，助推抗战信念。

第二，亲自参与抗战。比如，有一位叫高帆（1922—2004）的学生，浙江萧山人。1937年毕业后奔赴延安参加革命，成为著名的战地摄影记者和摄影画报的先驱，中华人民共和国成立后曾经担任中国摄影家协会主席。他用摄影机记录了侵略者的残酷野蛮，用照相机记录了中国军民的英勇抗战，用特殊的影像手段，表达了蚕学馆人的爱憎分明！当然，还有其他老师、学生参与抗战的事迹。

第三，坚持办学，保持教育火种。西迁8年，我校师生在山区僻壤克服种种困难，一面坚持上课，一面积极与山区地下党组织或当地抗日武装联系，通过文艺演出、分发宣传册等方式，继续宣传抗日救国。同时，继承蚕学馆求是笃实的校风，服务于社会，在浦桥、苍岩、古荡本部三处饲育春蚕，向附近农村推广蚕桑改良方法，举办短期农业技术培训班，培训初级技术人员，促进了当地教育和农业生产的发展，客观上提高了当地民众的文化素质。

今天，我们在中共浙江省委宣传部、浙江省委党史研究室的指导下，以大型图片展的方式，再次回眸那场伟大的、胜利的民族解放战争，缅怀我们学校先辈和前贤学长，共同感悟铭记历史、面向未来，铸造中华民族再次腾飞的伟大梦想。

今天，刚好是第37个教师节，借此机会，向老师们恭祝节日快乐，也与同学们一起分享这份牵连着、融合着70年前那场光荣与梦想的喜悦！

（浙江理工大学，2015年9月10日）

另一种九一八追思：迄今未能就侵华问题
向我们真诚道歉，那是日本的新恶

日本曾有学者这么讲："日本可以向美国人认罪，可以向英国人认罪，可以向澳大利亚人认罪，因为英美都具备了忏悔文化，这种文化圈内的人有自我认罪的信仰，认罪是一种自我强大方式，但日本人绝不敢向中国人和其他亚洲国家认罪，因为一旦认罪就会被当成未来报复的理由，亚洲人没有忏悔文化。"你，敢相信吗？

瞧，这是什么逻辑？混账＋荒诞＋无耻！一种极其巧妙的自我解脱和拯救，一种更加狡猾的诡辩和抵赖。

不愿坦承自己的错误和罪恶，还要编出一个花样逻辑，真是无耻之极。其实，细细想来，日本迄今不愿就那场野蛮侵略向中国真诚道歉，原因很多，绝不是三言两语就能说清楚的。姑且把日本与德国放在一起比较，毕竟二者都是第二次世界大战的挑起国，或许就能看出诸多不可忽视的情由和背景。

第一，德国是基督教文明，原罪意识深厚，忏悔主动。日本没有这种文化。

第二，日本没有像德国那样在战后严惩军国主义，致使侵略战争遗毒流布。比如，没有全面整肃作为战争教化者、组织者的教师及其他国家公职人员，甚至一些军国主义分子再次进入公职队伍，有的还摇身一变成为政治领导人，如甲级战犯岸信介就曾担任了日本第56届、57届首相；作为战争机器一部分的军工企业如三井、住友、松下等，也没有被全部解散、收缴；一些大战犯还逃脱了惩罚，如战时日本最高领导人天皇、法西斯理论大家大川周明、南京大屠杀最高指挥官松井石根等，尤其是作为战时日本国家最高领导人和精神领袖的裕仁天皇没有受到惩治，更是贻害无穷。总之，战前和战后没有彻底决裂，思想意识、部分社会建构等传承下来了，难以启动日本的反省自觉，更遑论罪恶感、愧疚感。其人不死，阴魂不散，阳魄更害人。

第三，战后日本没有像德国那样被多国占领并分解。特别是作为战胜国的中国，没有根据同盟国的统一部署前往日本实行军事占领，未能给日本造成战败屈辱和战争罪恶的亲身体验。

第四，日本民族独特的耻感文化打破了世界公认的是非观和正义理念，屏蔽

155

了认罪、道歉的良心自觉。做了错事，日本人并不会因此懊丧、歉疚、恐慌，反倒是你指责、公开我的错误，让我失尊无颜，我对你的指责行为深感恐慌、懊恼。对此，美国著名日本问题研究专家鲁思·本尼迪克特在《菊与刀》中有精辟的解读。试想想，这又是什么逻辑？即使这是你的逻辑，就能背离世界公理和人类正义吗？

第五，德国与周边国家无论上层还是民间，通婚普遍，姻亲、血缘关系紧密且绵长深广。日本与邻国之间较少有这样的现象，因此缺乏基于血缘的悔过反省动力。其实，中、日、韩之间的血缘也是有的，只不过没有欧洲那样完全深入大量的经营阶层尤其是国家中控集团，因而难以真切影响国家决策和政治走向罢了。

第六，日本没有长期接受周边邻国形成的包含政治、经济、军事、文化等各个方面交会起来的高压合力，而德国周边总有一批有力的监督者。一则中国等亚洲邻国的发展未能在尽可能短的时间里赶上或超过日本，使得日本长期保持科技、经济等方面的优势和强势，由此积聚起来的民族优越感日益强化，难以向弱者致歉。二则一些曾遭受日本侵略蹂躏的亚洲国家，因为长期接受日本的经济援助而屈膝弯腰或装聋作哑，助长了日本的优越感和自豪感，潜在助推了日本历史认知轻蔑和历史道德弱化。当然，中、韩等较为有力的监督者，面对日本的右倾化，未能形成协同机制，且各自还可能因为一些特殊利益与日本交集而在反击日本的时候有所选择和规避，无法做到步步为营和始终如一，从而弱化了日本自我反省的外部驱动。

第七，日本民众的个别觉悟与整个国家的集体无意识，始终无法形成对侵略战争罪恶的民族反省，难以达到德国那样的族群性良心醒悟。日本虽然有一批敢于正视过去，敢于承认侵略的人，但毕竟是少数。东史郎，只有一位，石原慎太郎却不是少数。井上清，很勇敢很理性，可惜已经作古，但是著书立说论述《论南京大屠杀之"虚构"》的田中正明，依然活跃在日本学界。

第八，美国出于所谓的全球战略，对日本的姑息、偏袒、纵容等。这是无论如何不能小觑的"大潮"。如果说日本的肆意妄为，有其国家利益的追求的话，山姆大叔的引导、鼓舞，则是日本变本加厉的源头。看看中国南海的风云变幻，还有什么不明白?!

当然，除了上述原因，也有中国自身的原因。德国人把道歉看作自我提升，日本人把道歉看作自我贬低，这是日本人自身的原因，而中国仍未强大到让日本心悦诚服的程度，则也是不容忽视的日本人至今还不肯道歉的原因之一。因此，勿忘国耻、振兴中华，才是当务之急！

九一八已经远去，耻辱和悲怆依然骨鲠在喉、胸间奔突，每逢祭日，寝食难安。缅怀先烈，牢记历史，目的在于面向未来。但是，必须说：不知当初为何挨打，极其可悲；深知被虐受难的苦情悲剧，却不能避免痛苦重演，委实可怜；悲苦与其情由尽然皆知，却不能得到加害者的俯首道歉，也是难平己心。怎么办？无法按下对方的头颅，唯有自己昂然前行，用雄浑实力和大义凛然，抚平伤痛，迎候尊重。

（2016 年 9 月）

仰望长征，怦然心动

【题记】有幸参加 2018 年高校思想政治理论课骨干教师研究班，再一次激起我对中国工农红军万里长征始于童年的景仰和崇拜。从会宁的会师楼到南梁，再到高高的六盘山，红军、长征的形象越来越真切、翔实、生动。前辈不远，事业有待；长征精神，光芒永照。

在人类历史上，有一个伟大的壮举，它纵横驰骋、迤逦北去，飘逸在古老的中国大地，矫若惊龙，被誉为"地球上的红飘带"。这个壮举，就是震惊寰宇、开创未来的中国工农红军万里长征。

从 1934 年 10 月到 1936 年 10 月，各路红军由南而北，在中国共产党的领导下，披荆斩棘、杀敌越障，成功奔向抗日民族解放战争的第一线。总行程合计超过 6.5 万里，途中发生 600 多次重要的战役战斗，其中师以上规模的就有 120 余次。600 多次战斗，700 多天里，几乎每天都在打仗。纵横 14 个省、10 多个少数民族地区，牺牲营以上干部 432 人，兵力损失 3/4。一路行军，一路战斗，还歼灭、击溃敌军数百个团，俘敌 2 万余人。不畏艰辛，勇往直前，跨越了近百条江河，征服了大约 40 座名山险峰，其中包括 20 多座海拔 4000 米以上的皑皑雪山，穿过上百平方公里的草地。红军不怕远征难，万水千山只等闲。这是何等的气概?!

如今，80 年过去了，长征离我们越来越远，当年的红小鬼也渐行渐远。作为后来人，我们再次仰望，依然怦然心动，激情澎湃。

不是有人说"长征的意义绝不只是一部无可匹敌的英雄主义的史诗，它是国家统一精神的提示，也是克服落后的必要因素"吗？美国前总统国家安全事务助理布热津斯基感喟于此，专程来华，"沿着长征路线朝圣"。他的一席话，提醒我们长征精神的继承人、红军事业的后续人，千万不要忘记长征，一定不要忘记中国工农红军。不是也有人说长征"是人类有文字记载以来最令人振奋的大无畏事迹""本世纪中没有什么比长征更令人神往和更为深远地影响世界前途的事件了"吗？美国著名记者哈里森·索尔兹伯里惊诧于当年的这个骇俗之举，无法理解，更难以置信，然后踏着红军走过的足迹，跋山涉水，体验当年长征的艰辛，并据此写就巨著《长征：前所未闻的故事》。今天，我们要不要再次感受、谛听长征的磅礴之势，浩荡之气?!

不是还有人说长征是"一次体现出坚韧不拔精神的惊人业绩"吗？第二次世界大战期间，英国元帅蒙哥马利将军靠着对中国工农红军的敬佩，指挥大不列颠的军队成功击败了德意志法西斯，创造了属于西方的"惊人业绩"。作为东方"惊人业绩"创造者的后辈，我们更不可以淡忘、磨灭这个业绩！

不是也有人说长征是历史纪录上的第一次，长征是宣言书，长征是宣传队，长征是播种机吗？毛泽东同志就是凭借着如此宏大的气魄带领工农红军摆脱敌人的围追堵截，胜利实现了战略大转移，走向了抗日卫国的最前线。他带领着这支英雄的队伍，一路过来，昭告了中国共产党的光荣使命和伟大宗旨，宣传了救国救民的革命思想，播下了振兴中华的革命种子，不断积累了奔向最终胜利的坚强信念和正确的路线方针政策。后来，他又带领着这支胜利之师，赶跑了日本侵略者，赶走了蒋介石集团。现在，靠着这支王者之师得以国泰民安的我们，是不是一定要牢记毛主席他老人家的教导，继往开来，再造国家壮丽和民族辉煌?!

今天我们重温长征、礼拜长征，主要是源于对历史的尊重，对前辈的敬仰，更是对在习近平总书记领导下开拓中华民族振兴之路的信心找寻和信念汲取。长征，最宝贵的东西是蕴含其中的长征精神，它的英雄主义、乐观主义、爱国主义和集体主义气节与品质，是靠前辈们血与火的熔炼、牺牲与成功的披沥而铸造的，具有非凡的激励、提振、贯通、聚拢和引领作用。百炼钢而成绕指柔，在风和日丽的和平时代里，我们共同追求中华民族腾飞的梦想，开启新的万里长征，必须牢牢把握、切实发挥好这个精神气质和活力源泉。

今天我们触摸长征、感恩长征，极其重要的就是要坚决铲除历史虚无主义的影响，捍卫我们的英雄，常记我们的先烈，擦亮眼睛，擎起旗帜，聚集更加丰满的志气和神情，在时空变幻中站稳脚跟、立定方向，以加倍的勇气和毅力，向党中央看齐，向党的理论和路线方针政策看齐，紧紧团结在习近平总书记的周围，去追逐民族复兴的伟大梦想。

今天我们仰望长征，怦然心动于它的狂飙巨澜、辉煌业绩、飞扬气质和深厚底蕴，我们没有丝毫理由不去珍藏它、追慕它、弘扬它。

今天我们展望未来，豪情满怀于新的万里长征，无论它的美好蓝图、曲折蜿蜒、惊心动魄，我们都要坚定不移地去追逐、培固、创造。

（红色文化网，2016 年 11 月 6 日）

余旭真的走了

余旭的追悼会近日将在天津举行，在伤感的同时，我想起了70年前张思德牺牲时的往事。

在安塞烧炭，炭窑坍塌，年轻的他牺牲在平凡的岗位，消息传到延安。毛主席很悲伤，因为张思德是中央警卫局的一名普通战士，为主席做过警卫工作，因此比较熟悉。就在那天夜晚，毛主席写了一篇文章，结尾他是这样写的："要奋斗就会有牺牲，死人的事是经常发生的，今后我们的队伍里，不管死了谁，不管他是炊事员还是战士，我们都要为他举行追悼会，用这个办法，寄托我们的哀思，使整个民族团结起来。"进而，毛主席通过一个普通战士的死，从哀思中，提炼出八千万中国共产党全体党员的宗旨和执政理念，这就是《为人民服务》。

我在想，一个人的死，居然让毛主席将党的宗旨这样简捷、通俗、明白地提交到全党的面前，他不是领袖，谁又能担当这种领袖的角色！马克思没有这样的微观的视点（指人性的微观视点），罗斯福也不可能关注到一个士兵的死，然后去掀起这样巨大的思想波澜。这就是情商！我们为什么怀念毛主席，是因为他永远关注普通人的命运，他永远同情弱者，他不愿意与资本为伍！他不愿意与霸权携手，这就是毛泽东对世界的意义！余旭的离去，使我们在哀思中又一次想到了张思德，想到了毛主席的《为人民服务》，这是人间正道！——人间正道是沧桑。

感谢大家的支持
相信每一次阅读
都是敬献给英雄的鲜花一束
余旭走了
我们更愿意相信她依然驾机翱翔在蓝天
更加精诚地护佑祖国
至于同样是普通人的那些人此刻占满屏幕
但他们只能是昙花一现　过眼烟云
英雄却永不倒
余旭，或许已经成为一个符号

成为检验网络情怀与网民道德的标点
用一个标点符号契入民族的历史
她无愧于真心英雄
而我们也成为真善美与假丑恶的见证人
——早上醒来，留言推文《英雄远去我哭了》。

（2016 年 11 月）

中央杭州飞机制造厂史料图片展

【题记】杭州市档案馆与杭州市政协文史委联合举办"中央杭州飞机制造厂史料图片展",组委会委托我来撰写《前言》《后记》,倍感责任重大,欣然命笔。

前言

中央杭州飞机制造厂（以下简称中杭厂）是 20 世纪三四十年代,中国探索建立航空工业的重要成果。在飞机修理、装配与仿制、航空附属配件制造,以及引进现代企业制度等相关领域,通过中美合资的形式,都进行了积极的尝试并获得了较好的发展。不仅有力地支持了中国当时极其艰难的抗日战争,还在引进技术和外资、培养一批又一批生产和管理人才、科学管理生产企业等方面,都积累了许多经验,为中国航空事业的后续发展做出了独特的贡献。不过,因为时处战争环境,加之资金短缺、人才匮乏、外国资本控制较多等状况,中杭厂未能完全实现开建设厂的初衷。尽管如此,依然不容否认,中杭厂作为中国发展航空事业的早期努力,还是大大鼓舞了国人自力更生、抗战建国的热情,也因此成为那个时期杭州奉献给中国航空业的经典。中杭厂的发展分为两个阶段:从 1934 年夏初在杭州笕桥建成开工,到 1942 年 5 月初,在云南边境垒允被日军侵占,前后持续 8 年。其间,又因战火逼近两次迁厂和在垒允遭到日机轰炸,几次被迫停工。因此,实际生产时间总共不过 5 年。今值中国人民抗日战争全面爆发 80 周年,特回眸中杭厂的昨日身影,检索、整理其精彩片段,以图说话、附以文表,向为中国早期航空事业发展做出艰辛努力的前辈们致敬,向在 14 年抗日战争中奋不顾身、英勇抗日的中国军人和广大民众致敬,并由此期许我国的航空事业走向辉煌,祝祷我们的国家更加强大!

后记

《艰难的起飞——中央杭州飞机制造厂图片展》是杭州市政协纪念中国人民抗日战争胜利尤其是八一四空战 80 周年的重要专题活动。为此,不仅专门设置杭州市社科规划重大招标项目,深入研究、挖掘史料、弄清史实,还多次召开专题研讨和专家论证会议，努力做到图片准确、史料精彩。在此，特别感谢百岁老人、中杭厂当年的员工朱亚泉老先生，中杭厂员工二代王敏、金垒允先生，笕桥中央航校纪念馆馆长高建法先生等。他们通过口述回忆、提供素材等方式，对展览发挥了特别的作用。举办此次专题展览，还意在引发人们对杭州历史文化的兴趣和保护、开发杭州历史文化资源的自觉，为杭州进一步打造中国乃至世界级的历史文化名城做出新的努力。

（浙江省政协网，2017 年 8 月 27 日）

继往开来，自信满满

十九大，盛会翩翩，举国欢庆、万众瞩目。才落巨幕，又启华章，满满自信，溢彩流光。过去五年，历史性变革、开创性成就，彪炳史册，铺叙未来；与人民永远在一起，同做自己、国家、民族的主人；回归中心、领先世界，我们的明天要与全球共美好。十九大挥洒的这份自信，着实彰显了中华民族的优秀品质和光荣传统，也势必进一步夯实、支撑、护持、引领我们在新时代奔上新征程。

一、浓浓的人民情怀

人民，只有人民，才是历史的创造者。对此，十九大主题鲜明：不忘初心、牢记使命，高举中国特色社会主义伟大旗帜，决胜全面建成小康社会，夺取新时代中国特色社会主义伟大胜利，为实现中华民族伟大复兴的中国梦不懈奋斗。这一初心和使命，始终是激励中国共产党人不断前进的根本动力。一直以来，我们党始终刻骨铭心地坚守与人民同呼吸、共命运、心连心，时刻把人民对美好生活的向往作为奋斗目标，以永不懈怠的精神状态和一往无前的奋斗姿态，坚决朝着实现中华民族伟大复兴的宏伟目标奋勇前进。90多年，弹指一挥间，源于人民、为了人民，红心终不移。

我是人民为人民，人民即我赖人民。十九大再次明确为民新目标，敞开为民新情怀。社会主要矛盾转化为"人民日益增长的美好生活需要与不平衡不充分的发展之间的矛盾"，始终把人民对美好生活的向往，尤其是关于民主、自由、公平、正义、安全和环境的憧憬，牢记在心，操持在手，躬行足下，与人民共铸美好、同创未来。这不仅是确立历史新方位、新思想，更是自我加新压、谋福祉。

再次确立教育为人民服务的中国品质。从"办好人民满意的教育"，到教育的第一使命是为人民服务，又一次升华、培固了党和人民同体共生的机理。人民在教育中获得文化，通过教育获得投入人生、致力国家、贡献社会的品格和能力，由此实现人民成为教育的主人、教育成为人民发展的保障的格局和目标。然后，持续实现教育为中国共产党治国理政服务，为巩固和发展中国特色社会主义制度服务，为改革开放和社会主义现代化建设服务。

与人民一起跨越昨天，紧握当下，面向未来，专心致志，其情殷殷。

二、耿耿的历史坦荡

回顾来时径，苍苍横翠微。五年来，我们秉承改革开放之初的伟大号召："走自己的路，建设中国特色社会主义"，与全国各族人民一道，励精图治，不懈奋斗，持续推动我国经济实力、科技实力、国防实力、综合国力进入世界前列，推动我国国际地位实现前所未有的提升，党貌、军貌、民貌、国貌，以致整个民族面貌，都巨变超前，中国特色社会主义昂然挺进新时代。

五年来，我们统筹推进"五位一体"总体布局、协调推进"四个全面"战略布局，胜利完成"十二五"规划，顺利实施"十三五"规划，党和国家事业开创出了新局面，每一个领域都取得了历史性成就。尤其是创新驱动发展战略大力实施，创新型国家建设成果丰硕，天宫、蛟龙、天眼、悟空、墨子、大飞机、北斗导航系统等重大科技成果相继问世，更是大大提升了国家发展的后劲和主动性、引领性，也因此在世界范围内，真切而生动地彰显了中国的巨大吸引力、凝聚力和辐射性。

毫不夸张，无需掩饰，五年来，我们拿下了全方位的、开创性的成就，开启了深层次的、根本性的变革。而且，可以确信这些成就与变革，必将进一步重大而深远地影响我们事业发展的态势和方向。

我行我在，秉持巨大的政治勇气和强烈的责任担当，我们一起走过这五年，跨越万水千山，豪气干云天！

三、杠杠的未来信念

历览前贤国与家，信念撑起千里行。当前，国内外形势正在发生深刻复杂的变化，我国发展仍处于重要战略机遇期，前景十分光明。因此，只要我们登高望远、居安思危，勇于变革、勇于创新，永不僵化、永不停滞，就一定能够团结带领全国各族人民决胜全面建成小康社会，奋力夺取新时代中国特色社会主义的伟大胜利。十九大，立竿即见影，启航新征程，直待光明顶。

充分的时代自信和创新自信。中国特色社会主义进入新时代，意味着近代以来久经磨难的中华民族终于开始强起来，民族复兴，伟业在即；意味着科学社会主义在 21 世纪的中国焕发出强大生机活力，在世界上高高举起了中国特色社会主义伟大旗帜，示范引领，已经蔚然；意味着中国特色社会主义道路、理论、制度、文化不断发展，拓展了发展中国家走向现代化的途径，给世界上那些既希望加快发展又希望保持自身独立性的国家和民族提供了全新选择，中国智慧、中国方案，惠及世界，导引未来。

"有效塑造态势、管控危机、遏制战争、打赢战争……"诸如此类的词句，不仅令国防和军队建设领域的人们热血沸腾、豪情满怀，同样令全体国人心明眼亮，踌躇满志。

我的未来我做主。十九大报告提出，综合分析国际国内形势和我国发展条件，从2020年到21世纪中叶，分两个阶段来安排：到2035年，在全面建成小康社会的基础上，基本实现社会主义现代化，跻身创新型国家前列；到21世纪中叶，把我国建成富强民主文明和谐美丽的社会主义现代化强国，成为综合国力和国际影响力领先的国家。30年从创新型国家的前列到领先世界的发展目标，都由我们自主安排，一个"安排"，万千从容；未来美好的社会主义现代化强国，不仅富强民主文明和谐，而且是美丽的，一个"美丽"超越了国家建设的传统目标！

会当击水三千里，自信风流几百年，中华有幸矣！

（中国青年网，2017年11月5日）

怀念人民领袖毛泽东

【有感于 2019 年国庆】中华七秩，举国欢庆。共和国最伟大的缔造者毛泽东光彩夺目，辉煌超凡。无论是现任领导人瞻仰毛主席纪念堂，还是阅兵方队里的旗帜与时代画面，也或是文艺晚会里的《东方红》……中国大地掀起了崇拜英雄的潮流，且信势必一往无前。翻捡旧文，以慰激动感动。

我想写一首诗
献给您
但是
我没有足够的文墨
您的博大恢宏
让所有的文字渐弱渐小

我想画一幅画
把您装入栏框
但是
始终找不到足够大的木料
您的高大和伟岸
超越了所有的边界

我想再翻翻您的红宝书
我知道如今找到它们
颇不容易
但我记得它们端放在哪里
实事求是　群众路线　统一战线
一直在我们的心里

我想找出 1976 年的懵懂

那个 40 多年前的虔诚
可如今
还是无法理解
万民垂泪的缘由
和当时苍松翠柏的低沉

我想再怼那些贬污您的人
他们是如此的野蛮和荒谬
可我慢慢知道
他们根本不配一起谈说
您的甚伟厥功

我想在您的寿诞
献上一份祝福
给您
也给沐浴您的阳光雨露的人
中国永远离不开您
就像如今
您一直活在中国人的心中
活在世界的历史上

（中国青年网，2017 年 12 月 26 日）

西湖，您愧对那 1500 多位前辈同志

众所周知，总书记所倡导的红船精神，主要包括三个方面：开天辟地、敢为人先的首创精神，坚定理想、百折不挠的奋斗精神，立党为公、忠诚为民的奉献精神。一直以来，红船精神就是中国共产党创造的一系列革命精神的源头，也是中国共产党的先进性之源，更是中国共产党保持高贵品质的精神密码。97 年来，中国共产党就是凭着这样的精神，与中国人民一起胜利地完成了革命、建设、改革，也正是凭着这样的精神气质奋力走在中华民族伟大复兴的大道上。

97 年了，中国共产党秉持红船精神，从南湖走向井冈山，又走向遵义、延安、西柏坡，最后走向北京，走向全中国，走向全世界。在这个艰苦的奋斗历程中，无数革命者、建设者甘洒热血和生命，追踪理想、践行信仰，谱写了一曲曲不朽的壮歌。所以，一部中国共产党的历史，就是一部中国人民首创、奋斗、奉献的历史！

在革命战争年代，在 1921—1949 年的 28 年来，为建立人民当家作主的新中国，2000 多万优秀中华儿女英勇献身，成就了共和国屹立不倒的丰碑和绝唱。但是，非常遗憾的是，目前在中国各级各地民政部门掌握的史料信息里，仅有名可查的先烈 370 多万，还有 1400 多万先烈"一堆草没了"、烟消云散，音讯皆无。作为他们为之奋斗的理想信念事业的后继人和胜利成果的享受者、守护者，我们内心充满愧疚，我们竟然不知道倒在我们前面的这些先辈同志的丝毫信息，甚至连最基本的姓名都一无所知。他们，立党为公忠诚为民，牺牲了；他们，开天辟地敢为人先，创业了；他们，坚定理想百折不挠，奋斗了。可是，作为后继有人的我们，却无法向他们表达由衷的感恩和敬仰，无法把对他们的感动、感激、感谢、感恩落实在哪怕一抔黄土、一卷黄纸、一堆坟头上。

在杭州，在西湖边，也有一处记载创建共和国血雨腥风的所在，那里曾经有150 多位前辈被敌人砍下了头颅，英魂不散，它就是今天位居环城西路与庆春路交叉口的望湖宾馆。这里曾经是国民党浙江陆军监狱，仅仅在 1927—1937 年，就关押了 1500 多位共产党员、共青团员和革命群众。其中十分之一英勇献身，他们中既有 4 位省委书记、14 位省委常委、32 位县委书记，也有一批普通党员、群众。今天，这处监狱和刑场变成了望湖宾馆。

但是，不得不说，十分遗憾，万分愧疚，对于这一段黑暗的历史、悲壮的战歌，这种特别的革命文化财富，杭州人知之甚少。在面对杭州诸多党员干部讲述这些英雄前辈的业绩的时候，几乎无人知道。目前，仅有一块石碑，静静地竖立在庆春路西头与环城西路交叉口的路北，也由于公共自行车场地和配套设施的阻隔，路人，即使是有心人也难以走近辨识和凭吊。石碑的材质和色彩与碑上的文字浑然一体，几乎无法辨认。不知道是有意而为，还是无心之作。为什么不愿旗帜鲜明地告诉市民、路人、游客：这里曾经是革命者与敌人顽强斗争的战场，这里曾经是先烈们为共和国奉献青春和生命的地方？为什么不能变成爱国主义教育基地、党史教育基地？

身处杭州，经常把玩西湖美景，如果我们只知道小车桥，而不知道附近还有一个曾经暗无天日的国民党反动派的魔窟，作为任何一位有良知的人，一个热爱中国共产党的人，一个珍惜幸福生活来之不易的学党史、知党情的人，我们都会愧疚满怀。

其实，杭州的同志还应该知道，在万松岭路云居山浙江革命历史纪念馆的门前，有一块石雕，上面醒目地写着："同志们，胜利的时候，请你们不要忘记我们。"可是，您是否知道这句话的作者？他就是时任共青团浙江省委书记裘古怀，1927年，被国民党杀害在小车桥的浙江陆军监狱里，时年25岁。牺牲前，他遗书给战友，其中就有这么一句话。请仔细品味！这句话，至少包含三个含义：第一，他不想死；第二，他确信自己的死一定会跟更多同志的牺牲一起汇聚成巨大的革命洪流更快地换来胜利和光明；第三，他相信为之献身的理想和事业不会因此而断送，必定后继有人。

熟读总书记关于红船精神的基本思想，回眸我党的光辉历史，我们应该在幸福的和平年代，牢记那些先辈们的奋斗、牺牲、奉献，并把它变成我们继续努力的动力、信心和重要精神支柱。

（等你在杭州，2018年5月11日）

拱宸桥派出所党支部的初心故事

41 年，春秋几往，其实弹指挥间。有这么一个基层派出所，暑寒无惧、风雨兼程，奔走在为人民服务的路途中，诚惶诚恐、痴心不改，因而声名远播。在所里，党支部的核心地位与堡垒作用引领着干警们红色相传，一直保持着从警初心，队伍始终保持着零违纪的纪录……它，就是位于浙江杭州京杭大运河南端的拱宸桥派出所。

一、创始先行，秉持红色基因

拱宸桥派出所诞生在 1949 年 6 月杭州解放的欢庆锣鼓声中，与其他兄弟派出所一起，成为省城杭州第一批成立的派出所。如今年近七秩，始终活跃在为人民服务的热潮里，闪亮在共和国的治安历程中。

根正苗红，片片既往，都是英雄岁月。如今的拱宸桥派出所地处拱墅区委、区政府所在地，由于上下一心、精心为民，特别善用功、特别能战斗，终至脱颖而出，淬炼成为公安部命名的首批一级公安派出所和"全国公安机关政治思想工作先进单位""全省先进基层党组织""全省人民满意公安基层单位"，特别是创造的民警连续 41 年（自 1976 年始）无违纪佳绩，更是卓尔不群，成为全国的典范。如今，所里还先后涌现出了全国特级优秀人民警察、全省优秀共产党员朱金祥，全市优秀派出所所长、全省"千名好支书"蒯骏等一大批先进个人。

注重传承引领，授好入职第一课，确保从警立正行端。几十年来，春华秋实、新老更替，每次新警入所，都要组织参观党建活动室、荣誉室、朱金祥警务室等，传授所史、共瞻荣誉、学习先进、凝神聚力，让新警心有明灯、干有目标、学有榜样，铭记从哪里来到何处去的光荣历史和使命传承。

上好拱宸大讲堂，树立运河卫士价值观。拱宸桥悠久而闻名，号称"千年运河第一桥"。发挥地域文化优势，派出所创建了"拱宸大讲堂"，半月一次，由每名党员民警轮流说课，将自己工作中的故事、经验分享给大家。2016 年 4 月初，朱金祥同志身患胆囊息肉，医生多次要他尽快做切除手术，但因为当时正值梅雨季节，所辖社区都以老旧居民楼为主，又地处运河沿岸低洼地带，为了让居民平安度过梅雨季节，他多次推迟手术时间，忍着身体的疼痛奔走在居民楼里，帮助群众转移财物、搬运沙袋、组织撤离。最后群众的财产保住了，朱金祥也累倒了，直到梅雨过去，他才躺上手术台。诸如此类的故事，不胜枚举，感动、激励着一批批、一代代的拱宸卫士，他们手牵着手，将保卫辖区平安的薪火相传，永不熄灭。

立志比学赶超，唱好争先创优歌。派出所党支部每年年初跟党团员签订"比、学、赶、超"责任书，年底组织生活会总结评述，找不足、查原因、定目标、明方向，配合开展"五星"（每月之星、当季红星、专项明星、青年新星、全年五星）评比，培育争先创优的氛围，以更高的标准、更快的步伐、更强的战力，不断扛起新战旗，谱写新篇章。

二、初心不改，源自最强支部

基层党组织的战斗堡垒作用，确保并彰显了拱宸桥派出所作为全国优秀基层派出所的风范。党支部秉持"抓班子、带队伍、创佳绩"的工作理念，重点突出党建引领，着力提升民警精气神，保持队伍忠诚度，从而永葆支部先进性。

桌面党课警人心，耳提面命督言行。在派出所每位民警的桌上，都摆放着一本日历，谆谆教导变成醒目的文字和无声的激励，它是所里自创的"桌面党课"，时刻提醒每一位党员民警，牢记习近平总书记的"对党忠诚、服务人民、执法公正、纪律严明"十六个字总要求。放在桌面上，这个日历并不起眼，存留在心里，它却十分的凝重。就像是一个警示器，督促着干警们一心向党、一心为民；更像是一个没有停歇的红色课堂，只要你靠近，就要聆听殷切的期望和庄严的承诺。翻开这本日历，每名党员的政治生日（入党纪念日）都跃然纸上。每当到了这个特殊的日子，党员们都会来到党旗下，重温入党誓词，交纳一笔特殊党费；翻开这本日历，党支部的每次民主生活会、组织生活会清晰如初、历历在目，记录着一个个励志自警的瞬间；翻开这本日历，派出所全年的党建工作都了然于心，党建工作规范、制度、程序应有尽有，相关创建工作台账等一清二楚。在建党97周年之际，派出所又在全力争创"最强党支部""以更高标准、更快步伐、更强战力，实现六个'最'的要求"。拱宸桥派出所所长金勇强，在这本"桌面党课"的第一页留言板里写下了这样的目标。

抢先思想教育，砥砺党性修养。一直以来，派出所党支部都把党员的政治思想教育作为首要的党建任务来抓，强调日常性、创造多样性、追求实效性。坚持支部"三会一课"制度，每日早会从政治学习开始，每周进行一次党的知识小测验，创建党员固定活动日统一交纳党费、入党纪念日重温誓词、党员人人授党课等载体，督促党员干警学党史、知党情，时刻牢记身份跟党走。做实做好支部13项经常性工作的同时，坚持党务与业务相结合。将参加组织生活、理论知识成绩、服务群众等情况作为党员政治素质考核内容，并与派出所队伍管理、工作实绩一并纳入民警个人综合考评，使党性深入党员的思想血液，使党员能够切实发挥先锋模范作用。

（2018 年 6 月）

"八八战略"蕴含的思想活力和理论元素

题记： 在改革开放 40 周年、"八八战略"实施 15 周年之际召开的省委十四届三次全会，深入学习贯彻习近平总书记重要指示精神，着力推进"八八战略"再深化、改革开放再出发。全省社科理论界认真学习习近平总书记重要指示精神和省委全会精神，表示要发挥自身优势，加强对"八八战略"的理论阐释和宣传，推动全省上下坚定不移沿着"八八战略"指引的路子走下去，为"两个高水平"和"六个浙江"建设做出更大贡献。

"八八战略"蕴含的思想活力和理论元素，成为习近平新时代中国特色社会主义思想的重要源头。比如，在价值观上，实施"八八战略"最根本的目的就是为了让人民过上更加美好的生活，这符合十八大以来愈益鲜明的以人民为中心的发展思想；"只有干在实处，才能走在前列""抓而不紧，等于不抓；抓而不实，等于白抓"的实践观，契合今天踏石留印、抓铁有痕，善始善终、善作善成的理念和标准。其他还有善于把握优势、努力补齐短板的辩证观，全面协调可持续发展的整体观，秉持浙江精神，干在实处、走在前列、勇立潮头的使命观，等等，客观上都已融入习近平新时代中国特色社会主义思想之中。

"八八战略"是习近平新时代中国特色社会主义思想在浙江的萌发与实践。一方面，作为根植时代和现实的重大战略思想和举措，"八八战略"的提出和发展，充分说明习近平新时代中国特色社会主义思想的形成有着深厚的理论基础、实践基础和群众基础。另一方面，习近平同志关于"八八战略"的重大意义、基本原则、重要举措等一系列论述和全面推进，在把浙江引领到全国前列的同时，也变成了习近平新时代中国特色社会主义思想的直接思想准备和实践经验支撑。比如，"八八战略"关于从严治党、巩固和发展风清气正的良好政治生态，关于加强软环境建设、切实增强文化软实力，关于推进生态省和绿色浙江建设，等等，都务实地回答了"怎样建设党""怎样建设社会主义""怎样实现发展"等基本理论和实践问题，直接或间接地为习近平新时代中国特色社会主义思想的形成做了理论准备和实践探索。

（浙江在线，2018 年 7 月 27 日）

"八八战略"是习近平新时代中国特色社会主义思想最初萌发在浙江的光辉典范

15年前，"八八战略"脱颖而出，作为规划、指导浙江发展的最直接的蓝图，引领浙江阔步进入新时代，并由此开启习近平新时代中国特色社会主义思想的萌发之路。

一、"八八战略"是过去15年和未来浙江发展的基本方略

"八八战略"具有浓郁的浙江文化底蕴。反映市场经济本质、影响市场经济正向发展的"事功"思想、经济思想、创新意识、规则意识等，最初即诞生在位居东南沿海的浙江这块热土，永嘉学派等浙东学派独树一帜的经世致用、义利并举思想浸润钱江两岸、活跃浙东浙西，哺育了浙江人民的规则意识和创新精神，也潜移默化地给"八八战略"注入了鲜明的浙江品质和文化底色。

"八八战略"具有浓厚的时代气息。敬畏、遵守规则，使得浙江更早地受惠获益；更加注重创新创造，更加虔诚地革新抢先，在勇于创新、敢于破茧、善于超越上，收获更大、建树更多、标杆更高，做到了"挺立潮头、干在实处、走在前列"，使得浙江坦然跃进为改革开放的先行地。但是，这种创新创造，绝不是随随便便，更不是拍脑袋，而是立足广泛调研的深思熟虑、量体裁衣和把脉开方，"八八战略"抓住了社会现实，体现了时代之需，反映了大势所趋。

"八八战略"奠定了浙江15年的发展方向并给浙江人民带来了实实在在的福祉。在改革发展遇到新问题、新挑战，急需大手笔、大创意、大战略、大超越的关键时刻，习近平同志高瞻远瞩、大刀阔斧，带领省委一班人隆重推出"八八战略"。自此以后，浙江历届省委、省政府笃定之，一张蓝图绘到底、一任接着一任干，接续干出了浙江特色、浙江风范，不仅得到了兄弟省份的赞赏，还被习近平总书记亲切地寄予更多厚望："浙江的今天，就是中国的明天。""绿色浙江""平安浙江""法治浙江"等建设造就了浙江社会和谐安宁，确保了浙江其他各个领域改革发展必需的环境条件；"腾笼换鸟""凤凰涅槃"，不仅给浙江改革不息、创新不止、大胆有为、小步即退步以方向指引和动力支持，直接引发了后来的"最多跑一次"、特色小镇等改革，还为浙江的改革创新设定了示范全国

的品质。其他还有"三改一拆""五水共治"、美丽乡村建设等,都是在深入把握"八八战略"以及"绿水青山就是金山银山"理念核心要义的基础上,对人民群众向往更加美好生活的积极回应和努力满足。

二、"八八战略"显示出习近平治国理政的卓越才略

理论与实践的同向进步是"八八战略"提出的个人魅力前提。"八八战略"作为习近平同志主政浙江的重大理论与实践创新,是其长期以来不断学习、刻苦实践的厚积薄发和应运而生。可以说,当年审时度势提出"八八战略",既幸赖其醇厚家学家教、纯正红色基因,也得益革命传统教育及相应的社会环境哺育而成的担当精神和开创意识,并关乎其"登东山而小鲁""登泰山而小天下"的气度胸襟,还离不了中华优秀传统文化的滋养,更与其长期浸润马克思主义理论密切相关。

"八八战略"体现了主政者政治家的深刻洞察力、准确判断力和坚定战略定力。"八八战略"思想深邃、内容丰富,把马克思主义基本原理同浙江具体实际紧密结合起来,把落实中央要求和发挥浙江主观能动性统一起来,既有思想理念更有价值判断,既有方向目标更有举措方法,贴实际、向未来、得人心,因而有力量。习近平同志对浙江实际的全面把握和深刻认知,确保了"八八战略"被全省广大干部一致认可、全力拥护;习近平同志精诚团结、带领班子、强壮队伍、奋发有为的精神风貌和实际影响,有力地实现了全省上下号令统一、行动统一。辩证而言,"八八战略"见证预演了习近平同志担当大任的远见卓识,也成为其治国理政新理念、新思想、新战略的重要实践源头,生动鲜活的浙江改革开放实践成为习近平同志施展政治抱负的较早的大舞台、大场域。

"八八战略"展示了习近平同志"功成不必在我"的境界和"功成必定有我"的担当。在世纪之交的历史节点,面对浙江改革开放先发优势开始弱化、一些矛盾问题早发先发的特殊状况,习近平同志当年立足现实、面向未来,以广大干部群众普遍认同为前提,决策立政,全力推出"八八战略",着意制胜致远,展现出极其珍贵的共产党人的担当精神和使命意识,真切践履了政治家的大格局、大气势、大魄力。

三、"八八战略"在省域层面开辟了习近平新时代中国特色社会主义思想的建构历程

"八八战略"蕴含的诸种思想活力和理论元素,铺设了习近平新时代中国特色社会主义思想的重要线索和源头。比如,在价值观上,实施"八八战略"最根本的目的就是为了让人民过上更加美好的生活,这符合十八大以来愈益鲜明的人民中心思想;"只有干在实处,才能走在前列""抓而不紧,等于不抓;抓而

不实，等于白抓"的实践观，契合今天的踏石留印、抓铁有痕、善始善终、善做善成的理念和标准。其他还有善于把握优势、努力补齐短板的辩证观，全面协调可持续发展的整体观，秉持浙江精神，干在实处、走在前列、勇立潮头的使命观等，客观上都已经融入习近平新时代中国特色社会主义思想之中。

"八八战略"启动了习近平新时代中国特色社会主义思想走向系统的斑斓大门。一方面，作为根植于时代和现实的重大战略思想和举措，"八八战略"的提出和发展，充分说明习近平新时代中国特色社会主义思想的形成有着深厚的理论基础、实践基础和群众基础。另一方面，习近平同志关于"八八战略"的重大意义、基本原则、重要举措等一系列论述和全面推进，在把浙江引领到全国前列的同时，也成了习近平新时代中国特色社会主义思想的直接思想准备和实践经验支撑。比如，"八八战略"关于从严治党、巩固和发展风清气正的良好政治生态，关于加强软环境建设、切实增强文化软实力，关于推进生态省和绿色浙江建设，等等，都务实回答了"怎样建设党""怎样建设社会主义""怎样实现发展"等基本理论和实践问题，直接或间接引发了后来一系列的新时代中国特色社会主义思想。

"八八战略"和"四个全面"因联在实践中。"八八战略"立足浙江、统揽浙江，是推动浙江改革发展的"金钥匙"；"四个全面"作为国家层面的战略布局，则是推动改革开放和社会主义现代化建设迈上新台阶的强力保障。2015年5月，习近平总书记视察浙江，充分肯定"八八战略"，同时进一步指出"八八战略"和"四个全面"在精神上是契合的。"四个全面"包含的系统观、整体观、宗旨论、动力论、保障论等，与"八八战略"的精神一脉相承。

（2018 年 7 月）

友善和顺的毛泽东时代

【题记】2018 年 9 月 9 日午后，促笔于杭州飞往兰州的厦航 MF8257 上。

一、那个时候的乡干部

那时候，乡干部包括乡党委书记入村，与农民一起下地劳动，播种收藏、打坷垃、整田地、浇地等，凡是农活，差不多都会、都做。然后派饭、派住到各家各户，吃、住完全一个样。

他们来到村里，与农民在一起有说有笑。劳动间歇里，讲故事、逗小孩、读文件、念报纸，甚至一起捉迷藏。俨然农民。

他们来回公社、乡政府，都是骑着破旧的自行车，戴着草帽，拿着水壶、毛巾、钢笔和小本子等必备品，车上挂着镰刀、锄头、铁锨等农具。

二、那个时候的学校

那时候，学校很普及。每个大队几乎都有小学、初中，每个公社都有几所高中，曾经有一段时间，甚至每个大队都有高中。我就是在本大队的小学、初中完成了学业，在公社高中毕业。

那时候，去学校，无论多远，都是步行，午饭回家吃。来来回回，那叫上学、放学。老师也是各个村子里的，跟学生走在一起。有时候在路上，如果哪个学生病了，或者小一点儿的走不动了，老师或高年级学生，都会背着他们走。一路上，打打闹闹、嘻嘻哈哈，结伴而行，好不开心。大多时候，学生还都要带着镰刀、绳子和篮子等，下学顺路打猪草、拾牛粪。

那时候，家长把孩子送到学校，对老师说的话大同小异，就是：孩子交给您了，要打要骂随您。要是他不听话、捣乱，告诉我，回家一定好好揍他。老师的回答也很简单：放心吧，都是自己的孩子。

那时候，学生之间发生了矛盾或冲突，家长首先批评的一定是自己的孩子。那个时候，自我批评都很自觉、很自然、很坦诚。

那时候，课桌多半就是泥台子。村里派人用泥土和着杂草等，堆起来一个个长条，一排一排的，上面铺上石板，好一点的，铺上木板。凳子是各自从家里带来的。排座位的标准只有一个：个子高的，坐后排；矮的，坐前排。

那时候，班干部要么是全班投票选出来的，要么是老师指定的，但一定是学习最好的。投票的时候，写票、收票、唱票、记票、监票等，都要戴上红领巾，恭恭敬敬。整个过程谁也不怀疑谁，也不因为学生的父母家人如何而如何。当时我父亲是大队干部，大队部与学校隔壁，但是小学、初中读下来，我从来没有当过班干部。当然主要是因为自己不够优秀。

三、那个时候的邻居

那时候，邻居们相互之间都很熟悉、很热心、很坦率。谁家养了几只鸡，有几条凳子、几家亲戚等，甚至谁家有什么样的锅、盆、被子、农具等，彼此都清楚。如果哪家来了客人，做了啥好吃的，也一定会盛一碗送过去分享。

那时候，一日三餐，无论早饭、午饭或晚饭，大家都会端着饭碗从自己家里走出来聚餐。聚集到最有吸引力的村头或村子里哪一棵大树下、水井边、河埠头等，蹲下去，围拢来，香甜地扒拉完自己的饭碗，有时候也会在身旁人的饭碗里挑几个自己没有的饭菜。吃饭的时候，天南海北，吹牛聊天侃大山，不亦乐乎。大家不约而同地来到一起吃饭，成为村子里的话场和信息源，也没有谁嫌弃或者嘲笑哪家贫穷与寒酸。

那时候，不论谁家有红白喜事，都是全村出动。男女老少齐上阵，各家各户都不再开火做饭。你家的椅子、凳子搬来，他家的桌子、水壶送来；你家的锅碗瓢盆拿来，他家的车子、砍刀带来，七七八八，拼凑起来，各有职使、各有分工，热热闹闹的，宜庄则庄、宜谐则谐。事情完了，剩下的饭菜，每家都分一点带回去。一场红白喜事，变成了全村人的节日。

那时候，过年了，全村要集体杀猪宰牛、杀鸡宰羊、捞鱼下粉条，然后全村人，只要是能走得动的，都来了，大家聚集在一起，分粮、分菜、分肉、分蛋、分粉条等，有说有笑的，好不开心。村干部按照每家的人头，过磅论斤，无论大人小孩，每人一份。分的时候，好的搭配一点差的，大的搭配一些小的，长的搭配一点短的，力求公开、公平、公正。分好了，堆在一起，一家一堆。村长一声令下，早就急不可耐的孩子们最先冲到自己家那一摊前。

那时候，谁家如果出现了违法乱纪的事儿，那可是极其丢人、极端被孤立的。不仅从今往后无人靠近、少人问津，甚至连孩子参军、上学都不可能，更不要说谈婚论嫁了。看露场电影，都没人愿意与你邻座或同行。四周邻里、乡村巷社，哪还有你的立锥之地。真的是低人一等！道德舆论形成的监督力量和环境形势非常强大，非常有效，导引着人们遵规守法，言正行端。

四、那个时候的商店

那时候，可以买东西的地方不多，一般一个大队只有一个门市铺，往往就在大队部附近。主要卖一些针头线脑等跟日常生活密切相关的东西。至于犁篓锄耙等农具，还必须到公社的代销点、供销社去买。

那时候，可供出卖的东西不多，货柜上摆放的物品往往稀稀拉拉的。所以，买个手绢之类的，都要仔细斟酌，唯恐买得不好。售货员多半板着面孔，态度不冷不热的。原因很简单，来的人看的多买的少，甚至问了很多遍，但不会爽快地买下。

那时候，买一支铅笔都是重要开支。小孩子们为了把铅笔用到最后一点点笔芯，费心费力，要么用纸把笔包缠起来，要么用细细的竹筒把最后一节铅笔套起来。售货员每每看到红着脸的孩子打开书包，当然很少有文具盒的，拿出那支几乎无法再用的铅笔，都会非常关爱地帮孩子挑选新笔。

五、那个时候的医生、医院

那时候，村里有卫生所，有赤脚医生。医生也都是附近村里的农民，他会开腿迈步到你家里来看病治病、送医送药。

那时候，打预防针，治疗天花麻疹、头疼感冒，对于小孩子来说，是最主要的跟医有关的活动。真的有个感冒发烧之类的小毛病，往往打一针或吃点儿药，就没事了。很多时候，诸如此类的小病小灾，老人们常常会用土法治疗，而且效果还很神奇。比如，喝姜汤治感冒；用柏树枝叶和着鸡蛋清等捣成糊糊，抹在脸上，就可以治愈麻疹；用酒熏熏脚心，就能治疗拉肚子；等等。

那时候，如果遇到大病急病，全村人都过来关心、支持。无论冒雨摸黑，都会推着架子车、拉着牛车，或者用床搭一个简易担架，抬往公社医院；或者派几个年轻力壮的男人，去请医生上门。事情完了，也没有人要报酬、要感谢、要表扬，还会拿着珍贵的鸡蛋、红糖、点心等去看望病人。

那时候，打针吃药，往往几分钱、几角钱。几乎没有听说过治病耗费几百元、几千元，更没有听说谁家花费上万元还没有治好病。搞不清那个时候是人更瓷实、更有力，还是针剂药物更真切、更足量、更有效。

（等你在杭州，2018 年 9 月 9 日）

180

今夜，我在庆阳想你

【题记】又逢中秋，万家月圆。一日 480 公里黄土沟梁，出兰州奔庆阳，寻觅甘肃唯一革命老区的文化魅力。中停会宁，沐浴三大主力红军会师的风采，精神抖擞；六盘山隧道长长穿过，阴雨霏霏，领悟毛泽东同志当年《清平乐》。追慕红军、步趋长征，仰望经典、感动殷殷。陈树湘，英名永存；小红军，无名自载史；万千英烈，那个世界月亦明。而今民族复兴伟大事业，长征继绝响。2018 年 9 月 24 日，思念在陇上明珠正阳国际酒店。

今夜，我在庆阳想你
想你 80 多年前的群像
想你羸弱而坚毅的那时身形
想你用心编绘的红飘带
从江南飘向西南、西北
最后婉约在陕北
淬变成奔赴抗日前线的劲旅
凝结成共和国的又一扇门扉

今夜，我在庆阳想你
想你在湘江岸边
击退敌人，守护同志，壮别战友
想你 29 岁的年华如何梦回故乡
长沙板仓，有恩养的亲娘
想你如何在血雨腥风里
庄严为红军战神
伟岸成长征偶像

今夜，我在庆阳想你
那位不知姓名的小红军

你的舍己救人
改写了敌人的狂轰滥炸
只可惜逢了黑暗的年代
我们也还都是走读的学生
如果是今天
你何止闪烁在历史的星空

今夜，我在庆阳想你
想你如何袖里乾坤
轻挑四渡赤水的神话
想你怎样在油灯下
擘画会师大戏，新解千年会宁
"红军会师，天下安宁"
想你如何舞动历史的风铃
重写世界的风景

今夜，我在庆阳想你
童年的记忆
忽然在长长的隧道里
变成了久仰的现实
六盘山，天高云淡
无需望断南飞雁
屈指行程几万
中国人民都成了英雄好汉

（中国青年网，2018 年 9 月 25 日）

秉持奋斗精神，再领改革风骚

【**编者按**】"主题教育思想汇：听马院院长说"由浙江学习平台、浙江新闻客户端、浙江在线、浙江共产党员杂志社联合出品，邀请浙江红船干部学院以及浙江省重点建设的 11 个高校马克思主义学院的院长们，结合本次主题教育精神，围绕"读懂红船精神""感悟浙江精神""再学'八八战略'"三个专题进行再阐释、再解读。今日推出第五期。

浙江是中国革命红船的起航地、改革开放的先行地、习近平新时代中国特色社会主义思想重要萌发地。在中国革命、建设和改革开放的不同阶段，浙江都做出了巨大的贡献。在全面深化改革、实现中华民族伟大复兴的新时代，浙江又该怎么办？——秉持奋斗精神，再领改革风骚。

2005 年，时任浙江省委书记习近平同志发表文章，首次提出并阐释了"红船精神"，指出：开天辟地、敢为人先的首创精神，坚定理想、百折不挠的奋斗精神，立党为公、忠诚为民的奉献精神，是中国革命精神之源，也是"红船精神"的深刻内涵。其中，坚定理想、百折不挠的奋斗精神，集中体现了中国共产党人奋发有为的精神品质。

我们知道，98 年来，中国共产党按照奋斗精神的要求，不断地努力拼搏，取得了一项又一项伟大的历史成就。靠奋斗，走过了战争年代的烽火硝烟，跨过了和平建设年代的广阔天地，造就了改革开放年代的风起云涌；靠奋斗，向历史贡献了三个伟大的里程碑：创建中国共产党、成立中华人民共和国、推进改革开放和中国特色社会主义事业。中国共产党 1921 年从嘉兴南湖起航，驶向井冈山、驶向遵义、驶向延安、驶向西柏坡、驶进北京，今天又驶向世界，靠的就是奋斗精神。奋斗精神是中国革命、建设和改革开放的精神动力，是中国人民站起来、富起来、强起来的精神动力。

可以说，奋斗精神支持我们完成了革命和建设，支持我们走过了 40 多年来的改革开放，支持我们继续全面深化改革。

所谓奋斗，通俗来讲，就是干，苦干、实干加巧干。秉持初心，带着使命，朝着目标想方设法、不遗余力、前赴后继地干！革命是干出来的！1949

年，当毛泽东同志在天安门城楼上庄严宣告中华人民共和国成立的时候，正是先烈们用自己的血肉之躯为共和国做了奠基。在 28 年里，2000 多万烈士捐躯赴国难。

今天的杭州望湖宾馆，曾经是国民党浙江陆军监狱。在 1927—1937 年，这里共关押了 1500 多位共产党员、共青团员和革命群众，其中十分之一的人在此被剥夺了生命。他们中有 4 位中共浙江省委书记、14 位浙江省委常委，还有 32 位县委书记。可以说，杭州不仅是一座美丽的城市，同时也是一座英雄的城市。今天我们生活在和平的年代，理应继承先烈们的遗志，接过他们的初心和使命，搞好改革开放，建设好中国特色社会主义。

新中国的社会主义建设，也是奋斗的结果。有"两弹一星"元勋中的郭永怀以身殉国，也有慷慨激昂"回国不需要理由，只有不回国才需要理由"的彭桓武……在"大三线"建设的过程当中，经过将近 30 年的砥砺奋斗，中国人民建立了独立自主的门类比较齐全的工业体系，取得了建设国民经济体系的伟大成就，为后来的改革开放打下了坚实的经济基础。

改革开放也是中国人民奋斗出来的。尤其是党的十八大以来，我们取得了历史性的成就，经历了深层次、根本性的变革，解决了许多长期想解决而没有解决的问题，办成了许多过去想办而没有办成的大事。

习近平总书记庄严宣告中国特色社会主义已经进入新时代，我国社会的主要矛盾已经转变为人民日益增长的美好生活需要跟不平衡不充分的发展之间的矛盾。习近平总书记还指出，到 21 世纪中叶，要实现中华民族的伟大复兴，把我国建设成为富强民主文明和谐美丽的社会主义现代化强国。为此，十九大明确提出了 14 条方略。

怎样实现这一宏伟目标？第一，我们走得再远都不能忘记来时的路。我们从南湖走进北京，继而走向全世界，空间在扩大；从 1921 年走向 1949 年，从 1949 年走到 2019 年，时间在拉长。但即使走得再远，我们都不能忘记来时的路，要不断地回看我们走过的路是否符合我们的初心。第二，不断回到梦想起航的地方。为中国人民谋幸福、为中华民族谋复兴，是中国共产党当年在南湖上确定下来的。这份初心引导中国共产党走过了 98 年的历史进程，引导中华人民共和国走到了光辉灿烂的今天，也必将引导中华民族走向更加繁荣昌盛的明天。

奋斗精神也将进一步支持浙江走在前列。曾经的浙江，取得过突出的建设成就。今天的浙江要在以习近平同志为核心的党中央领导下，继续坚持奋斗精神，推进"八八战略再深化、改革开放再出发"，做到"干在实处永无止境、走在前列要谋新篇、勇立潮头方显担当"，不断探索、再立新功。

今天在"不忘初心、牢记使命"主题教育当中，我们应该牢记中国共产党在 98 年前确立的那一份初心和使命，秉持奋斗精神，在全面实现中华民族伟大复兴的新时代，做出浙江特有的贡献。

（学习强国，2019 年 7 月 19 日）

别怪我，初遇旷世疫情

【题记】2020 年新冠肺炎病毒肆虐，一下子打乱了如常的日子，以至于惊慌失措。从未遇到过，难以从容起。记于海口小住时。

别怪我是个懦弱的人
当我感受到新冠疯狂的时候
我知道逃离并非抗毒妙计
与家国厮守才最从容

别怪我是个无知的人
当我看到病毒肆虐的时候
我知道不仅仅要洁身自好
从此要斩断围剿野生动物的黑手

别怪我是个内向的人
当我看到铺天盖地的疫情的时候
我知道水来的地方一定有土掩
它是这片大地上蕴积深厚的精气神

别怪我是个冷寂的人
当我看到四面八方支援武汉的时候
我知道我心已经随之火热
天天目不转睛地盯着那组数字备感揪心

别怪我是个慵懒的人
当我看到期盼的目光一下子聚焦到院士身上时
我知道知识的分量正在超越喧嚣
浮华终究撑不起生命和尊严

别怪我是个羞怯的人
当我领悟到有的人始终都要敬重的时候
我知道他们已经叫医生警察军人志愿者
从此英雄壮烈盛满我的心怀

别怪我是个木讷的人
当我身处中国从未有过的寂静的时候
我知道必须同时默默地记录这段日子
交给后面的长长久久

别怪我是个渺小的人
当我看到庚子年一天天展开的时候
我知道在落日的余晖里
黎明已经笃定

（2020 年 2 月）

抗战精神在传承中熠熠生辉

伟大的抗战精神，是中华民族源远流长的爱国主义精神在抗日战争中的锤炼和升华。它不仅支撑中国人民夺得抗日战争的最后胜利，还激荡在之后所向披靡的解放战争中，演绎成解民倒悬的胜利续曲。中华人民共和国成立之后，继续嬗变、盛放在70年轰轰烈烈的社会主义建设中，洗练为直到今天我们站起来且站得稳、富起来且富得快、强起来而强有力的气质之花，也势必永远长存于中华民族生生不息的持久繁荣进步中，内化为十分深沉、深厚、深重的气势禀赋，而且还仍将奋发、弘扬于捍卫人类和平的世界大潮中，成为我们甄辨邪恶、针砭奸佞、抵制狂暴、消弭战争的意志力和引导力。

第一，抗战精神形成于14年不屈不挠的御敌驱魔中，成为拯救民族的忠勇魂魄。

日本侵略者带给中国人民的欺凌屈辱确是旷古未有、痛彻心扉的，中国人民无端横罹了人类历史上几无可比更无可名状的深重灾难和全面伤害。在这生死存亡的危急关头，中国人民的爱国热情像火山一样迸发出来，"诚既勇兮又以武，终刚强兮不可凌。身既死兮神以灵，魂魄毅兮为鬼雄"，全体中华儿女众志成城、慷慨悲歌，为民族而战、为祖国而战、为尊严而战的磅礴气势，与"我们万众一心，冒着敌人的炮火前进"，惊天地泣鬼神的爱国主义篇章流光溢彩，彪炳为中华民族伟大浩然的抗战精神！

百年来的第一次胜利，造就了中国人民从未有过的荣耀和信念：任何来犯之敌都将被消灭驱逐，任何邪魔妖孽都将被打回原形。百年来的第一次胜利，巩固深化了中华民族热爱祖国、崇尚自由、珍重尊严的优秀传统与气质基因，证实了毛泽东同志所说："我们中华民族有同自己的敌人血战到底的气概，有在自力更生的基础上光复旧物的决心，有自立于世界民族之林的能力。"

3500多万人的伤亡、6000亿美元的经济损失，既没有打垮中国人民，也没有摧毁中华儿女，他们"我以我血荐轩辕""从地下爬起来，揩干净身上的血迹，掩埋好同伴的尸首，他们又继续战斗了"。诚如习近平总书记所说，在那个血雨腥风的年代，抗击侵略、救亡图存成为中国各党派、各民族、各阶级、各阶层、各团体以及海外华侨华人的共同意志。在中国共产党倡导建立的以国共合作为基础的抗日民族统一战线旗帜下，地不分南北、人不分老幼，全国人民义无反顾投身到抗击日本侵略者的洪流之中。邪恶败绩于正义、乌云被光明冲破。14年披肝沥胆、英勇顽强，中国军民以血肉之躯筑起了保卫祖国的钢铁长城，彻底击溃了日本的军国主义梦想，不仅捍卫了中华民族五千多年发展的文明成果，还同世界人民一道捍卫了人类和平事业。我们不得不由衷信服："伟大抗战精神，是中国人民弥足珍贵的精神财富，将永远激励中国人民克服一切艰难险阻、为实现中华民族伟大复兴而奋斗。"

第二，抗战精神激荡于摧枯拉朽般的解放战争中，淬炼成解救人民的万钧雷霆。

艰苦卓绝的抗日战争使得古老的中国在血与火的洗礼中，凤凰涅槃、浴火重生。接下来，中国人民高高擎起重建家园复原国家的旗帜，却无情地遭遇到了资本的倾轧与专制的蹂躏，和平建国、共和发展的期盼竟被无情压制和破坏。走社会主义道路还是走资本主义道路？中国人民被置放到了"两种制度""两种命运"的历史大抉择面前。在这个前途、命运攸关的时刻，伟大的抗战精神积淀成中国人民摒除资本奴役、推翻专制独裁的冲锋号角，在最广泛的基础上聚合起向反动势力发起最后一击的旷世之力，直接催生了1949年金秋十月天安门城楼上那一声振聋发聩。中国人民竭力追求主人翁地位，把医治战争创伤、恢复家国，看成了关乎自身生存的天下要务、关乎国人福祉的民族大义。

反对专制独裁的战斗和牺牲，转承抗战磨砺的"英雄气概"，继续成为支持中国人民追求当家做主梦想的动力。"凡是反动的东西，你不打，他就不倒。这正如地上的灰尘，扫帚不到，灰尘照例不会自己跑掉。"在中国共产党的英明领导下，人民群众经过四年的智斗猛打、奋发挺进，终于打倒了"反动的东西"，扫除了灰层，实现了"三个历史选择"。"天翻地覆慨而慷"，换了人间！

任何美好的憧憬与守持，任何理想的实现与超越，都需要克服重重困难，摆脱各种障碍，"必胜信念"是抗战胜利交给中国人民的又一法宝。解放战争之初，国民党反动派430万军队，且被美式装备武装到牙齿，无论军事还是经济，都占有绝对优势。能否打败之？既需要实力比拼，也需要精神之战。"共产党人是由特殊材料制成的"，凭借着这样的优良传统，得到了最广大人民大众的普遍同情和支持。"宜将剩勇追穷寇"于是变成了高歌猛进，红旗插遍全中国。

"大局意识"不仅有效地聚集了中华民族的每一分子一致对外，国家至上、存续为要，合力赶走了侵略者，同样让在历史抉择、命运抉择时刻的中国各个阶级，尤其是徘徊彷徨中的民主党派、无党派人士看清了历史趋势、命运方向，从而升腾挥发为解放战争时期最为广泛的人民大众的聚合力和定位仪。

中国共产党在抗战胜利之后淬炼成舍身求法的人，带领广大劳动人民为民请命，经过埋头苦干、拼命硬干，终于走上了心向往之的社会主义道路，并把伟大的抗战精神接转进入和平时代。

第三，抗战精神弘扬于 70 年轰轰烈烈的建设中，成为站得稳、富得快、强有力的重要滋养。

经历了对内外敌人的殊死搏斗，中华人民共和国诞生了，中国人民站立起来了！从此开始，"数风流人物还看今朝"。中国人民继承和发扬不畏强敌、善于斗争、敢于胜利的抗战精神，以倾心国家、盛装民族、幸福人民为大局，以富起来、强起来为目标，昂首迈进了新的伟大历史时代。

凝神聚力于创新国家发展道路，不因循守旧，不照抄照搬，得益于深蕴内心的"爱国情怀"与"民族气节"。伟大的中国共产党带领人民，在迅速医治战争创伤、恢复国民经济的基础上，确立了社会主义基本制度，成功实现了中国历史上最深刻、最伟大的社会变革，为当代中国一切发展进步奠定了根本政治前提和制度基础。

"为有牺牲多壮志，敢教日月换新天。"中国人民在热气腾腾的社会主义建设中，一次又一次战胜敌人、克服困难、化解危机，逐步建立起来了"独立自主、门类齐全的工业体系和国民经济体系"，并阔步迈上改革开放新时代，把"富起来"写成为人民的小康生活和国家的全面繁荣、民族的伟岸自信，中华民族的高光时刻到来了，中国大地"喜看稻菽千重浪，遍地英雄下夕烟"。

"大局意识"更是 70 年社会主义建设一次次跋山涉水、历危蹈险的成功秘诀。坚信"马克思主义就是行""中国共产党就是能""中国特色社会主义就是好"，则是历次"大局"之辨的大局。全国人民在党的领导下，始终充满着对于党的领导地位和执政能力的信任、对于马克思主义指导思想和理论基础的信仰、对于中国特色社会主义道路制度与理论文化的信服，养成了心悦诚服跟党走、高瞻远瞩看世界、同心同德谋复兴的高度共识和极度自觉。

第四，抗战精神永续于中华民族的进步繁荣中，成为砥砺趋前的无畏气概。

实现中华民族的伟大复兴，是近代以来中国人民矢志不渝的追求，是全体中华儿女的至高梦想。目前我们正处于距离民族复兴梦想最近的时候，"装点此关山，今朝更好看"。伟大的抗战精神将一直伴随我们持之以恒的筑梦逐梦之旅。

完成台湾回归、实现国家统一，是中华民族复兴大业的重要基础与核心任务之一。我们有深厚的爱国情怀和民族气节，有坚定的英雄气概和必胜信念，能够挫败任何人、任何势力以任何形式策划实施"台独"分裂活动和阻挠我们统一的图谋。当然，我们也一直致力于维护捍卫世界和平、共造人类安宁的大局，我们有能力、有信心在完成祖国统一大业的进程中，与世界人民一道筑造和平。

2020 年是极其不平凡的一年，面对新冠肺炎疫情、抗洪抢险、脱贫攻坚等大事，挑战多多、雄关漫道。置身如此多艰的时局，我们自觉汲取抗战精神的力量，高扬爱国主义旗帜，厚植民本情怀，以无往而不胜的拼搏意志和敢啃硬骨、敢打硬仗的优良传统，铭初心担使命，攻坚克难，创造了一个又一个胜利，书写了属于中国人民也同属于世界人民的时代辉煌。

我们有理由相信：伟大的抗战精神早就播撒在了铜墙铁壁般的中华大地上，飘扬在了曾经的世界反法西斯战争的东方战场里，未来一定会长存于人类文明与正义的记忆中，作为始终警惕野心勃勃的秩序破坏者的棒棒当头痛喝、激励捍卫民族尊严时刻准备为国捐躯的阵阵催征战鼓、咏叹民族蹒跚脚步的篇篇闪光长诗和蕴积攒集耿忠报国矢志爱国的声声励志雄歌。

（光明网，2020 年 10 月 11 日）

思政课要讲好伟大抗战精神

习近平总书记在纪念中国人民抗日战争暨世界反法西斯战争胜利75周年座谈会上指出："中国人民在抗日战争的壮阔进程中孕育出伟大抗战精神，向世界展示了天下兴亡、匹夫有责的爱国情怀，视死如归、宁死不屈的民族气节，不畏强暴、血战到底的英雄气概，百折不挠、坚忍不拔的必胜信念。"弘扬伟大抗战精神，守护、传承中国人民弥足珍贵的精神财富，无论过去、现在，还是未来，都是培养担当民族复兴大任的时代新人不可或缺的重要内容。

中国人民抗日战争胜利是以爱国主义为核心的民族精神的伟大胜利。习近平总书记说："中国人民在长期奋斗中培育、继承、发展起来的伟大民族精神，为中国发展和人类文明进步提供了强大精神动力。"爱国主义是我们民族精神的核心，是中国人民和中华民族同心同德、自强不息的精神纽带。"对每一个中国人来说，爱国是本分，也是职责，是心之所系、情之所归。"伟大抗战精神是爱国主义精神在抗日战争中的锤炼和升华。在那个血雨腥风的年代，抗击侵略、救亡图存成为中华民族的共同意志。在中国共产党倡导建立的以国共合作为基础的抗日民族统一战线旗帜下，地不分南北，人不分老幼，全国人民义无反顾投身到抗击日本侵略者的洪流之中。在反击日本军国主义侵略的14年里，中国人民取得了近代以来反抗外敌入侵持续时间最长、规模最大、牺牲最多的民族解放斗争，也是第一次取得完全胜利的民族解放斗争，为中华民族的复兴开辟了光明前景。

2020年注定是不平凡的一年，一场凶猛的新冠肺炎疫情席卷全世界。在非凡的抗疫斗争中，中国人民谱写出新时代的中国革命精神——伟大抗疫精神，展现了"生命至上、举国同心、舍生忘死、尊重科学、命运与共"的精神风范。伟大抗疫精神是中国共产党一系列革命精神的继承与发展。70多年前，面对凶恶的日本侵略者，中国人民用爱国情怀、民族气节、英雄气概和必胜信念，熔铸了伟大抗战精神，赢得了抗日战争的最后胜利。今天，中国人民在面对同样凶恶的自然之敌时，不退缩、不怯懦，同心同德、群策群力，取得抗击新冠肺炎疫情斗争的重大战略成果，创造了人类同疾病斗争史上又一个英勇壮举，再一次奏响了中国人民奋力实现民族复兴的交响乐。中国共产党的坚强领导、国家至上民族至上意识、英雄主义精神、全民族的巨大凝聚力等，既是伟大抗战精神的精髓，同样也是伟大抗疫精神的内涵，都同中华民族的特质禀赋和文化基因一脉相承，继承、发展着爱国主义传统，又融入了更加高尚、更加具有聚合力、号召力的集体主义精神，不断地生动诠释着中国精神，丰富了民族精神和时代精神的内涵，筑起了中华民族伟大复兴征程上新的精神丰碑，成为中华民族最宝贵的精神财富。

阐释、弘扬伟大抗战精神是思政课程与课程思政的重要任务和内容。习近平总书记强调，要通过多种形式的宣传阐释和主题教育，使全国各族人民牢记由鲜血和生命铸就的中国人民抗日战争的伟大历史，牢记中国人民为维护民族独立和自由、捍卫国家主权和尊严建立的伟大功勋，牢记中国人民为世界反法西斯战争胜利作出的伟大贡献，弘扬伟大抗战精神。抗日战争的伟大胜利，是中华民族从近代以来陷入深重危机走向伟大复兴的历史转折点。伟大抗战精神是中华民族在伟大复兴征程上取之不尽、用之不竭的精神财富和力量源泉，我们必须用心用力保护好、弘扬好、传承好。思政课讲述抗战历史、阐发伟大抗战精神，不仅责无旁贷，更是机会多多。如今开展"四史"教育，既是全社会尤其是党员教育的内容，也是思政课大中小学一体化建设的重要内容，其中自然就包含抗战历史和抗战精神的学习。我们还要把历史告诉后人，用教育延续历史，用历史滋养今天，用历史指照未来。尊重历史事实，捍卫历史尊严，任何人都不可能改变历史和事实。付出了巨大牺牲的中国人民，将坚定不移地捍卫用鲜血和生命书写的抗战史。牢记历史，是为了不让悲剧重演；不忘历史，是为了和平发展和人类美好的未来。

中共中央办公厅、国务院办公厅印发的《关于深化新时代学校思想政治理论课改革创新的若干意见》强调，大中小学校思政课要"厚植爱国主义情怀，把爱国情、强国志、报国行自觉融入坚持和发展中国特色社会主义事业、建设社会主义现代化强国、实现中华民族伟大复兴的奋斗之中"。历史是最好的教科书，也是最好的清醒剂。讲好伟大抗战精神，要结合中华民族从站起来、富起来到强起来的伟大飞跃，引导青少年学生深刻认识历史和人民选择中国共产党、选择马克思主义、选择社会主义道路、选择改革开放的历史必然性，深刻认识我们国家和民族从哪里来、到哪里去；要引导青少年学生继承革命传统，弘扬革命精神，传承红色基因，使之转化为激励青少年学生为实现"两个一百年"奋斗目标、实现中华民族伟大复兴而努力奋斗的强大动力。

（中国教育新闻网，2020 年 10 月 14 日）

抓住建党百年契机，不断深化华岗研究
——纪念华岗版《共产党宣言》发表 90 周年

纪念重要人物或其作品，是缅怀前贤、传承历史的重要形式。纪念我党发展史上的重要人物或其作品，同时还是进行理想信念教育、传承红色文化的重要形式。华岗作为对于我党领导的革命、建设都有积极参与和重要探索与贡献的杰出人士，自然也在我党我国的纪念庆典文化中占有一席之地。为此，龙游作为华岗的故乡，承担着与众不同的责任和义务。抓住建党百年之机，调动社会各界的积极性，不断深化、拓展华岗研究，总结其革命事迹和历史贡献，彰显其革命精神和示范意义，是我们无法淡化的使命和不能错过的机会。

一、建党百年是深化华岗研究的重要历史契机

建党百年，相信党中央一定会全面回顾、系统总结党的历史，并规整、确认、确定一系列具有重大影响的历史事实，凝聚对于党史的全面准确认识，归纳、明定对党的历史地位和重大作用的判断和信心信念。

华岗版《共产党宣言》自在其中，华岗也不可回避。只不过所在话语环境和层次不同而已。我们要有足够的信心和勇气，有足够的时间和精力。

二、龙游地方史、衢州地方党史都要尽快补上华岗及其《共产党宣言》这一课、这一节

作为龙游和整个衢州杰出的人士，故乡必须为其留下一片天地，为龙游、衢州历史尤其是党史复盘、复原，增厚并点亮光彩夺目之处或成为点睛之笔。

尤其是《龙游县志》《衢州市志》和《龙游党史》《衢州党史》《浙江党史》应增加有关华岗的内容。

三、确认华岗版《共产党宣言》的社会影响和历史地位

学术界有关注，但是远远不够。2018 年纪念马克思诞辰 200 周年，华岗版《共产党宣言》曾引起新一轮的学术聚焦。迎接百年党庆，期待有更多的投入和参与。

目前比较有代表性的关注，略见一二。比如，"新大众哲学公号" 2019 年 8 月 7 日发表日本学者大村泉的《〈共产党宣言〉的出版史与中译本的问题》1.5 万字长文，以俄罗斯国家社会史和政治史档案馆的相关收藏为基础，概述了《共产党宣言》在不同时期和不同国家，使用不同语种和不同版本的复杂出版史，并以此为前提，重点考察了日译本《共产党宣言》对中译本《共产党宣言》的影响史，以及这种影响在译名译法上带来的问题。可谓洋洋洒洒，却只字未提华岗及其所译《共产党宣言》。说明华岗及华岗版《共产党宣言》学界认知有限，实为遗憾。刻不容缓，时不我待。学界责无旁贷，龙游与衢州、浙江更是必须先行。

曲阜师范大学孙婵的硕士学位论文《〈共产党宣言〉的翻译出版与马克思主义在中国的传播研究（1919—1949）》，指出：《共产党宣言》构建了马克思主义基本理论体系的雏形，是马克思主义理论的经典著作之一，是马克思主义诞生的标志。清末民初，《共产党宣言》最初由外国传教士在中国首次提及，然后资产阶级改良派和革命派对《共产党宣言》在符合自身阶级利益需求的基础上，进行了片段式的翻译。1920 年 8 月，陈望道完成了对《共产党宣言》整本的翻译，成为翻译《共产党宣言》全本的第一位中国人。后来，华岗、成仿吾、徐冰和博古都对《共产党宣言》进行了翻译，其中博古译本是 1949 年前流传最广、发行最多并且影响最大的一个版本。《共产党宣言》在翻译出版的过程中呈现出五个特点：①翻译出版主体的多元性突出，包括外国的传教士、资产阶级改良派、资产阶级革命派以及早期的马克思主义者；②翻译出版的目的性强；③翻译时所参考、依托的版本繁杂；④翻译形式由低到高，从最初的介译、摘译到最后全文翻译；⑤单行本数量发行巨大。

四、通过全面深入翔实的学术研究，增进华岗"三家一人"的全面认同

事，说清楚了；人，看明白了，才可以定性定位，才可以推到社会面前，才可能推进党史、国史、衢州龙游地方史，也才可能进一步彰显山东大学的办学历史。

有人说，华岗是我国著名的马克思主义理论家、革命活动家和教育家，其丰富的著述涉及政治、历史、哲学、美学等多个学科领域。也有人说，华岗是中国现代哲学家、史学家、教育学家等。关于华岗的历史地位的确认，学术界有多种说法。概而言之，求同存异，基本聚焦在"理论家、教育家、革命活动家"三个方面。而对于宣传马克思主义的历史贡献，围绕《共产党宣言》的翻译、传播，几无疑惑。因此，华岗"三家"——理论家、教育家、革命活动家和"一人"——《共产党宣言》广播中国"又一人"（《共产党宣言》全文式传播中国

的第二人），应无异议。但是，依然需要更多的学术支撑，通过深入翔实全面客观的历史梳理和学术研究，努力给出"三家一人"这样一个定位定性的说法和概括。

第一，这个定位定性要建立在尽可能全面翔实客观的史学研究基础之上。

一方面，通过目前中国最大的学术文献资源网——中国知网，以"关键词"为路径线索，搜索"华岗"，有研究成果37篇，涉及华岗的历史学研究、鲁迅研究、民族学研究、马克思主义传播与马克思主义学术范式建构、革命史学观建构、美学思想、教育思想等方面。其中山东大学8篇，另有4篇发表在山东的其他刊物上。

通过中国知网，以"篇名"为路径线索，搜索"华岗"，有研究成果140篇。除去30篇左右事关国资委主任彭华岗之外，还有110多篇，涉及华岗生平、事迹、贡献等各个领域。

通过中国知网，以"主题"为路径线索，搜索"华岗"，有研究成果317篇。除去一部分字同名近的文章之外，也有100多篇（有与"关键词""篇名"路径线索相同者）。同样涉及华岗生平、事迹、贡献等各个领域。

另一方面，有几篇作品具有代表性，分别高度概括了华岗在某一个领域或某一个方面的突出贡献。比如，《华岗：中国马克思主义学术范式的构建者》（王学典、黄广友，《文史哲》2011年第5期）。他们指出：华岗既是中共开国一代的职业革命家，又是集著名史学家、美学家和哲学家于一身的中国马克思主义学术研究先驱。华岗与同时代的其他马克思主义学者们一道，共同缔造了中国马克思主义学术范式。"社会发展史""反映论""规律"是这一范式的三大基本概念。华岗的贡献在于他为锻造和诠释这三大概念付出了独特而又不懈的努力。又如，《华岗——新中国大学学报的奠基人》（贾乐耀，《山东大学学报》2003年第5期）。他指出：华岗在任山东大学校长期间主持创办《山东大学学报》，成为新中国大学学报的奠基人，为宣传马列主义、毛泽东思想，为学校的教学、科研工作的开展和学术新人的培养发挥了重要的推动作用。《山东大学学报》的创刊发行，引起了社会和学术界的高度重视，中共中央办公厅还专门为毛主席订阅了《山东大学学报》。关于华岗对于山东大学建设和发展的作用，也有较为中肯的表达。比如，华岗在山东大学任职期间，学校出现一派生气蓬勃和兴旺发达的景象，被称为是山东大学建校以来的又一个"黄金时代"。华岗领导山东大学发展的主要业绩有：①重视全校的马克思列宁主义学习；②认真贯彻执行党的知识分子政策；③主动抓教学工作；④发扬学术民主；⑤抓大事，提高领导和管理水平。

第二，目前积极参与华岗研究的主体及成果检证。

（1）深化研究的基础性资料汇编成果显著。比如，《华岗文集》（山东大学青岛校友会编，山东大学出版社，1998年），收录华岗文献53篇。《华岗选集》

（4 卷本，山东大学出版社，2003 年），共收录他的《一九二五——一九二七年中国大革命史》《社会发展史纲》《中国民族解放运动史》《现代战争论初步》《苏联外交史》《中国历史的翻案》《五四运动史》《太平天国革命战争史》《目前新文化运动的方向和任务》《鲁迅思想的逻辑发展》《辩证唯物论大纲》《辩证唯物论和物理学》《美学论要》《规律论》《列宁表述"辩证法十六个要素"试释》等 15 部著作。其中，《一九二五——一九二七年中国大革命史》分为 16 章。而《华岗纪念文集》（青岛政协文史资料委员会、山东大学青岛校友会编，青岛出版社，2003 年）和《战士·学者·校长：华岗同志百年诞辰纪念文集》（刘培平主编，山东大学出版社，2003 年），也有具有自我特色的华岗事迹与作品整理、呈现。

《华岗专著译著年表》，作为一种独特的资源型成果，给人们展示了华岗的理论成果，是在向阳 1988 年编写的《华岗著作年表》（载于《华岗传》，浙江人民出版社，2003 年）的基础上进行。共列入著作 13 部，其中增补两部、订正核实 11 部；论文 79 篇，其中增补 52 篇，修订核实 27 篇。另有未发表遗稿增补 1 篇，订正 1 部。还有往来函件 4 则。该统计认为：华岗著作已出版的共 17 部，论文已发表的共 218 篇，未发表遗稿另有 5 部（篇）。

（2）在研究主体上，显现出比较鲜明的大小不一的"三驾马车"：山东大学、青岛文史委、山大青岛校友会。作为华岗的家乡，浙江表现略逊于山东，除了出版《华岗传》之外，《浙江档案》《足迹》发表有相关成果。《龙游文史》也有关注。但是总的来看，研究的深广度尚有待于拓展和提升。

（龙游县人民政府，2020 年 11 月 23 日）

努力做一位优秀的思政课教师

【题记】 2021年9月30日，浙江省第二届"思政星课堂"我最喜爱的高校思政课教师评选颁奖典礼在杭州师范大学举行。根据省委宣传部、网信办、教育厅的安排，作为第一届荣誉获得者，登台点评，分享感悟。

又是一年荣耀时。穿过风雨、抗击疫情，今天，我们相聚在浙江省第二届"思政星课堂""我最喜爱的思政课教师"颁奖的现场。回想第一届，精英荟萃，同志们意气风发、同台竞技，吸睛全省两千多位思政课教师，美美地推出了一批卓越之士，妥妥地打造出了新时代浙江省第一批"我最喜爱的思政课教师"。那一刻，我也荣幸上台恭领证书，迄今想起来依然心潮澎湃。感谢中共浙江省委宣传部、网信办、浙江省教育厅高瞻远瞩、运筹帷幄，启动这一场旨趣高远、诱人多多、鼓励殷深、鞭策多多的思政课教师大聚会、大比武、大展演、大宣传、大促进、大引领。

开展这样的活动，不仅意义重大，而且影响深远，师生、社会、时代都受益！

贯彻一种精神。引导广大思政课教师努力按照习近平总书记提出的"政治强、情怀深、思维新、视野广、自律严、人格正"的标准，自理、自立、自励、自为、自强，竭力、接力、借力，锻造成为真正优秀的思政课教师，高水平、高质量、高效益地完成一个个、一次次、一轮轮思政课教育教学，有力有效示范、引导、帮助青年大学生扣好人生的扣子，做中国青年人生中最有影响力的导师、大先生！

指明一个方向。提醒广大思政课教师把握好形势，做最好的自己。当前，思政课建设正处于历史上的最好时期。总书记的高度重视与亲切指导，中央和省区市有关政策的保障，中国特色社会主义伟大实践的临境在场，大学生深处其中的现实体悟及由此而来的感官认同、情感认同，等等。这些都是我们展现思政课的魅力，释放思政课教师能量的重要前提和基本保障。天予晴空，助我上青云。来吧！

楷模一种风范。现身说法广大思政课教师在如此美好的大时代、如此美妙的年华里，如何大有作为、大可有为、大作有为。所谓"大有作为"，就是我们幸遇了伟大时代，完全可以施展抱负、教书育人、立德树人，在时代的舞台上，做无愧于时代的事业。所谓"大有可为"，就是我们已经具备了全心全意致力于思政课教育教学的可能性，已经拥有了育人育才的着力点、发功处、播种机、燃放台，只要我们增厚、增强、增进主动性、积极性、自觉性，便可一展宏图，育英才无数、造俊杰四海。所谓"大作有为"，就是我们必须有真才实学、真本事、真性情、真行动、真付出和真成果、真业绩，用我们用力用脑用心的"作品"，成功引导大学生从伟大时代的感官认同，升华为对于历史规律、精彩当下、美好未来的更多的理智认同、心理认同、精神认同；就是要通过我们有效的思政课育人，弄潮时代洪波，实现个人的建功立业，成就我们个人的"大作"。救国没有赶上，强国必须有我。干吧！

造就一种气质。催促广大思政课教师只有勇于、善于、长于用"三全"育人理念，才能在立德树人的教育系统里，在多学科协同发展的大家园里，培育起仅仅属于思政课的风格、风采。坚守课堂、校园，同时打通用好校外、基层、媒体、网络、日常生活等每一个可以发挥作用的地方、时刻、环节、舞台，扛起思政课教师、意识形态建设主力军的旗帜。广阔天地在眼前、足下、身边，岂能无视、焉能小觑。走吧！

铸就一种伟业。聚集广大思政课教师的智慧、情怀、行动之力，为党育人、为国育才。只要我们拿出令人信服的阐释、解读、宣讲、展示、训导，阐明近代以来中国发展的三个"必然性"、三个"为什么"，讲好中国奇迹，说好道德观、政治观、历史观、国家观、民族观、文化观，透过"四史"，讲明白习近平新时代中国特色社会主义思想，尤其是习近平新时代中国特色社会主义思想在浙江的实践，说透彻浙江"三地一窗口"另加"一个示范区"的过去现在未来、期待责任担当，就能够形成思想政治教育的合力，充分实现思想政治教育铸魂、立根、赋能的巨大作用，充分发挥好时代的优势，再为伟大时代添彩助力。好风凭借力，行走美浙里，一起行动吧！

（新教育，2021 年 9 月 30 日）

孔繁森精神 一心为民忠诚奉献

孔繁森精神，首先体现的就是老西藏精神。要看一个人在那里起了什么作用。有的甘为人梯，长期铺垫，做打基础的工作，收获的时候他却走了。有的"十月怀胎"时他不在，"一朝分娩"时他来了。所以对干部要有客观的公论，这个关键在党组织身上，组织上要明察秋毫，让默默无闻、埋头苦干、不求功名、不事张扬的人能够被发现、被承认。

——习近平

2018年12月18日，在庆祝改革开放40周年大会上，党员领导干部的楷模孔繁森获得了"改革先锋"称号。党和人民没有忘记他！信念坚定、献身使命的忠诚品质，心怀百姓、求真务实的人民立场，生能舍己、死亦无畏的牺牲精神和创新进取、担当作为的开拓意识，孔繁森精神长期以来不断鼓舞和激励着广大干部群众为实现"两个一百年"奋斗目标、实现中华民族伟大复兴中国梦而接续奋斗。

孔繁森精神诞生于深厚历史文化与火热援藏事业

孔繁森精神的孕育具有深厚的历史文化背景和社会基础，尤其是革命传统的感召与熏陶，也跟孔繁森个人的经历和学习、实践密不可分。

孔繁森精神离不开孔繁森家乡特殊的风土世情和中华优秀传统文化的浸润。孔繁森的家乡山东省聊城市，古老的黄河文明与辉煌的运河文化在这里交汇，崇礼的齐鲁文化和尚侠的燕赵文化在这里交融，踏实勤奋的农耕思想和开拓进取的商业意识在这里汇通。特殊的地理环境、悠久的历史文化，使这里的人民既勤劳淳朴，又积极进取。

孔繁森精神离不开共产主义远大理想和中国特色社会主义共同理想的哺育。无论在青少年时期，还是参军入伍、工作与生活等各个时期、各个方面，孔繁森都在理想的引导、塑造下不断成长成才，最终脱颖而出，成为一位风采卓异、光彩照人的党员领导干部楷模。离鲁入藏，亲临"老西藏精神"的发源地，身心交融地体悟解放、建设西藏的前辈们的风雨甘苦、忠心赤胆，孔繁森无怨无悔地追上了他们的脚步，成长为高飞的"西藏雄鹰"。

孔繁森精神的产生，适应并反映了社会发展的现实与需要。轰轰烈烈的改革开放给我们带来了全社会各领域的深刻变化，人民群众的生活水平有了很大的提升。但是，相伴而来的新问题也日益引人关注，诸如贫富差距、一些尖锐社会矛盾的存在以及思想领域出现的某些前所未有的冲击和挑战等，使少数党员干部在权力、金钱、美色的考验面前栽了跟头，吃了败仗，堕落为腐败分子。剧变的大时代，呼唤与其相匹配的精神。孔繁森精神，就是在这样的时代背景下产生的。孔繁森用一生的行动，实践了信念坚定、为民服务、勤政务实、敢于担当、清正廉洁的好干部标准。

孔繁森为西藏尤其是阿里地区的繁荣发展，殚精竭虑，鞠躬尽瘁，死而后已。1994 年 11 月 29 日，孔繁森在赴新疆考察边境贸易、商讨全面合作过程中，不幸遭遇车祸而以身殉职。孔繁森牺牲的消息，迅速在西藏、新疆和他的老家山东引起了巨大反响。1995 年 4 月 7 日，《人民日报》发表长篇通讯《领导干部的楷模——孔繁森》，并配发《向孔繁森同志学习》的社论，号召大家以实际行动向孔繁森同志学习。

孔繁森精神体现着中国共产党人高贵的精神品质

孔繁森把理想追求融进改革开放和社会主义现代化建设的火热潮流，在日新月异的形势下始终保持着党的优良传统和作风。在严峻的自然条件和历史考验面前，他光明磊落做事，干干净净做人，坚持不懈地实践着中国共产党人的初心和使命。孔繁森精神是中国共产党革命精神在新时期的表现，是老西藏精神在新时期的继承与发展。

信念坚定、献身使命的忠诚品质。忠诚、奉献，不仅是马克思主义关于人类解放的伟大实践的自觉践履，同时也是中华民族忠诚执着、崇尚奉献的道德理性的当代升华，体现着当代共产党人的优秀品格。中国革命、建设和改革事业不断推向前进，靠的是包括孔繁森在内的一代代优秀共产党员的忠诚奉献。习近平总书记指出："信仰、信念、信心，任何时候都至关重要。"对理想信念的无限忠诚，对身份使命的无比坚贞，是孔繁森工作、生活的鲜亮底色，也是孔繁森精神的精髓。

心怀百姓、求真务实的人民立场。人民立场是中国共产党人的根本政治立场，这一立场回答了"为了谁、依靠谁、我是谁"的问题，彰显了共产党人最深厚的人民情怀、最纯粹的赤子之心。心怀人民、一心为民，是孔繁森作为一位党员领导干部对全心全意为人民服务的真挚理解和勇毅践行。"一个共产党员爱的最高境界是爱人民。"这是孔繁森最喜爱的一句话，也是他一直奉行的准则，既反映出他精神世界的"境界感"，又展现他在实际行动时的"接地气"。孔繁森的一生就是对人民立场的具体而生动的诠释。

生能舍己、死亦无畏的牺牲精神。随时准备为党和人民牺牲一切，是共产党人的誓言。援藏前，孔繁森请人写下"是七尺男儿生能舍己，作千秋鬼雄死不还乡"的壮语。入藏后，他用生命兑现了"青山处处埋忠骨，一腔热血洒高原"的诺言。自古忠孝难两全，孔繁森摆正了家与国的关系，牺牲天伦之乐服从国家和民族大义，他的爱泽被雪域高原，超越血缘至亲。孔繁森的奉献不是普通的奉献，而是牺牲型的奉献，是最高级的奉献，他把生命都交给了党和人民的事业。

创新进取、担当作为的开拓意识。改革开放以来，我国经济社会之所以迅速发展，就是因为改革开放焕发了干部群众的创新精神。孔繁森在西藏工作取得那样大的成绩，原因也在于他的创新实干精神。作为一位长期工作在艰苦环境中的党员领导干部，孔繁森解放思想、敢于创新，研究制定了诸如振兴边境贸易、保护生态环境、跨区域合作发展等一系列既符合当地实情和人民需要，又具有显著创新意义的政策措施，有力促进了岗巴、拉萨、阿里等地区的经济和社会事业发展。尤其是在阿里期间，他想别人不敢想，做别人不敢做，表现了极具开拓创新的领导风范。

孔繁森精神在新时代发扬光大

当今世界正经历百年未有之大变局，外部环境出现更多不稳定性、不确定性。全面建成小康社会的第一个百年奋斗目标已经如期实现，党带领人民开启了全面建设社会主义现代化国家的新征程，正在向着第二个百年奋斗目标迈进。要夺取中华民族伟大复兴的历史性胜利，还需要久久为功，付出更大努力。新时代更需要发扬光大孔繁森精神，需要更多像孔繁森那样亲民爱民、忠诚正直和靠得住、有本事、过得硬、不变质的领导干部担当起中华民族伟大复兴的重任。

新时代弘扬孔繁森精神，就要把提高政治能力放在第一位。有了过硬的政治能力，才能做到自觉在思想上、政治上、行动上同党中央保持高度一致，在任何时候、任何情况下都能"不畏浮云遮望眼""乱云飞渡仍从容"。提高政治能力，就要有孔繁森同志那样信念坚定、献身使命的忠诚品质，对党的政治纪律和政治规矩怀有敬畏之心，自觉加强政治历练，增强政治自制力，始终做政治上的"明白人""老实人"。

新时代弘扬孔繁森精神，就要真正成为群众的贴心人。要像孔繁森同志那样心怀百姓、求真务实，时刻把群众的安危冷暖放在心上，坚持到群众中去、到实践中去，倾听基层干部群众所想、所急、所盼，了解和掌握真实情况，认真落实党中央各项惠民政策，把小事当作大事办，切实解决群众"急难愁盼"的问题。

新时代弘扬孔繁森精神，就要关键时刻冲得上去、危难关头豁得出来。我们党在内忧外患中诞生，在磨难挫折中成长，在攻坚克难中壮大。敢于斗争、敢于胜利，是中国共产党人鲜明的政治品格，也是我们的政治优势。孔繁森同志生能舍己、死亦无畏的牺牲精神，在新时代激励着广大党员干部，在危难时刻挺身而出，英勇奋斗。

新时代弘扬孔繁森精神，就要勇挑重担，想干事能干事干成事。要像孔繁森同志那样，创新进取、担当作为，把初心落在行动上，把使命担在肩膀上，在应对重大挑战、抵御重大风险、克服重大阻力、解决重大矛盾中勇当先锋，善于作为，凝聚起亿万人民的智慧和力量，在全面建设社会主义现代化国家的征程上创造新的历史伟业。

新时代是奋斗者的时代，也是中国共产党赶考应考的时代。时代是出卷人，我们是答卷人，人民是阅卷人。如何继续秉承赶考意识，不断增强人民的获得感、幸福感、安全感，孔繁森精神给了我们清晰的召唤和示范，时刻激励鞭策着党员领导干部坚守初心本色，牢记使命担当，更好地为实现新时代党的历史使命不懈奋斗。

（《中国教育报》，2021 年 11 月 11 日）

三、礼赞

08080808 北京奥运之夜，我要为你歌

忘不了，那一叠浩瀚的中华绝代风采，长卷慢展；
更忘不了，那一抹写意的山水，天人合一，巨幅泼开；

忘不了，那一曲婉转悠扬的《我和你》，如同天籁，余音袅袅；
尤忘不了，那一面慢慢升起的五星红旗，高昂庄严；

忘不了，那一支欣喜、自信的长队，在姚明的身后，坚毅满心，友善满面；
更忘不了，那一路飘逸的飞翔，穿越历史、穿越全球，李宁再一次把画卷引开；

忘不了，那一簇耀眼的五环，慢慢漂移起落，把世界召集，神圣无比；
尤忘不了，那一盆烈焰，熊熊燃烧的片刻，与东方的巨龙一起升腾，照亮世界；

忘不了，那一片片礼花火焰，激情飞扬，照亮祥和，放飞梦想；
更忘不了，那一串串巨人的脚步，29 履迈向北京、迈入主会场，铿锵坚实，撼人心魄；

忘不了，那一张张由期待而赞赏而欢腾的脸，汇聚鸟巢，凝眸北京，胜意盈怀；
尤忘不了，那一声声圣洁的誓言，捍卫公平、尊严，为奥运，再造辉煌；

忘不了，那一队队和颜、欢悦的朋友，打眼前走过，盛装款步，祥和无比；
更忘不了，那一份份使命，激荡在心，为了祖国，为了进步，就打此刻开始。

（新浪网，2008 年 8 月）

206

北京：说不喜欢你，那是骗人的！

我，喜欢北京，
像绝大多数国人一样，
更不要说北京人自己了！

我喜欢北京越来越漂亮的云彩——难得一见；
我喜欢北京到处都是的公孙树——见证着幽深；
我喜欢北京朴拙沧桑的地名儿——有品位更有味道；

我喜欢北京的清华园和未名湖——水少情多；
我喜欢北京的前门和王府井——听起来如评书；
我喜欢北京的箭杆胡同——与吹糖人粘连在一起；

我喜欢北京的鸟巢和水立方——扬眉吐气的承载物；
我喜欢北京的的哥的姐——热情豪爽、知晓天下；
我喜欢北京四通八达的地铁——只有不知道的，没有去不了的；

我喜欢圆明园的大水法——和着耻辱的惊怵；
我喜欢颐和园的大石坊——王气依旧；
我喜欢天安门的石狮子——泰然接着了八国联军的子弹；

我喜欢宛平城边的卢沟桥——有型有范儿莫如此；
我喜欢卢沟桥头的乾隆碑——有桥必有碑，有碑必有乾隆爷；
我喜欢八达岭——身在山脊无愧于岭；

我喜欢北京，
仅仅因为她过去辉煌、今日繁荣、明天灿烂！

（2011 年 8 月）

207

特色兴校，虽任重道远却振奋人心

学校第二次党代会落幕已经过月，但其铿锵之声依然催人不辍。《振奋人心，发愤图强，为加快建设特色鲜明的高水平教学研究型大学而努力奋斗》，像号角，长鸣于今，振人耳鼓，令你无法懈怠；"511""158"，三数耦合，寓意深刻，方向与思路共存、战略与策略相交，凝结了我们未来的美好理想，惟妙惟肖；"学术立校、人才强校、特色兴校、依法治校"，二八字串，但求发展，似彩图，横穿理工"十二五"漫漫长路，气势如虹！当此时，环顾四周，众多高校，无一闲懒，果真春暖花开，百花却争艳。理工人从哪里急起直追，方可奋勇当先？

"特色兴校"是我们务必高举的一面旗帜

何为特色？人无我有，谓之特色；人有我优，亦为特色。身居杭城，我们深藏"天下西湖三十六，就中最数杭州美"的自信，这是杭州千年未变的特色；行走华夏，我们又时刻领略着浙商独步江湖的魅力。这不是浙江积年不易的传统，却不得不说是改革开放后，浙江奉献给人们的独领风骚。繁盛的商业文明，几乎成为当下浙江的代名词。此色已染，且渐重矣！

为何讲究特色发展？特色发展，其实就是于如林高手里，腾空而起，挥剑飞镖，长啸武林；其实就是在胶着踯躅中，另辟蹊径，独上高楼，强势突围。

历览前贤多少事，特色发展，说到底，就是生于强邻、面对眈眈虎视过程中的木秀于林之法、行高于众之途。在我国的社会发展获得巨大进步、经济实力大为增强、发展空间再次大幅拓展、各种机遇连绵群至这样一个梦寐以求的历史时空里，我们生逢其时，全省各个高校一方面苦思冥索、摩拳擦掌，另一方面实干巧干、寻机图强，大家看中的莫不是特色。

特色从何而来，特色哪里可寻？

首先，特色，是一个人、一个团队、一个群体前赴后继、鼎力而为，已经创建出来的品牌或优势，是一种库存和遗产。

其次，特色，乃一个人、一个团队、一个群体即刻而起的努力创造和开拓，

208

是一种追求和希望。这就是说，特色，既可以继承，接续前人的硕果，为今所用，跃步上前，更快发展；特色，也可以开创，用自己的双手缔造属于自我的辉煌，脱颖而出，华丽现身。也因此，特色兴校，既有保持特色的责任，还有开创特色的要求。

那么，我们学校的特色是什么？掩卷沉思、穿越时空，以下或然。其一，百年积淀，历史厚重，周边几乎无校可匹。其二，"杭派女装"丽天下，其间的顶尖设计师超过60%出自浙江理工大学，服装及其设计、营销学科，我们虽未至独步江湖之翘，亦有半壁江山之力。其三，国际化办学。我们起步未晚，兼以研判清晰、定位准确、措施得力，这些年成绩较突出，是学校未来进一步发展的又一个贡献。相信只要我们坚持不懈，经过"十二五"，一定能百尺竿头更进一步，凸显出在这个领域里的远见卓识。

如何保持理工的特色，如何实现我们的特色兴校？

其一，在理念上，破除对科学发展观的曲解或误读。科学发展讲究全面发展，但全面发展绝不等于齐头并进、均衡发展或同步发展，而是一种要选择、有重点、分层次的发展。对于我们而言，就是要根据社会发展的需要与学校长期办学的积淀，坚信特色兴校的信念，落实特色兴校的方策，确认、确立、确保我们自己的办学特色，明确发展方向和重点。

其二，开挖校史文化资源。站在文化的高度，精心进行顶层设计，确保我校百年历史挖掘深入、资源整理全面翔实、保护开发有力有效，切实打好历史牌，做好文化大文章。在当今建设文化强省、强国的社会潮流中，丰厚的学校发展史资源，是前辈们留给我们的珍贵财富，是我们的宝贵遗产，也是我们昂首的底气！我们唯有把它们保护好、开发好、传承好，才无愧于蚕学馆这个中国职业教育、专业教育、农业教育的历史名片，才无愧于代代前贤的躬耕和砥砺，才无愧于未来辈辈新人的期待和自信！

其三，坚定不移地推进国际化办学。在经历了高等教育大众化的狂潮之后，国内人口总量的稳定化、教育途径方式的多样化、成长成才成功理念的多元化……这些巨大的变化，势必而且已经鲜明地考量着大学教育的发展空间和可持续发展舞台；而世界多极化、经济全球化的国际大势，也造成了无法回避的更加频繁和深入的纵横交流与相互渗透，这也真实地给国际化办学提供了可能和机遇。面对"十二五"以及之后的中国高等教育，委实是：试看天下谁能敌，开源节流当并用。节流者，固守阵地，发掘内涵之求；开源者，转换场地，固本的同时求新拓展之意。因此，大力推进国际化办学，既是资源配置社会化的题中之义，也是遵循高等教育规律和市场经济规律的必然选择，最是开源节流的本意。

"其兴也勃焉，其亡也忽焉。"兴，当保持"勃"之势。今天，对于我们，就是要恪守特色兴校，在保持特色、创建特色中，焕发勃勃生机。唯如此，才能确保不发生在强力竞争中"忽"亡的悲剧。

（《浙江理工大学报》，2012 年 5 月）

献给年届两花甲的新秀

对于浙江理工大学，
我是后来者，
十几年的交情而已，
她不比我的母校在遥远的中原。
但是，
我深深地爱着她。

爱着她，
百年来弱弱地撑起中国纺织教育的龙头，
开创着、先行着。
爱着她，
历经沧桑，
始终踽踽独行，
没有攀附过他人的肩头，
也没有被别人抹掉独到的色彩。

因为爱着她，
我有了 2007 年 110 周年校庆的彩旗珍藏着；
因为爱着她，
我有一块文一校区的铺路砖包裹着依偎在书橱里；
因为爱着她，
我悄悄地写成了《百年蚕学馆等你来敲门》，
呼唤更加帅靓的才俊前来；
因为爱着她，
我曾手抚 2011 级的同学，说《多想把你留下》；
因为爱着她，
我畅想着多么美好的明天属于她，

属于她的子弟，
摩挲在我们的肩头。

因为爱着她，
虽然远离故乡，
我再也离不开梦一般的江南；
因为爱着她，
我愿意把自己有限的未来，
融入她无限的情怀，
长长的前行。
……

（浙江理工大学，2016 年 11 月）

树牢信仰、拧紧理想信念"总开关"

党的十八届六中全会以全面从严治党为主题，坚持思想建党和制度治党相结合，提出"党要管党必须从党内政治生活管起，从严治党必须从党内政治生活严起""必须把坚定理想信念作为开展党内政治生活的首要任务"。这是对今后治党工作的重大部署。

一、理想信念是共产党人安身立命之本

信仰乃人之灵魂，是思想、行为的统帅。人们一旦确立了信仰，就愿意相信人生中有一种东西，比自己的生命还重要，不仅值得为之活着，必要时还值得为之献身。这种东西，像日月星辰一样照耀在我们的头顶，令人仰望和笃信。有了信仰，人们就能够激发出宏大的理想、坚定的意志和无穷的力量；缺乏或丧失了信仰，人们就犹如在黑暗中摸索，没有目标，难辨方向，随波逐流，往往只能浑浑噩噩终了一生。

共产党区别于资产阶级政党的根本标志在于对马克思主义的信仰。中国共产党坚定地信奉马克思主义，中国共产党人笃信共产主义远大理想和中国特色社会主义共同理想，并在追求理想的过程中始终保持着四个自信与政治定力。信仰是党的指路明灯，理想信念是共产党人精神之"钙"。全面从严治党，进一步规范党内政治生活，首要就是必须确保全体党员坚定马克思主义信仰，坚持共产主义远大理想和中国特色社会主义共同理想，并且甘愿为之不屈不挠地奋斗和献身。因此，全面从严治党，务必从树牢信仰这个"总开关"做起。

古往今来，但凡拥有信仰者，总能心明眼亮、坚毅果敢、披荆斩棘，即使偶有挫折，也终究能够无往不前，无往不胜。党领导的人民军队在艰苦卓绝的革命斗争中之所以摧不垮、打不散，呈现出惊人的战斗力，之所以能够驱逐日寇、推翻国民党的反动统治，缔造新中国，无数革命先烈为革命抛头颅洒热血、前仆后继、视死如归，靠的就是坚定不移、百折不挠的革命理想信念。中华人民共和国建立之初之所以有效遏制腐败，所依靠的就是那种高尚信仰和价值追求的精神支撑。今日中国共产党人积 60 余年社会主义实践探索之巨功而致国力大升、威信大增、舞台大展，也是秉持着"国家富强、民族振兴、人民幸福"这样的坚定

理想信念。

与此形成鲜明对比，清王朝的八旗军和国民党军从开始的所向披靡蜕变为不堪一击、一触即溃，其根源不外乎信仰缺失、精神涣散、心脑空荡。中国古代的吏治贪腐之所以始终不能根除，从根本上说还是没有真正建构好官员的精神世界和价值系统。历史和现实无数次证明：一个民族若要满怀希望、兴旺发达，就必须有仰望星空的人。中国共产党就是中华民族和中国人民那群仰望星空的人，每一名中国共产党党员理应是万千民众中仰望星空的人！

二、必须把思想建党和制度治党有机结合

党的十八届六中全会把"思想建党"提到了一个新高度。制度治党是发挥制度的优势和他律的作用，属于托基固本的行为，而思想建党是高扬灵魂价值、发挥自律作用，通过"灵魂深处闹革命"，使党员尤其是领导干部自我解决"为了谁、跟谁走、走向哪里"的根本立场问题。

纵观我们党95年发展历程，加强党性修养始终是贯彻革命、建设和改革实践各个历史时期的一条红线，既是宝贵的历史经验，又应当成为一项常抓不懈的党内政治生活内容。轰轰烈烈的改革开放和市场经济，在为我们带来繁荣和发展的同时，也让人们遭遇了前所未有的对追求物质财富的狂热，社会领域的道德滑坡、信仰迷失、精神颓废开始侵害党的领导干部，甚至在党内有继续蔓延的势头。

以习近平同志为核心的党中央审时度势，坚持思想建党和制度治党相结合，按照"上树信仰、中立价值坐标、下画红线"的系统设计深入开展、扎实推进正风反腐，达到了标本兼治，赢得了党心民心。因此，全面从严治党，就必须把思想建党和制度治党有机结合起来，靠制度解决"不敢腐、不能腐"的问题，靠理想信念解决"不想腐"的问题。

三、树牢信仰须从当下做起

树牢信仰、拧紧理想信念"总开关"，就要自觉拥护、捍卫以习近平同志为核心的党中央权威上来。一方面，全体党员向党中央看齐、向习近平同志看齐，这是中国共产党人的信仰和理念信念在现实政治生活中的具体体现。另一方面，全体党员向中央看齐、向习近平同志看齐，意味着责任使命和勇气担当，是一种实实在在的理想信念的强化与重塑。

树牢信仰、拧紧理想信念"总开关"，就要时刻以党员的标准要求自己，主动接受群众监督。比如，党员要佩戴党徽，党务工作部门、党员岗位要挂牌，党的重要活动要悬挂党旗党徽，重大的党的组织活动要向党旗党徽致敬、宣誓等。以此增进党员的身份意识、仪式感和庄严感，实现外部监督的大众化和自我监督

的日常化。

树牢信仰、拧紧理想信念"总开关",就要切实经受"四大考验"、克服"四种危险",用党的理想信念感召群众。比如,要想方设法不断地对党员开展"两学一做"学习教育,以此培固信仰、筑牢信念、坚定理想、净化灵魂、激发动力等,把树牢信仰、坚定理想信念的工作做进日常、做到自觉。

树牢信仰、拧紧理想信念"总开关",就要认真传承红色基因、弘扬红色精神。体现全心全意为人民服务根本宗旨的红色基因是共产党人的政治底色,"红色精神"则是中国共产党人坚定信仰的重要载体。中国共产党人树牢信仰大旗就必须传承红色基因、弘扬红色精神,为续写中国特色社会主义伟大事业的光荣与梦想而努力奋斗!

（红笔,2016 年 11 月 10 日）

致师专 1987 级政治科同学

请原谅，
今晚，我想喝杯酒，
一杯沉蕴了 30 年的"皇封御酒"，
密藏于 1986 年，
那个青涩的年头，
在古老宋城的梁园，
在应天书院的隔壁，
在四千年阏伯台的附近。

因为，
今天我遇到了那年，
跟我一起走进黉院的优秀青年。
他们陪同我春秋几度，
并且轻轻地覆土，
埋下了桂花酒一坛。

30 年了，
这一群才俊，
早成栋梁。
只可惜，从那以后，
我们陌路彼此，天涯混沌，
再没了音讯。
今天，我想喝一杯，
梁园的宋城老酒，
我想用酒精的魅惑，
带我回到那年。

有位女生，
芳名王芳，
在我第一次做班主任的时候，
她做了政治科 86 级的团支书，
那位甜歌入心的豫东美女，
今昔在何方？
我想喝一杯酒，
捞起脑海深处的片片记忆，
把她和她身边的同学聚齐。

有位帅哥，
何峰为名，
闯荡江湖，早早便历练成青年专家。
精干的平头，迷惑女生多多，
终于，
自己没有蹚过女人的河，
率先执手慧女到如今。
我想喝一杯存放在梁园的陈酿，
祝福峰慧的爱情真醇绵长，
一如弯月笙歌。

请原谅，
我想抽支烟，
尽管已经非常讨厌那种诱人的味道。
我想在散漫的迷雾里，
回归 30 年前的梁园，
找寻一个个熟悉的面孔。
就让我取一支曾经叫"莲花"的纸烟吧，
再陪着那杯盏黄曲，
江南与千里外的中原，
我便一步之遥。

洪彬、玉强、凤云、尚霞，
他们的俊秀、清丽，
如同千年宋国孕积的蓓蕾，

绽放着。
葛微、仇索、梁钊、秀香,
一个个前行者的身影,
蹒跚过山山水水,
骄傲地站在路边。
我想与他们共饮一杯,
当年一同研磨的醍醐,
把幽香沁入暌违已久的他和她。

请原谅,
今夜,我可能会无眠,
我想在酒香里沉醉,
在烟熏里火燎。
沉醉在 30 年的长河里,
火燎起南北遥望的路途。
只为逢着他们,
再埋下一坛中年的酒。

(2016 年 12 月)

欢送 2017 届研究生毕业

第一，真的很感谢。

因为有你们，马克思主义学院多风采；因为有你们，马克思主义学院多美誉。王丽霞《思想政治工作研究》的文章，胡倩《马克思主义研究》的论文，提升了研究生的学术品质。王学玮 8 万字的学位论文，证明硕士生也可以手握大笔，龙飞凤舞。蒋春美、陈立群早早创业，改变了研究生的学习状态和就业格局，证明马克思主义理论学科的研究生能文能武，是多面手。祝秋萍中学历史与社会教书育人的职责岗位，使得师生校外联系的机会进一步增多。相信你前途更美好。俞艺彬在田径场上那一掷铅球，让我们深深懂得女生从来不输男。还记得，当年去乔司少管所，我们的书记徐晓燕的惶恐心情和紧张表情；还记得应璐婷在我们前往永嘉途径她家中途休息的时候，她坚持要招待大家的真情厚意。

还记得课堂上，克服困难、自愿留级来到新集体的陈立群被学弟学妹们艳羡的场景。还记得前辈级学生汤阳洋，是你让我们知道了达到管理临界状态的学生该如何自救。还记得总是被我错叫为浙江大学党委书记金德水的金德文，她做的课程结业小视频成为永远的经典。还记得罗琪在论文预答辩时就要夺眶而出但终究被强大的内心消融稀释的美女泪。还记得刚入校不久在十六街区东北饺子店偶遇桑璐，老师没有第一时间记住学生的名字只能以美女相称。还记得每天早上在办公室最早遇到白晓丽，读经典看原著那么专注和投入。还记得反反复复被学校多个部门的领导、老师表扬赞许的朱海蔚，多么敬业、多么会做事，证明了马克思主义学院的研究生高素质、高品质。还记得在辅导员离岗的时候，徐梦怡顶班值日，与大家一起度过了最繁忙的那一段日子。还记得去宿舍检查卫生和安全，颜育众、江承先宿舍里的琳琅满目与满室生辉。还记得，你们是男生最落寞也因此是最珍贵的一届，羡慕颜育众和江承先。还记得，在龙泉市住龙镇同学们实践调研，在桐庐金萧支队纪念馆体验式教学。

还记得，你们全程参与了马克思主义理论学科目录外自助设置二级学科红色文化研究的酝酿、创立，在永嘉，在桐庐，在富阳，在龙泉，在每一次每一场红色文化研究与实践活动中，你们都争先恐后，热情洋溢。

还记得很多很多，很多很多。它们都成了抹不去的记忆，都成了马克思主义学院历史上不可或缺的一幕幕。

感谢你们！因为你们，马克思主义学院红红火火。

感谢你们！因为你们，马克思主义学院信心满满。

下面，请允许我，再点一次名，让今天在场的每一位深深地记住彼此！

第二，真诚地祝福大家！

因为有前面那么多经历和记忆，我们在一起的日子丰富多彩。

也因为那么多共同的岁月，我们会保持永远的纪念，学校、学院、老师、学生，我们彼此常相忆。

如果在校期间，因为管理方面的原因，给大家带来了某些不快，我代表学院向大家表示歉意。我们的工作没做好，希望你们能够捐弃前嫌，向前向前。比如，朱海蔚等几位学生在学校招就办工作，在第一次执行学院制定的综合测评政策的时候，因为是我的学生而不能给大家应有的关怀。对不起因此受影响的几位同学了！

如果将来你们在拼搏过程中，有需要学院、老师和学弟学妹们的时候，一定不要口难开。比如，当你们被提升的时候，按照党员干部管理的相关规定，一定会到学院来调研。我们会在实事求是的基础上，为你们添彩。又如，你们要考博，需要学院出具相关证明，也尽可直言不讳，老师会支持，学院会支持。

如果你们在某个地方安稳下来了，记得告诉导师和学院，我们会用校友会的名义寻找你，呼唤你，招待你。也请你以校友的身份关注学校、关心学院、关心老师和师弟师妹们。

过几天，你们就要离开了，有的人却还没有称心如意的工作；有的人还是形单影只孤身一人，无处可托心；有的人暂无立锥之地，依然要背起行囊走天涯。面对此情此景，作为导师和院长，我想轻轻地告诉大家：别灰心，莫泄气，十步之内必有芳华。

请大家，在未来的日子里，谨记三句话：

时时有惊喜，重要的是你要有准备！处处有阳光，关键是你要有开放的心！时时处处有诱惑，千千万万、万万千千你要耐得住寂寞、扛得住迷幻，做一个心安身正行端的人！

同学们，大家爱你们，祝福你们，等候你们！

（浙江理工大学马克思主义学院，2017 年 4 月 1 日）

思政课教师，我很在乎

【题记】大学里的思政课很神圣，引领、筑魂不一般；思政课教师很英俊，帅酷美颜最暖男。但是，思政课也是高等教育课程体系的一部分，思政课教师也是大学里为师者的一群。它和他，都需要被平静地看，平顺地听，平等地说。

我自豪
我是思政课教师
总书记说要"三全育人"，我们要当生力军
信任与自觉比翼双飞
党中央要求寸土不失、片瓦不丢、丝毫不让
重任在肩，丝毫不懈怠

我知道
网络、新媒体，不能也不会让人熟视无睹，无动于衷
网络不能仅仅是通信交流平台
新媒体不能只是交友阅读工具
也应该是战斗的新阵地、新武器

我深信
在教室讲课，激情澎湃，娓娓道来
我掌控着有形的课堂
但这只是占据了八小时内的教室，边界有限
进入网络，我可能只有点点空间
却可能渗入学生的段段时间
也可以给青年、给素不相识的人新的影响
网络给了我面对更多人的机会
如此，忽然间，使命感又激发了我的职业快感

我感觉
也许，我的一段文字，让学生豁然
也许，我的一语情话，让学生缠绵
也许，我的一则婉约，让学生遐想
也许，我的一个明示，让学生激越
也许，我的一曲嘹亮，让学生奋进
也许，我的一段呢喃，让学生温暖
也许，我的一次自嘲，让学生扣心
也许，我的一句痛斥，让学生顿悟
也许，我的一幅图片，让学生开怀
也许，我的一则笑话，让学生释怀
也许，我的一段独白，让学生感动
也许，我的一帧视频，让学生潸然
也许，我的一池舞蹈，让学生陶醉

我知道
在大学，作为老师，我与专业老师一个都不能少
他们以教书、传授知识为主业主线
我却同时在传道授业解惑
也许他们只要用力即可精彩
但我必须同时用脑用心，还未必被喝彩
思政课程，我可以做好
课程思政，您准备好了吗

我懂得
有的时候，被专业老师侧目
我不在乎，更不辩解；我不后悔，更不自卑
因为我从未放弃做得更好、付出更多
有的时候，被一些学生或家长误解，污以"水课"老师
我不沮丧，更不气馁
因为我确信，如同他们自己迟早会明了
为人处世的道理远比知识技能更持久，更有价值

我清楚
有的时候，我要面对一些误解、曲解、污解、费解

那，不是思政课或思政课教师我的错
是误解、曲解、污解、费解者的偏狭或一时的蒙圈
当然还有一些人别有用心
我也清楚
有的人未必真心推墙，却可能已经触壁
我更清楚
有的人真心砸锅，思政课或我就是好靶子

我记得
东北的曲老师，是我们的楷模，我们的群像
可是，能不能宽容我们很多人依然平凡
上海的李老师，是我们的代表，我们的写生
不过，也应允许我们一直在努力
如同很多很多的"永远在路上"

我自信
我是思政课教师
离卓越可能还有距离
但我不曾偷懒
我曾累倒在教室
却拿着比专业老师更羞涩的饷银
我曾反复被学生推选为好老师
但那是我走出教室和学校仍继续工作的回应
我曾拿着发票在报销人员面前羞怯得像犯了错
但我没有付酬的兼职，开不了工厂，炒不了股票，弄不了期货
我没有高育良的资源，却同样有着陈岩石的执着
我没有祁同伟的蝇营狗苟，却真的有侯亮平的正气

我敢说
我没有外快
尽管大家都在用辩证法唯物论，却几乎无人请我去讲马列
似乎，电视台不需要马克思主义
校外公共场所不能大谈共产主义
我只能给学生讲，在圈里业内说
如此，忽然纠结是社会太世俗还是我太纯粹

223

亲爱的领导

教育要发展，学校要进步，学科要考核，科研要指标

这些我懂

可是我没有平方的时间，我要上课

不停地上课，上到每年近千愈千好疲惫

惫而不倦，苦却不言，连自己都感动

我几乎没有自己专业的学生

但全校每个学生都会修我的课

因此，如果一不小心，年终收入多一些

请为我证明

他超强度劳动，弱体费心，足够可敬

一不小心论文没发表、项目没拿到

请为我呼吁

他发过C刊、做过国家社科，奈何教学奇重，分身实无术

一不小心有学生为爱痴狂

请为我挺身

思政课并非包医百病，独步武林

一不小心我受了伤

请为我撑腰

他，其实也会流血也会流泪

亲爱的专业老师

您可以一个教案用多年，我不行

形势在变、政策在变、理论在发展

我的讲义和教案，日新月异

我的课堂，每一班级每个教室都得有新花样

以变应变是我的看家本事

终不变的是信仰、信念和诲人不倦

您可以大放厥词甚至信口开河

借助知识的缝隙释放戾气和酷炫

可是我不能，不敢，更不该

您可以神采飞扬无边际

我不行，我已习惯纪律，懂得正义，坚守客观

您可以单凭知识的力量、逻辑的力量站台

我必须再加人格魅力、理论魅力一起上

亲爱的媒体
请不要造谣思政课堂人睡觉
即便那高端大气上档次的成人培训班
谁家的孩子上课不玩手机
我已经变堵为疏，线上线下一起手机教与学
请不要戏谑思政课教师黑脸板面孔
我心热话甜身正行端，连服饰都很美
请不要指责我动口不动手、动手不动心
哪一种教育技术我不会
哪一个教育技巧我不懂

亲爱的那些谁谁谁
您可知教师艰辛
可知思政课教师尤不易
您可知教师已经走下神坛
思政课教师也应回归平凡
我会鞠躬尽瘁，但不希望总被推上风口浪尖
我本迄今都高尚，但不待见动辄被打脸

请您相信
过去，我一直面朝大海
用心演绎思政课成为学生的最爱
现在，我还跟大家一起在灿烂
不管学生以后是否还记得咱
未来，我肯定会走向更加辽阔的远方
一起追逐中华好青年

（浙江在线，2017 年 5 月 20 日）

唱响创新实干最强音，您准备好了吗?

【题记】习近平总书记殷切期望，浙江要干在实处、走在前列、勇立潮头。除了省委、省政府战略决策正确、措施得法、执行有力之外，每个普通的浙江人，都应从自身做起，从细微处入手，严于律己，做成一个个微型样板，楷模众人，引领大家，唱响创新实干最强音。

(一) 唱响创新实干最强音，您，准备好了吗?
做一个自信的人，
工作、生活都从容;
做一个和谐的人，
合作而不暴戾，奋斗而不怨尤;
做一个阳光的人，
走入人群，走进网络，走回现实。

做一个有信仰的人，
做事处世，怀初心、守底线;
做一个勤劳的人，
不靠坑蒙拐骗，不靠巧取豪夺;
做一个敢担当的人，
持家、工作、临危，皆有为。

(二) 唱响创新实干最强音，您，准备好了吗?
做一个文明的人，
爱护文物，乘机不脱鞋;
做一个会讲普通话的人，
走遍祖国都亲切;
做一个勤读书爱学习的人，
宽视野，好眼力，更智慧。

做一个孝慈的人，

侍亲精诚，育子有方；
做一个远离邪教的人，
清明有礼，持正端庄；
做一个重诺守信的人，
行天下而无碍。

（三）唱响创新实干最强音，您，准备好了吗？
做一个守规矩的人，
高速上不倒车，共享单车摆放好；
做一个节俭的人，
外餐光盘，反对暴殄天物；
做一个有修养的人，
明眸皓齿，行端步正。

做一个爱护动物的人，
做一个购物排队的人，
做一个观虎买票的人，
做一个西湖不游泳的人，
做一个懂得垃圾分类的人，
做一个斑马线前礼让行人的人。

（四）唱响创新实干最强音，您，准备好了吗？
如果您是公务人员，
请务必做到让老百姓办事只跑一次；
如果您是一名河长，
请务必确保所负责的河段持续达标；
如果您是一位律师，
请务必坚守法的精神。

科技人员，请继续恪守真理，创新创造；
村主任，请努力把家乡建设成美丽乡村；
经营者，请万万不可做老赖；
网评员，请不要只做标题党；
小鲜肉，请不要只顾跑路跑酷；
@ all，请一定不要制毒贩毒吸毒。

（浙江新闻，2017 年 7 月 1 日）

有一种力量叫信仰

【题记】 藏胞朝圣《冈仁波齐》，一剧动天下。议论纷纷中，核心的沉思与反省，乃是信仰。走进现实，信仰并非缺无，只不过，有的信仰你我不懂，有的信仰你我无需懂，有的信仰你我都应守。

有一个目标，源于一种理想，
天地之间唯其大，
百年之中唯其恒。
信任之、信奉之，
仰慕之、仰视之，
并且铸成坚定的信念，
百折不挠、不卑不亢，
是为信仰。
古往今来，君可见：
黄河之水天上来，奔流到海不忧伤。

有的信仰，无需懂。
11 人、1 年多、2000 多公里，
车祸、水阻、滚石、生孩子、缺钱、死亡，
即将临盆的孕妇、家徒四壁的屠夫、自幼残疾的少年，
还有不谙世事的女孩儿。
带着不同的故事，怀揣共同的期望，
朝向圣城拉萨、圣山冈仁波齐，
为众生和家人祈祷幸福平安，
一步一磕，一起一伏，
把命运交给了远方。

有的信仰，未必懂。

1927年"四一二"政变，共产党人由5万多人锐减到1万多人，
1934年又猛增到30多万人。为什么？
中华人民共和国成立之前，中共浙江省委书记或代理书记有11位，
其中9位捐躯革命。他们，何以前仆后继？
长征开始后，多次扩红，
路边放牛娃，喊一声就加入了队伍，
两万多长征红军将士成为共和国的奠基人，又为啥？
无数富家子弟决裂家庭，投身革命，
毛泽东全家6人牺牲，
杨靖宇坚持到最后，步入辉煌，
共青团浙江省委书记裴古怀遗言：胜利的时候，请不要忘记我们，
邱少云烈火焚烧浑不怕。
他们，缘何如此浩荡？

有的信仰，要坚守。
百多年来，前赴后继，
振兴中华，一梦助飞翔。
"一五"计划，铸造了我们坚挺的脊梁；
"大三线"，创建了我们奋进的后方；
"两弹一星"，放飞了中国气质的荣光；
雷锋，点亮的是我们共同的精神宝藏；
神舟、天宫，承载的是太空里的华夏"道场"；
高铁，编织的是新型工匠的激情霓裳。
干在实处、走在前头，浙江要绽放明日中国模样，
壮丽在前，能不策马鞭扬？！

（2017年7月）

229

国内第一本通论性红色文化教材
《红色文化概论》出版发行

　　7月，由我校马克思主义学院院长渠长根教授主编的《红色文化概论》教材由红旗出版社出版发行了。这是我校红色文化研究与教育工作中的又一新成果，据悉也是国内第一本通论性的红色文化教材。

　　编写《红色文化概论》教材，基于几个方面的考虑。其一，进一步推动红色文化进校园、进课堂、进头脑。其二，深化我校红色文化教育教学与研究实践。其三，圆满完成由中共浙江省委党史研究室主办的"2016年党史文化进校园"活动。其四，务实推进我校"全国高校实践育人创新创业基地"建设。其五，为新开设的2017年新生互动研讨课程提供教材。

　　多年来，我校一直倾力红色文化研究与实践，把相关的教育教学与学术研究有机结合起来，把相关的立德树人育人工作与为地方文化建设服务结合起来，相继设立了一批合作平台，并依托之，开展了一系列具有重要影响的学术、宣传、实践育人等活动。目前，已经设立了"浙江现代革命历史文化研究基地""杭州红色文化中心（桐庐）""浙南红色文化研究中心（永嘉）"等，分别于2014年、2015年和2016年举办了"中国共产党榜样文化研究""永嘉'包产到户'与中国农村改革""依托红色文化，推进高校思想政治教育"等全国性学术研讨会。2015年又以"追寻红色文化，深化思政课实践教学改革"为题，申报国家级荣誉，成功入选"全国高校实践育人创新创业基地"，成为全国首批50家之一。2016年又以"红色文化研究"为主题，成功申报浙江省中国特色社会主义理论体系研究中心基地，成为首批10家之一。

　　围绕红色文化研究与实践，我校马克思主义学院还编写出版了《马克思主义中国化、大众化语境下的红色文化研究》（中国工商出版社，2013年）、《榜样文化研究》（中国文史出版社，2014年）、《红色名人印迹》（中共党史出版社，2014年）、《红色文化与高校思想政治教育》（中共党史出版社，2017年）等学术著作。

　　同时，为了把红色文化研究的学术自觉提升到学科自觉的高度，我校还在2016年创设马克思主义理论一级学科下目录外自主设置二级学科"红色文化研究"，这在全国又是首创。目前，全校大学生在暑期社会实践中，开展的"手绘红色地图""百年情书——不忘初心经典诵读"等红色文化实践活动，创意迭出，不仅产生了积极的宣传教育效果，也产生了良好的社会影响，被 CCTV、浙江卫视新闻联播等主流媒体报道。

据悉，在总结经验的基础上，本学期将由渠长根教授领衔开设创意性课程2017 年新生互动研讨课程《红色文化概论》。这也是把教学改革与学术研究、实践育人等有机结合的新探索。

（中红网，2017 年 8 月 25 日）

为何不能为浙大"优秀网文10万+"叫好？

【题记】 总书记强调思政课程要向课程思政转变，呼吁筑起全过程育人、全方位育人的大舞台。如果您是老师，却对优秀网文10万+新政微词，更不愿亲自创作，如何从书里走到书外，课内走到课外，校内走到校外？走不到，何谈"两全"育人？

当今社会，文化并不只有阳春白雪和下里巴人两种状态，真正的贴近生活、能引起群众思想碰撞的便是好的文化。优秀网文的推行不是使高尚的学问跌落神坛，而是使百姓群众伸手触碰文化的梯路更便捷！

1. 不愿与时俱进，婉拒新技术？
新媒体时代，
却反对或者罔顾新媒体业已承担的文化传承责任和功劳，可怕。
不是新媒体有错，基本是您忒保守。
其实，每天您都在刷屏，看微信、进QQ，
甚至也曾为优秀网文叫好。
高校为何就不能把它引入考核体系？
只缘自己无趣？

2. 看不起自媒体百姓读者？
携知识优势，
孤芳自赏，不愿文化下移，更可怕。
其实，您的万言数万言乃至皇皇巨著，
您发表在《××学报》《××研究》上的论文，
几人看？什么人看？
读者10万，可有？估计达不到。
5000，可有？也难说。
没人看，少人看，只有看得懂的人在看。
如此，文化"化"人，怎么落实？

知识普及大众，何以变现？

知识分子引领社会，怎样美梦成真？

放下身段，搞一些科普，把玄妙与深奥，惠及众人，多好！

把复杂问题简单化，把简单问题更加简单化，多高！

3. 只有大部头，N 卷册，冠以"研究""探源""刍议"等字，才是文化？

文化，无论吃穿住用行，间或酸甜苦辣咸，皆可铭传。

一页纸，一段话，一首诗，一张图，载存文化你不疑。

弹一曲，歌一杯，舞一段，掌一勺，传播文化你怀疑？

因此，当富含文化的严谨论文，仅仅成了后续学术的征引对象，呜呼。

如果铜封彩插的洋洋万言，也是文人之间签名互赠唱和抬轿援手的玩物，又呜呼了。

相比之下，优秀网文 10 万 +，却可以 OK 一次了。

《三国志》正史洋洋，几人看？《三国演义》民间读物，又有几人不曾看？

阳春白雪与下里巴人都能承文化！

4. 只有标明出版社，有书号刊号，印在纸上的作品才算文化作品？

须知：文化作品是给人看的，不是供收藏的，

看的人越多，越有价值。

如同房子是用来住的，不是用来炒的。

搁置在资料室图书馆的架子上，

珍藏在您家的书橱里，

躺在送给"可与闻"者的快递途中……

都可能伤害了它的生命价值。

短小精悍、言简意赅、达善传真、持正端美，如此网文，读者 10 万 +，岂不足范？

5. 见过文化大家亲民吗？

专家下基层，教授搞科普，院士给本科生上课，艺术家组成心连心艺术团到边防哨卡，领导干部进文化礼堂……

事实证明，它们都深得民心，

它们可堪口语版的 10 万 +！

君不见，《百家讲坛》《中国好声音》等，带有大众化色彩的电视栏目，多么受欢迎。

您，可否借鉴借鉴，让更多的人了解、熟悉您的大作精品？

莫断言劳力者看不懂，

莫自闭，10 万＋海人无数，

莫傲慢，芸芸众生更喜文化。

6. 还记得《茶经》惠民吗？

《茶经》虽好，继往开来，千古难越，但阅者几何？懂者几何？不过是圈子里的贡品和奢侈品。

但是，经过解读，尤其是经过深入田间地头的茶叶科普工作者的言传身教，广为流传于民间，变换成茶农们口传心授、代代相承的规范，造福百姓。

陆羽才变成了"茶圣"。

其实，升格为圣，首先不是因为他写了《茶经》，而是因为他写的《茶经》经过解读、示范、流传，被推而广之，福泽绵绵。

试想，

如果《茶经》一直珍藏在茶叶专家的书橱里，

华丽在图书馆里，

还不是单纯的藏品而已？

君可知，文化精品不与百姓为利，

仍然只是少数人的娱乐物，失去了文"化"人的本意和本性，

文化人也因此要蜕变成造字专家、码字工人、耗纸专业户。

噢，原来，你害怕网上刷流量，假爆棚？

担心 10 万＋变成牟利新艺？

请相信：只要优秀网文 10 万＋政策落定，

道高一尺魔高一丈，终有降魔棒！

（红色文化网，2017 年 9 月 28 日）

德清红色文化基地挂牌致贺

今天，我们在这里举行隆重而简朴的仪式，成立"浙江现代革命历史文化研究基地德清红色文化研究中心"，这是一件可喜可贺的事情。

开展以红色文化研究为中心的中国共产党党史研究、革命史研究，一直是党中央大力倡导的重大工程，更是学术界的重要研究课题，也是中共德清县委多年来一直高度重视的社会发展问题，不仅有利于我们进一步学习领会并在工作中落实党的十九大精神，更可以直接促进德清县党员干部教育和"两新"组织（新经济组织、新社会组织）建设。

今天，我们设立德清红色文化研究中心，是继续落实党中央这一号召的重要举措之一，也是务实推进德清县党的建设的重要举措之一。本中心由两个方面的人力资源构成：在浙江理工大学方面，主要依托浙江现代革命历史文化研究基地和马克思主义学院。浙江现代革命历史文化研究基地，是根据中共浙江省委党史研究室的发展规划，于 2012 年成立的。该基地设在浙江理工大学马克思主义学院，主管部门是中共浙江省委党史研究室，基地的核心工作就是立足浙江，开展自中国共产党成立以来浙江的革命、建设和改革开放研究，包括党史文化研究、红色文化研究等，总结我党在浙江的革命、建设、改革开放伟大事业的历史进程和经验教训。目前已经取得了不菲的成果，如举办了第一次"中国共产党榜样文化研讨会"，还与中共永嘉县委、县政府合作，举办了"'包产到户'与中国农村改革"全国学术研讨会。公开出版发表的学术成果，引起了媒体的广泛关注，《浙江日报》《光明日报》《中国教育报》等都有报道。

今天成立德清红色文化研究中心，是依托湖州、依托基地，覆盖德清、聚焦钟管的重要行为，是基地和马克思主义学院相互结合开展课题研究、教书育人、社会服务的重要渠道之一，也是我们走进乡村、企业，向实践学习、向社会学习的重要方式。相信也会为德清县委组织部和钟管镇党委持续开展党员干部教育、基层党建和红色文化宣传开发，提供有力的支持。

德清红色文化研究中心设立的宗旨，就是借助浙江革命现代文化历史文化研究基地凝聚起来的学术力量，在德清县委组织部的大力支持下，全面挖掘德清县尤其是钟管镇的红色文化资源，打造德清红色旅游品牌，培育德清经济社会发展新的增长点，同时创建德清红色文化研究的学术中心和示范中心。

上述设想作为合作的内容，在实施过程中，将切实有力地把前辈们留存在德清这块红土地上的宝贵资源找到、找全、找准，保护好、利用好、开发好，全面盘活它。但是，红色文化资源研究与开发是一项系统工程，单靠学术力量是不够的，紧紧依靠地方政府的行政管理，也显得缺乏学术支撑。因此我们双方的合作、共同努力，将是一个最佳的组合。万事开头难，今天我们开了这个好头，迈出了第一步，未来只要我们脚踏实地，一步一个脚印地走下去，就完全可以相信，我们这个中心的未来，一定能够像德清县的发展一样——芝麻开花节节高！

（浙江理工大学，2017 年 11 月 9 日）

您，何以如此自信——十九大胜利召开

一个会议，7 天，不到 2500 人，济济一堂
却成全球焦点
让人想起那国总统竞选的 PK，曾经
也许，这是一个转折点

一位男士，伟岸着，字正腔圆 3.5 小时
把 3 万多字的恢宏，播撒
东方，曙光初晓
新征程，他领航

一个团队，8000 多万党员，聆听一个声音
他们没有西式的角力，却有中式的接力
斧头镰刀，挚爱家人，虽当政日久
寰球举目，几何

一个国家，沧桑数千年，苦难百余载
如今自己安排：两个 15 年，创新前列，领先世界
归来岂不正少年
本名曰中华

一群苍生，世居大陆，滨海又峰巅
俊靓有致，躬耕不辍，紧抱如石榴籽
俯仰之间，共铸盛世
担得独家姓名：人民

（中国青年网，2017 年 10 月 30 日）

自信，十九大的最强音

7 天、3 万言，恢宏十九大，自信过去 5 年风雨同舟、辉煌不断，自信人民一员为人民，自信明天自主未来更美好。这份自信，源于党的领导能力和水平大增，源自与人民血肉关系的回归，源于国家实力和综合影响力的显著增强。这份自信，不仅充分体现了中华民族的优秀品质和光荣传统，也必将成为新时代奔向新征程的真醇信念和深厚动力。

一、五年开创新历史，艰辛丰硕共你我

5 年来，我们秉承改革开放之初发出的"走自己的路，建设中国特色社会主义"的伟大号召，团结全国各族人民不懈奋斗，持续推动我国经济实力、科技实力、国防实力、综合国力进入世界前列，推动我国国际地位实现前所未有的提升，党貌、国貌、民貌、军貌，以至整个中华民族的面貌，都发生了前所未有的变化，中国特色社会主义昂然挺进了新时代。

5 年来，我们统筹推进"五位一体"总体布局、协调推进"四个全面"战略布局，"十二五"规划胜利完成，"十三五"规划顺利实施，党和国家事业全面开创新局面。党的建设、经济发展、科技进步、社会治理、政治民主、思想文化、生态文明、人民生活、强军兴军、国际影响等，每一个领域都取得了历史性成就。尤其是创新驱动发展战略大力实施，创新型国家建设成果丰硕，天宫、蛟龙、天眼、悟空、墨子、大飞机、北斗导航等重大科技成果相继问世，大大提升了国家发展的后劲和主动性、引领性。

5 年来，我们的成就是全方位的、开创性的，5 年来的变革是深层次的、根本性的。这些历史性变革，已经而且必将进一步深远地影响党和国家事业发展。

委实：忆往昔峥嵘岁月稠，恰同学少年，风华正茂。

二、永远与人民在一起，无分你我本一家

大会主题明确与人民共美好、共未来，即不忘初心、牢记使命，高举中国特色社会主义伟大旗帜，决胜全面建成小康社会，夺取新时代中国特色社会主义伟大胜利，为实现中华民族伟大复兴的中国梦不懈奋斗。

再度宣誓中国共产党人的初心和使命，是为中国人民谋幸福，为中华民族谋复兴。此初心和使命，始终是激励中国共产党人不断前进的根本动力。一直以来，尤其是最近这 5 年，我们党刻骨铭心地坚守与人民同呼吸、共命运、心连心，时刻把人民对美好生活的向往作为奋斗目标，以永不懈怠的精神状态和一往无前的奋斗姿态，坚决朝着实现中华民族伟大复兴的宏伟目标奋勇前进。

我是人民，人民是我，我为人民。通过确立历史新方位，明确为民新目标，敞开为民新情怀。十九大确认我国面临的新的主要矛盾是人民日益增长的美好生活需要与不平衡不充分的发展之间的矛盾，并确信通过发展来满足人民更加美好生活的需求乃为时代新主题。

确认教育的使命首先是为人民服务。让人民在教育中获得文化，通过教育获得投入人生、致力国家、贡献社会的品质和能力。由此实现人民成为教育的主人，教育成为人民发展的保障的格局和目标。然后，逐步实现教育为中国共产党治国理政服务，为巩固和发展中国特色社会主义制度服务，为改革开放和社会主义现代化建设服务。功勋已卓著，人心即党心，共赴明天好前程。

三、我的明天我做主，美丽都如愿

充分的前途自信。当前，国内外形势正在发生深刻复杂的变化，我国发展仍处于重要战略机遇期，前景十分光明。因此，只要我们登高望远、居安思危，勇于变革、勇于创新，永不僵化、永不停滞，就一定能够团结带领全国各族人民决胜全面建成小康社会，奋力夺取新时代中国特色社会主义伟大胜利。

充分的时代自信和创新自信。中国特色社会主义进入新时代，意味着近代以来久经磨难的中华民族迎来了从站起来、富起来到强起来的伟大飞跃，迎来了实现中华民族伟大复兴的光明前景；意味着科学社会主义在 21 世纪的中国焕发出强大的生机活力，在世界上高高举起了中国特色社会主义的伟大旗帜；意味着中国特色社会主义道路、理论、制度、文化不断发展，拓展了发展中国家走向现代化的途径，给世界上那些既希望加快发展又希望保持自身独立性的国家和民族提供了全新选择，为解决人类问题贡献了中国智慧和中国方案。

"有效塑造态势、管控危机、遏制战争、打赢战争……"诸如此类有关国防和军队建设的语句，更是令人热血沸腾、豪情满怀，同样令人心明眼亮，踌躇满志。

我的未来我做主。十九大报告提出，关于未来 30 年，我们的目标是：从现在到 2020 年全面建成小康社会，实现第一个百年奋斗目标；到 2035 年基本实现社会主义现代化；到 21 世纪中叶全面建成富强民主文明和谐美丽的社会主义现代化强国。请注意两个词语：安排，美丽。从达到创新型国家的前列到领先世界，都是我们自主安排的发展目标，一个"安排"透露万千从容；未来美好的社会主义现代化强国，不仅富强民主文明和谐，而且是美丽的，一个"美丽"超越世界各国富强的传统目标。

汪洋恣肆，奔跑在途，已是全球共睹，何愁不辉煌！

（红色文化网，2017 年 12 月 1 日）

毛主席，我想对您说

毛主席，我想对您说
差不多 42 年了
在您离开的日子里
中国人民无时不想念您
尽管也曾有人竭力诋毁您
您就在我们身边并未远行

毛主席，我想对您说
差不多 42 年了
我们越发敬重您
因为小小寰球有几个苍蝇飞过
他们真的不懂人民的力量
和 "人民万岁" 的无限魅力

毛主席，我想对您说
差不多 42 年了
中国依然是五星红旗的世界
您带领站立起来的中华民族
如今更加坚强
正在奋力实现您的梦想

毛主席，我想对您说
差不多 42 年了
党的领导制度体系依然坚挺
"两弹一星" 的功绩还是无法超越
人民军队的柱石越发强硬
人民的凝聚力空前紧固

毛主席，我想对您说
差不多 42 年了
虽然我们的玩具变成了手游
但是我们并未忘记推铁环的天真烂漫
虽然我们的餐桌越来越丰盛
可是我们依然牢记红米饭南瓜粥的香甜

毛主席，我想对您说
差不多 42 年了
您的祖国蓬勃发展
我们的追求也从富强升格为更加美好
北京的金山上
一直滚烫着东方红太阳升

毛主席，我想对您说
差不多 42 年了
中国人民不再有成群的文盲
大家都学会了文字　文化　文明
社会主义进入了新时代
江山社稷代代有贤人

毛主席，我想对您说
差不多 42 年了
您的老家韶山还是那样的慈祥
天安门前的纪念堂更加明亮
高峡出平湖一梦成真
天堑变通途越来越多了

毛主席，我想对您说
差不多 42 年了
世事沧桑奔涌向前
我们有桩心事越来越浓
希望得到您的支持
我们想在您的寿诞日过上伟大的人民节

（2017 年 12 月）

《共产党宣言》，您是夜空中最亮的星

【题记】170 年前，英伦三岛，幽灵乍现；明灭之间，星火欧美，燎原世界；同盟纲领，竟成无产阶级共同宣言。

170 年来，您似暴风骤雨，狂飙宇内；
您是清风明月，穿云破雾，浸染五洲。

170 年来，您似浪头风哨，引领潮流；
您是斧钺明刀，冲锋陷阵，资本胆寒。

170 年来，您似神鸦社鼓，聚精会神；
您是纸船明烛，除旧迎新，开天辟地。

170 年来，您似高山大海，鸟飞鱼跃；
您是更令明号，众志归心，斗转星移。

170 年来，您似三生三世，震古烁今；
您是歧路明灯，指照四方，一命前行。

170 年来，您似精卫魂魄，四海纵横；
您是仙露明珠，润物普照，生机盎然。

170 年来，您似高悬明镜，了分善恶。
您是皓齿明眸，大道至简，天下为公。

170 年来，您似天涯明月，四时归心；
您是孚尹明达，高山流水，知音咸集。

170年来，您似晨曦朝阳，日日而新；
您是秀水明山，万众瞩目，美美与共。

（学习有理，2018年2月22日）

在世界上最宝贵的地方歌唱

遥远的东方有块黄土地，它的名字叫中国
大地之上有群人，他的祖先是炎黄
阳光灿烂穿透五千年，雨雪风霜都成丽妆
而今且看，繁茂妖娆都无双

大海边裂开两条河，长江与黄河
河岸兴起几团火，汉唐宋元并三国
微博上好评如潮，仓廪衣食竞琢磨
新四大发明祝福穹苍，古往由此少蹉跎

周口店的先人足迹长，郑和的船队美名扬
西域边陲龙旗飘，泰山之巅擎天石敢当
飘带长城，运河京杭，一任天涯
大漠孤烟，风雨江南，地老天荒

甲骨文，宫商角徵羽；龙泉剑，子丑寅卯申
天仙配，生旦净末丑；道德经，乾坤震巽艮
赵州桥，煎炒烹熘焖；兰亭序，绫绸丝绣锦
洋洋中华，爱你在心，何惧朱颜深

97 年前，振臂一呼开天地
共产党举起镰刀斧头旗
胆气豪，靖鞭扬，驱豺狼，28 年雄起
69 年挥洒腾跃，风云际会而今又上天梯

九天揽月，五洋捉鳖，太阳底下是故乡
东风快递，使命必达，砺剑龙吟惊世响

岩层深处孕育出中国力量
铁肩之上担得起大国尊严，羽衣趁霓裳

小桥流水，洒满月光，虎啸鸟鸣共春秋
高速路、北斗星、大飞机、量子墨子竞风流
下饺子，闯天门，攀奇峰，该出手时就出手
这辈子，我只愿紧紧牵着你的手

美丽乡村、和谐家园，党事民事千秋事
伟大目标、灿烂征程，家兴国兴万世兴
好孩子，大青年，壮志凌云任豪情
干实事，做真人，脚踏实地，此生永远不负卿

匆忙时，十里桃花，铭记来时路
疾驰中，四海八荒，深藏最初梦
三十年，世纪中叶，骐骥一跃真飞腾
伴你千年走四方，百尺竿头一起唱大风

（中国青年网，2018 年 3 月 13 日）

祖国，您好，我们才好

歌唱祖国，是小时候
老师教导的一种情感
长大了
成为自己奔波生活的体验
越来越大了
变成了几十年风风雨雨的领悟
如今，已经浓缩成无言的依恋

小时候
并不知道祖国的许许多多
只知道连环画里的秦皇汉武、唐宗宋祖
和课本里讲的地大物博、人口众多
几乎没有去过除了家以外的地方
最远，也就是去了姥姥家
好香好香啊，老娘舅端出来的那些蒸馍

小时候
还不清楚祖国的含义
总觉得她就是房前屋后的麦田水渠
和深秋里麦场边扯起的巨大电影幕布
还有年前平分给每家每户的蔬菜、粮食与池鱼
小伙伴们躺在房顶仰望的那片星空
收音机里述说的子子孙孙刻意移山的老愚

长大了
上学了，慢慢知道一些关于祖国
男孩女孩只要愿意，谁家的孩子都能去学校
上下学路上嬉戏玩闹，田间地头一起打猪草

247

穿上了仿绿军装好自豪，1976 年中国地动山摇
遇见老师和跟女生走在一起的羞怯，都是脸红心跳
电视机前为女排欢呼，喇叭裤与大学校徽一起自豪

长大了
毕业后大家都分配了工作，又都相继成了家
忙碌着在讲台上告诉更年轻的人们关于祖国
忙碌着想办法给自己的孩子买一瓶易拉罐健力宝
忙碌着攒粮票糖票布票和食堂饭票
由衷地跟大家一起喊"小平您好"
祖国，变成了每天都能看到的国旗飘飘

越来越大了
关于祖国，藏入心田静悄悄
城市变大了，老家的炊烟依旧袅袅
绿皮火车不见了，中华牌飞船也在太空绕
安然地呼吸着 A 级景区的香甜
还可以开着小车到山里尽情挥毫
吃饭穿衣睡觉竟然也跟着讲究起妖娆

越来越大了
关于祖国，都成日出日落的逍遥
哀惋过苏联的崩塌和南斯拉夫的虚无缥缈
记下银河号的屈辱，欣喜着南海的傲娇
笑语欢声、茶香饭好，揣上这个烟火目标
憧憬着我们的未来更加美好
久居这块土地，越来越气傲心高

祖国
像一座高山，葱绿着
看我们一天天变小
我们在，祖国幸福着
有一天，我们不在了
祖国仍是少年
天荒地老

（中国青年网，2018 年 3 月 19 日）

让孩子飞得更远——给高考生的父母

【编者按】又是一年高考填报志愿时，多少父母为之纠结，多少考生为此与父母家人分歧连连，多少高大上的愿望被打击。请给孩子自由，请引导孩子飞向高远吧。且听一听来自大学老师的心声。

您可知道
985、211，这些传统的大学品牌界标
述说的是那些大学的实力、厚度和影响
如今，似乎不再被反复提及
因为
"一流学科""一流人才"等意识
正在成为新的大学排行榜的标尺和身份证
但是
"一流"意识尚不能在近期里完全取代985、211
因此
还得让孩子们朝它们靠拢

您可知道
985、211大学，可能离杭州很远
甚至离浙江都已经很远
但是
它们的魅力
仍然无法阻挡
眼下难以企及

如果你想让孩子飞得更高更远
那就从这次填报志愿开始
如果你想让孩子学着飞得更高更远

请不要放弃这次孩子自主选择的机会
如果你想给孩子更大的世界
请记住
以后还有很多很多社会性选择
更看重这次起飞的高低
比如
很多大学招聘教师
要求学士、硕士、博士学位学历
至少有一个来自 985、211
如果你想让孩子飞得更为高远
请告诉他
即使将来考研，在录取的时候
985、211 的母校
也一定会给自己加分
如果你想让孩子未来在就业的时候
有更高强的竞争力
有更可资信赖的潜力和耐力、人脉和资源
请叮嘱他不妨离开杭州，跳出浙江
如果你不想让孩子在未来某个重大抉择的时候
受制于来自哪所大学
那就坚定地告诉他
飞高一点、去远一点
只要它是 985、211

请坚定地告诉孩子
杭州有西湖
但西湖不是世界
浙江有浙大
但浙大不是整个中国
让孩子去中原、大漠吧
否则他要很久以后才懂得
老太太张口——一望无涯（牙）

让孩子去京城、巴蜀吧
否则他可能一直都只能是

小家碧玉、邻家女孩儿
让孩子去齐鲁、关外吧
否则他可能难以养成
浩然、浩荡、浩瀚与豪迈
让孩子去岭南、荆楚吧
否则他每一次旅行
都只能是刻意和专程

不要担心交通
高铁的时代
"复兴号"都开来了
不要担心饮食
我们能吃得下杭帮菜
也能咽得下烩面拉面羊肉泡馍老友粉栲栳栳老干妈

请告诉孩子
脚步有多远
世界就有多大
请告诉孩子
鸟儿长大了
就要断奶离巢、远飞高翔

（台州网，2018 年 6 月 26 日）

推进马克思主义中国化，做《共产党宣言》的忠实传人

2018 年 5 月 4 日，纪念马克思诞辰 200 周年大会在人民大会堂举行。习近平出席大会并发表重要讲话，深情缅怀了马克思伟大光辉的一生，深刻阐释了马克思主义的科学体系、丰富内涵及其对人类社会发展的巨大作用，总结了我们党带领人民创造性推进马克思主义中国化的壮阔历程和丰硕成果，提出了新时代继续推进马克思主义中国化的要求。习近平强调：从《共产党宣言》发表到今天，170 年过去了，人类社会发生了翻天覆地的变化，但马克思主义所阐述的一般原理整个来说仍然是完全正确的。

就在前不久，中共中央政治局就《共产党宣言》及其时代意义举行了第五次集体学习。习近平在主持学习时强调，学习马克思主义基本理论是共产党人的必修课。我们重温《共产党宣言》，就是要深刻感悟和把握马克思主义真理力量，坚定马克思主义信仰，追溯马克思主义政党保持先进性和纯洁性的理论源头，提高全党运用马克思主义基本原理解决当代中国实际问题的能力和水平，把《共产党宣言》蕴含的科学原理和科学精神运用到统揽伟大斗争、伟大工程、伟大事业、伟大梦想的实践中去，不断谱写新时代坚持和发展中国特色社会主义新篇章。

铁的事实证明，中国共产党相继开辟的新民主主义革命道路、社会主义革命道路、社会主义建设道路、中国特色社会主义道路，都是马克思主义中国化的伟大实践，都是把马克思主义基本原理同中国具体实际相结合的伟大创造。97 年来，中国共产党人矢志不渝、砥砺奋进，高举"开天辟地、敢为人先的首创精神，坚定理想、百折不挠的奋斗精神，立党为公、忠诚为民的奉献精神"，成为《共产党宣言》精神的忠实传人。

新民主主义革命是中国共产党人坚持《共产党宣言》，勇于创新、奋斗、奉献的伟大壮举。在毛泽东等伟大的马克思主义者的带领下，中国共产党人前赴后继、勇往直前，28 年里，2000 多万中华民族优秀儿女英勇献身，摸索出了一条适合中国国情的革命道路——农村包围城市，并成功地推翻三座大山，建立了中华人民共和国，不仅充实、丰富、拓展了马克思主义理论宝库，还由此改变了世界政治力量格局，给世界上的落后国家和民族点亮了解放、独立的明灯。

　　社会主义革命是中国共产党人践行《共产党宣言》、继续奋斗的重大成果。为了巩固用鲜血和生命换来的人民政权，夯实新民主主义革命胜利的基础，还要继续进行理论创新和实践创新，奠定新政权的制度基础、文化基础和物质基础，营造新政权的生存环境和国际形象。为此，中国共产党人通过抗美援朝、社会主义改造、土地改革、"一五"计划等一系列重大举措，卓有成效地实现了这一目标，不仅让中国人民稳稳地站立起来，还在全球高高地举起了社会主义的大旗。

　　社会主义建设是中国共产党人贯彻《共产党宣言》、甘于奉献的光辉业绩。国家虽立，一穷二白仍是最大的现实，外部危险和外来威胁，始终如阴霾一般徘徊在中国上空。中国共产党人高擎《共产党宣言》的真理火炬，带领中国人民投入一波又一波轰轰烈烈的社会主义建设高潮，尤其是"大三线""两弹一星"等标志性工程，通过不断探索和建设，完成了中华民族有史以来最为广泛而深刻的社会变革，在此期间创建起来的独立自主、门类比较齐全的工业体系和国民经济体系，不仅成为今天和未来的中国保持尊严和威武的最强大最有力的信心之源，也成为中国能够接续着富起来、强起来的坚实基础。

　　中国特色社会主义建设是中国共产党人秉持《共产党宣言》、不断创新的伟大事业。久经磨难的中华民族站起来了，为了站稳还要富起来，为了更加坚挺还要强起来，这是新的历史主题。40年的改革开放，中国共产党人始终坚持为中国人民谋幸福、为中华民族谋复兴的初心和使命，在经济、政治、文化、社会等全方位各领域全面深化改革，由此激发了空前的社会活力，创造了位居世界第二的经济总量，有力支撑并捍卫了中华民族走向伟大复兴的信念。

　　新时代，中国共产党人仍然要学习马克思，学习和实践马克思主义，不断从中汲取科学智慧和理论力量。今年是马克思诞辰200周年、《共产党宣言》发表170周年，也是中国改革开放40周年、贯彻党的十九大精神的开局之年，让我们紧密团结在以习近平同志为核心的党中央周围，在习近平新时代中国特色社会主义思想的指引下，把马克思主义基本原理同新时代中国具体实际结合起来，坚持和发展新时代中国特色社会主义，确保中华民族伟大复兴的巨轮始终沿着正确航向破浪前行。有《共产党宣言》在手，在马克思主义真理力量的感召下，蓝图必将变为美好现实。

（央视网，2018年5月4日）

马克思，您才是一位真英雄

马克思，
您是一位谦谦君子！
年轻的时候，
面对伸手可及的精英人生，
拱手辞让，
决意自行劈开圣洁的登顶路；
中年的时候，
斗室内、方寸中，
用如椽大笔把正义与真理铿锵，
做成翻身解放的工具交给人民。
临危犯难的时候，
傲然蔑视蛮横，
虽颠沛流离，奋笔不慌，
把正直与高贵淬炼成不屈昂扬；
笑逐颜开的时候，
天当房、地当床，
与家人和朋友茶酒分享，
把信念和信仰融化成年轻人的刚强。

马克思，
您还是一位衣袂飘飘的侠客！
玉树临风、仗剑天涯，
持一部天书，
《资本论》长啸幻化断泥剑，
挥向陈腐野蛮的资本金钱；
行侠仗义、扶危济困，
仅凭鞭辟入里数千言，

《共产党宣言》鼓起翻身解放的自觉，
决战仍正酣。
您像一位十方教主，
激扬文字、挥斥方遒，
句读中，两个半球如风淹过，
社会主义湍湍向前成大川；
您果真一位美髯公，
眼底世界、须发乾坤，
笑骂间，东西方砸碎锁链怒潮掀，
到处都在变换人间。

马克思，
您更是一位顶天立地的英雄汉！
不为财死，
直把人类解放视为终生事业，
从此投赴如火如荼理想浩瀚星空。
您造就了一种友情，
甘之如饴，华润万家，
与恩格斯一起盗来天庭火种，
合力点亮天下自由花；
您手抟幽灵，放飞蒹葭，
粉身碎骨全不怕，
共产主义早已明艳如葩！
200 年俱往矣，
您仍是少年一枚，
放足天涯，英气勃发；
千年以降兮，
您是无法比肩的思想家，
微言大义，深耕天下。

（中国青年网，2018 年 5 月 5 日）

255

警察同志，我相信您！

　　警察，共和国的三大基石之一，如今竟然倍受网络困扰，动辄被网民拉出来示众，被别有用心的人"写意""泼墨"，一盆盆污水兜头而下，瞬间秽浊覆体、异味满身，纵然无过无错，一个莫须有也是百口难辩、孤苦凄惶。何故？

　　人民解放军作为共和国的第一块基石，大义凛然、一派庄严，尤其是自成系统、纹丝不透、滴水难进，喷子大 V 们穷凶极恶伺机洒水喷粪、逞凶戏弄，终是无法靠近。而且，善良的民众对于糟践解放军有天然的敏感和鲜明的判断，自会远离谣言，捍卫荣耀。于是，这群只会骂人咬人的人，只好恨痒痒甚至气急败坏地拖刀而去，另找谩骂、消遣、吸粉的对象。天天在身边、时刻在路上的人民警察——共和国的第二块基石，便首当其冲，无缘无故地坠入喷子大 V 的"法眼""贼口"。

　　令人费解的是，警察被骂，围观者众，甚至起哄叫好者也不少。君不见昨日网上戏谑警察、丑化公安的段子满天飞，君不见今又打脸警察、抹黑公安的故事风云起！每当如此，原本威武不屈、浩然正气的警察，多半束手无策，被动挨打，眼睁睁孤零零地被撕咬摔跤，令人唏嘘扼腕。细究个中缘由，警察队伍中有少数人存在问题，如为人民服务的素养不够高、信念不够坚、技法不够熟，极少数警察执法不严、执法过当，甚至违法乱纪、伤害无辜，也是不争的事实，给了那些找碴儿干架的人以口实。但，这不是主要的原因，更不是被网络暴力的根源。

　　如您所知，在和平年代里，人民警察是与广大群众联系最为密切的公务力量和国家符号、政府形象，广泛性、紧密性、渗透性，甚至琐碎性，是其工作的基本特征。正因为如此，相对而言，容易出差犯错，亦因此最易被踩尾巴、揪辫子、打棍子。所谓"物必先腐也，然后虫生之"，很多情况下，警察可能未腐之时先已招致群虫。2017 年上海一交警执法失范导致抱孩子的女车主倒地，诸如此类，很多人还在茶余饭后饶有兴致地述说、抨击警察的荒诞野蛮。可是，有多少人曾注意这些案件的前提是车主先违法乱纪，才有接下来的执法不当乃至过度？

　　铺天盖地，共讨警察，来龙去脉，不容分辩。站立在、行进在最广大的人民群众中的警察，便不约而同地被喷子大V轻易围扑上来，被疯狂撕咬，肆意糟蹋。于是，过错变故意、偶然蜕必然、个案转群像、星点成河汉，当事警察灰溜溜无处可逃，喷子得意、大V忘形、吃瓜者麇集，网络又狂欢。

然而，有一个情节，您，和很多人，甚至很多善良的人们或许不知道：人民警察，是和平年代里因公牺牲、为平安捐躯比例最高的职业。据公安部统计，近年来，每年因公殉职的警察都在400人以上。血肉之躯，瞬间倒下，烈士陵园又添新碑，亲友圈里遂多黄菊。

当您和我们安享和谐安宁的时候，警察，在为大家负重前行，甚至还要丢命。您，可曾想到他们的不易，体谅他们的委屈，尊重他们的奉献？又可曾因此识断、憎恶那些喷子大V的狰狞疯魔？

而且，事实上，您的想到与否、知道与否、坚信与否，绝对不影响另一个可怕场景：离心离散了警察与人民的血肉关系，孤立孤独了警察，打乱打垮了警察，于是，你你我我万千民众的幸福美好便危矣！颠覆政府、投奔西洋，如此这般的喷子野心、大V祸心、公知狼心，便可得逞矣。这，才是关键时、微妙处、隐晦点！

覆其江山，唯斩其股肱、断其筋脉；唯碎其抱柱、掀其基石。人民解放军、人民警察，就是共和国和每一位平凡公民的股肱、筋脉、抱柱、基石！

真相在此、道理在此，请您醒来，坚守正义善良，不给恶人机会，不给搬弄是非信口雌黄者可能。须知，须知，谨记，谨记！

至于第三块基石嘛，想必，您应该知道。

不过，还是忍不住提示您一下：我们的共和国，如若三石不再，大厦将倾、国将不国，其危如斯。再提示您一次：从今莫做跟屁虫，往后莫当墙头草，继续一如既往把人民警察当作我们的安全卫士、守夜神祇吧，记得危难之际还是首先拨打110。

（2018年7月）

追逐改革开放的洪流

【**题记**】改革开放 40 年，伟大历程、恢宏时代、光辉业绩，恰逢我的人生展开。历历在目，步步惊心。重大时刻，且记且珍惜，恭祝祖国更美好。

1978 年，我在初中
悠然地读着书
并不清楚那年的春节
特别有味道
附近有大哥哥大姐姐
参加了一场考试：高考

1982 年，开始真正的记忆
农村分田了，人们
一下子改掉了耍嘴皮子的习惯
见面连说笑的工夫都没了
怀揣着大学录取通知书
我奔向省城，奔向有梦的未来

1988 年，一股抢购风袭来
慌乱里我抢到了一台双缸洗衣机
为的是给初来乍到的孩子洗尿布
郎平的大力扣杀照样威猛
宋世雄的解说同样 PK 单田芳的《三国》
掀起一阵阵《第三次浪潮》

1992 年，十四大闭幕
桂子山的研究生食堂里
我和好奇的同学开始筹划"做生意"

全民经商与孔雀东南飞
当年的关键词变成了市场
对钱的冲动有赖那次南方谈话

1997 年，香港归来矣
百年雪耻，从此国旗区旗可并列
大学里，邓小平理论成为重要内容
商业左膀爱情右臂
《泰坦尼克号》感动万千人
跟下年的货币分房接续淬炼婚姻

2003 年，"非典"肆虐
上海滩、丽娃河，纠缠着
见证了我的最高级学历证书
人才流动大潮涌，"绿色通道"成创新
不厌梅雨立志赴江南
东北等老工业基地我们同开振兴路

2007 年，买回了一辆小轿车
老妈说真看不出乖儿子
文绉绉还敢开起这大家伙
它跟去年的废除"皇粮"
一样激动人心
在城里我紧盯着乡村千年之巨变

2012 年，跨进新时代
航母 style，舰载机一飞冲天
和谐号动车组，四方奔去
接下来取消手机漫游费
再接着医保也可以异地结算了
大事难事都改变成好事快事

2017 年，不忘初心再出发
雄安新区先启航
博士女儿成上海一家人

美好生活在眼前
美丽乡村特色小镇两山两水
最多跑一次，复兴要梦圆

（中国青年网，2018 年 11 月 29 日）

让改革开放继续书写中华民族腾飞的奇迹

改革开放是近年来中国的又一次伟大历史变迁，不仅极大地改变了中华民族的发展态势和进步方向，也深远而广泛地影响到整个世界，成为 20 世纪全人类最宏大的事件。

第一，改革开放 40 年，中国向世界展现出了渴望民族复兴的意志和力量。

掌握自己的命运，追求自己的未来，励精图治、不屈不挠，生动地写实了这个艰辛荣耀的历程。我们不仅经受了方位辨识、路径探索、策略调整等的曲折考验，也扛住了诸如 1998 年洪水、2003 年"非典"、2008 年汶川大地震等重大灾难的冲击，还扛过了一系列来自外部的挑战与磨难，也跨越了亚运会、香港澳门回归、世博会、奥运会、G20 峰会等大事件，一次次锤炼了我们的信念和意志，一次次提升了我们的信心和虔诚。综合国力和国际影响力越来越大，人民的生活越来越美好，民族凝聚力和向心力越来越坚毅，中国也因此越来越成为发展中国家挺起脊梁、走向自立的模范。会当击水三千里，自信风流几百年。改革开放淬炼中国日渐成为令人赞叹的钢铁巨人。

第二，改革开放 40 年，中国向世界呈现了实现民族复兴的路线图。

不断创新、不懈奋斗，凝神聚力地探索国富民强的鸿篇巨制，构建人民幸福的行动纲领，尽管明险暗流丛生、主客观障碍交集，但 40 年来，我们党的面貌、国家的面貌、人民的面貌、军队的面貌和整个中华民族的面貌，都切实发生了前所未有的变化。

其中，矢志不渝地坚持社会主义并跋涉过世界性低潮，坚定不移地推进现代化建设超越惯性追赶潮流到引领潮流，兢兢业业地治国理政从一般自觉飞跃到全方位自信，发展理念塑造从注重物质文化需要转变为注重美好生活需要，思维观念从惯于在书本里寻找答案升华为到实践中找答案、由既定性思维提升到生成性思维飞跃，等等，这些都不断地绘制了走向富起来、强起来的壮丽图卷。

第三，改革开放 40 年，中国向世界展示了实现民族复兴的信心和勇气。

不断的理论创新，不断走向成熟的中国道路，不断汇聚智慧才干和民心爱戴的领袖群体，不断强化的民族团结力，等等，这些不仅成就了改革开放以来的风华绝代，也铸造成奔向未来的力量源头和精气神。我们完全相信，乘 40 年砥砺奔波的气势风采，团结在习近平新时代中国特色社会主义思想的旗帜下，持续全面深化改革，勇毅跨过深水区，中国一定能够在伟大斗争中日益走向世界舞台的中央，顺利实现"两个一百年"奋斗目标，扬鞭催马、凯歌高奏在实现民族复兴的伟大事业中。

（2018 年 12 月）

改革开放，百年华夏又一轮旭日喷薄

穷则思变，这是改革开放的原初动力。超越绝对贫穷的今天，改革开放依然是决定中国命运的一招。

第一，辉煌成就、梦圆明天，依靠改革开放。新中国兴业废墟，奠定社会主义制度，创建独立自主、门类相对齐全的工业体系与国民经济体系，初期探索艰辛异常，成绩却斐然。站起来，巍巍不倒、继往开来，但苏联模式桎梏甚多益重。兴利除弊，遂成改革的第一使命。改革开放数十年，革故鼎新、展拓各业，富起来，硕果累累，让中国在世界民族之林站得更稳。但时过境迁，新瑕疵、新问题、新挑战又现端倪，与时俱进、阔步向前，仍需大胆革新，扬长避短，再次松绑。进入新时代，理论创新不断、实践跨越迭起、重大成就如潮，解决了许多一直想解决而没有解决的难题，办成了许多一直想办而没有办成的大事，强起来不仅鼓舞人心，而且日益展现在民生、担当、信念、国际声誉、民族凝聚力等诸多领域和方面。得改革开放之力，渐成国富民强之实，中国特色社会主义凯歌高奏，富强民主文明和谐美丽，日渐明晰。

第二，非一蹴而就、非一时之功，改革须恒心铸力。改革是革命，全面深化改革更是牵发动身，如果没有上刀山下火海的勇气，没有中流砥柱的豪迈，没有舍身求真的忠诚，没有愚公移山的坚毅，困难就会吓倒我们、障碍便能阻隔我们、矛盾即可拖垮我们。传统之累、体制之弊、思想之顽、行为之偏，乃至途中举措之偏狭紊乱，大多绝非我们一次就能看得清、识得准、辨得明，因此莫不需要不断研究观察检讨，然后付之以持续的改革调整与完善。此外，经验主义会翻新，教条主义再害人，拿来主义更堂皇，门户意识有新招。如此，也都需要我们慧眼如炬，冲破昨夜星辰，哪怕今生万苦依然成细浪，也要在改革中秉烛夜行。

第三，风月无边、美好无限，改革开放应永远在路上。初心已定，1997 年披荆斩棘，人民幸福、民族复兴、世界大同，逐浪而高。但是，时代不同了，主要矛盾变化了，世界竞争更加残酷了，唯有持改革开放的魄力雄心，才能不负时代、不离主题、不惧竞争。改微富即安的小农意识，革泰山压顶的怯懦优柔，开知己知彼的家门国门，放创新创业的胆识智慧……诸如此类，凡错必纠，有错即改。面向未来，千变万化，但只要我们笃定改革开放，历史洪流奔涌向前；面向世界，豪情万丈，只要我们抓住关键一招，民族复兴只争朝夕。

（中国青年网，2018 年 12 月 16 日）

理论创新花果繁，改革开放壮志酬

理论改革开放 40 年，马克思主义中国化的经验很多。其中极其重要的一条就是坚持理论创新。不断推进理论创新，价值重大，成果丰厚，意义深远。

第一，不断的理论创新，最深厚的成果是中国化马克思主义步步深入。从邓小平理论，到"三个代表"重要思想，再到科学发展观，直至今天的习近平新时代中国特色社会主义思想，不断回应中国改革开放和社会发展的新情况、新问题、新挑战，不断丰富马克思主义理论宝库。每一个新思想、新理论，都是时代主题和社会发展需要的产物，也都在理论和实践双重意义上，引领了中国进步，推动了中国发展。

第二，不断的理论创新，最突出的成果是逐步建立了社会主义市场经济体制。从计划调节为主、市场调节为辅，到公有制基础上有计划的商品经济，再到计划经济为主、市场经济为辅，直到社会主义市场经济体制，每一次思想认识的提升，都带来一次理论跨越，每一次理论跨越都造就了经济活跃、社会大发展。

第三，不断的理论创新，最生动的成果是在推进改革开放的同时客观记录了改革开放的历程。理论是一种社会存在形态，也是一种历史叙述方式。理论的酝酿、创建、传播、践行、完善，既是改革开放的重要层面，也是改革开放的重要轨迹，庄重地绘制、传承了轰轰烈烈的改革画面。

第四，不断的理论创新，最朴素的成果是引发并带动了人们思想观念的转变和行为方式的大胆革新。一方面理论为行动之先导，另一方面国家层面的理论创新，客观上鼓舞、激发了社会成员的思想行为之变。恢宏的时代巨变，投射、聚集于普通民众，便是跟上形势，有所作为以致大有作为。

第五，不断的理论创新，最珍贵的成果是全面深化了对于坚持社会主义初级阶段基本路线不动摇的认同。这是决定中国命运的一招，也是决定改革开放成败的一招，已经上升到决定理论创新成败得失的关键一环。改革开放以来的马克思主义中国化，倍受世界局势及潮流的影响，确保新的思想理论不溢出马克思主义，不脱离中国实际，初级阶段基本路线的规范与约束、坚守与贯穿，定力非凡。

第六，不断的理论创新，最明亮的成果是践行了、实现了、呈现了、强化了中国共产党与时俱进的忠诚意识和创新精神。在 40 年不忘初心、牢记使命，不断迎接新挑战，研究新情况，回答新问题，努力探寻加快民族腾飞的中国式道路、制度、理论和文化的奋斗进取中，这份忠诚，首先写实为持之以恒。这份创新，首先铸就了敢想、敢作、敢为、敢领先、敢超越。所有的忠诚和创新，又都聚集在了理论服务于富起来强起来，服务于"为人民谋幸福，为民族谋复兴，为人类谋大同"。

第七，不断的理论创新，最有意义的成果是国家实力提升、社会环境改善、人民生活美好。国富国强、民富民强，愈益提升数与量，愈益振奋人心，愈益惠及大众，你我都有份；生态、法治、舆论等诸种环境，大速度、大幅度、大面积、大规模向好，任谁都受益；富足、公平、正义等要义契入生活，越来越美好。

第八，不断的理论创新，最有示范价值的成果是中国模式越来越明晰，为发展中国家提供了可资借鉴的范式。立足本国国情，探寻本国道路，铸造本国模式，是不断理论创新的逻辑所在，本质所在，品质所在。

（中国青年网，2018 年 12 月 19 日）

改革、创新是共产党人与生俱来的禀赋

誕生日取名时，"共产党"三字破冰开河彪炳千秋。97 年前，11 位中国俊杰汇聚嘉兴南湖，在红船上宣告一个新型政党的诞生，从源头上标注了中国共产党人的改革气质、创新品格。其一，取名"共产党"乃确立理想信念，高悬为人民谋幸福、为民族谋复兴之初心的定位之举。共产，即在社会生产高度发达、人的思想觉悟极大提升的时候，实现社会财富的共同占有，而非氏族时代的极端贫困的平均占有，更不是后来敌对势力污蔑的"共产共妻"。它是对中国社会积久以来"等贵贱均贫富"传统的批判，也是对人类大同思想的超越。其二，在当时的中国政治舞台上，政党林立、派别丛生，但尚无一个团体表明为劳动群众鼓与呼，自认代表劳苦大众拼一个平等、自由、财富共有、美美与共的风清气朗日月天。中国共产党，擎天一柱，洋溢着立党为公、忠诚为民的杰出风范走上历史前台，从此风雷啸，从此民众欢。

打天下，奔明天，路在何方？以暴力手段推翻现行反动统治，建立劳动人民当家做主的新政权，这样的纲领怎么实现？年幼的中国共产党只好从书本中来、从苏联经验中来，掀起一系列中心城市武装暴动，广州起义、秋收起义、南昌起义，轰轰烈烈，叱咤风云，给反动势力以有力打击，但终归失败。以毛泽东为代表的共产党人立足中国国情，坚持马克思主义基本立场原则，另辟蹊径，逐步摸索出一条迥异于巴黎公社和苏联的胜利之路——农村包围城市、武装夺取政权。28 年血雨腥风痴心不改，28 年星星之火终于燎原。天安门城楼上那一声"从此站立起来"的豪言，宣告了中国共产党改革既有的革命模式，为被压迫民族创新奉献了走向解放独立尊严的新道路、新方案。

建国，如何立于中国大地？制度设计如何贯彻社会主义？既不能生搬硬套，也不能照抄照搬，改革、创新依然是中国共产党解决这个国运问题的不二法门。公有制、人民代表大会、党的领导等制度基础的奠定，带来了独立自主的和平外交政策、百花齐放百家争鸣、培养德智体全面发展的社会主义接班人等一系列具体的制度。尤其是共产党领导下的多党合作与政治协商制度，作为一种卓立于世界政党制度丛林的全新创造，既不同于西方的一党制、两党制和多党制，也不同于其他社会主义国家的政党制度，更不同于之前旧中国各种各样的政党制度，从而成为最具中国特色的政治制度之一，也因此标注了中国道路、中国模式的社会主义属性。打天下，横刀立马，千钧卷席，独创胜利路；理江山，独上高楼，基业肇始，又是一种中国风。改革何其艰，创新何其贵！中国共产党在这个道路上一再地告诉世界：我能。

站起来，如何一直屹立不倒？富起来、强起来！富国千条路，富民万种门，但是既要坚持社会主义，又要确保共同富裕，计划经济、苏联模式已不能继续下去。怎么办？唯有再行改革，不断创新。但是，改与创，也绝非轻车熟路，更不是模范在侧、拿来即可，唯有立足国情民情，紧扣时代主题，自己找寻。邓小平同志的"摸着石头过河"生动再现了进入新时期的心态和路径，不争论不彷徨，做起来，边做边改，先行先试，梯度推进。如此一路走来，改革开放才明晰。"四个全面"战略布局之后，如何在新时代不忘初心、牢记使命，接力完成民族复兴伟业？改革仍然是决定命运的一招。

习近平总书记说：历史也是一位智者，同历史对话，我们能够更好地认识过去、把握当下、面向未来。革命已成过去，建国已然立定，改革尚在途中，对话革命和建国，有助于谋划全面改革和塑造未来，中国共产党一种精神气贯长虹：改革劈未来，创新领风骚。

（央视网，2018 年 12 月 20 日）

每一代人都要守住初心，都要"跑出最好成绩"

无论世界如何变化，时代如何变迁，社会如何发展，理解初心、守住初心、传承初心，是我们必须坚守并践行的。同时，只有每一代人都在历史进程中不断"跑出最好成绩"，初心才得以传承，理想才得以实现。

既然要在新时代坚守初心，那么首先要弄清楚的就是何为"新时代"。中国正处于改革开放的高阶段，是实现中华民族伟大复兴中国梦的关键时期，所以对我们的要求也就更高了。

现实是复杂的。老一辈要坚守初心，新一代要传承初心，所以对"初心"的理解必须不断深入。首先要了解初心、懂得初心、认识初心。在新时代讲90多年前的事，很多人可能已经不太熟悉了。所以现在要重新去讲述、去认清初心。初心，就是开始的时候确立的理想信念、纲领目标，也就是为中国人民谋幸福，为中华民族谋复兴。它产生于中国共产党成立之初，红船起航伊始。

那么，我们要如何在新时代守住初心？

守住初心，首先就是要牢记初心，还要把初心内化于心、外化于行。

无论走得再远，都不能忘记来时的路，都要不断回过头来看一看我们是从哪里出发的，检查一下我们有没有走偏。

中国共产党秉持这份初心，从1921年走到2019年，并将一直走下去——从南湖走向井冈山、走向瑞金、走向遵义、走向延安、走向西柏坡、走向北京、走向全中国，现在走向全世界。

空间在不断扩大，时间在一直延伸，经历90多年的奋进后，我们要回到梦想起航的地方。回到上海一大会址，回到嘉兴南湖红船，回到我党树立初心的地方。

初心的传承和理想的实现，要靠一代又一代人的努力，接力跑出最好成绩。当前，我国面临着诸多风险与考验。习近平总书记提出要防范"四大危险"，也是我们为何要在新时代不断回望初心的原因。

（浙江新闻，2019年7月22日）

祝贺山东聊城 "孔繁森精神与红色文化研究院" 成立

　　珍闻贵院筹划良久，今日终于端庄面世，谨致诚挚祝贺，祝贺开门大吉，祝福各位亲临见证的领导、嘉宾平顺安和，事业再上新台阶！同时十分感谢同志们不吝相邀，得以忝列特邀专家名单，却因俗务相缠以致错过此次盛会，不胜遗憾之至。

　　大家知道，聊城，地处鲁西平原，毗邻河南、河北，位于华东、华中、华北三大区域交界处。代表中国商业文明的京杭大运河和代表农业文明的黄河在这里交汇，礼乐兴邦的齐鲁文化和慷慨悲歌的燕赵文化在这里交融。历史悠久，人文繁盛，涌现出无数英雄豪杰、名家贤达，他们取得了令人瞩目的成绩，也留下了宝贵的精神财富，构筑起不凡的文化品格。

　　作为著名的革命老区，聊城更有光荣的革命历史和传统，在土地革命战争、抗日战争和解放战争时期，老区人民用实际行动诠释了艰苦奋斗、不怕牺牲，不屈不挠、意志坚定，一心向党、无私奉献的大无畏精神。中华人民共和国成立之后，老区人民为国家建设和社会进步又做出了新的贡献。因此，无论是汹涌澎湃的革命浪潮，还是红红火火的社会主义建设、奋发有为的改革开放，都给聊城留下了积淀深厚、内涵丰富的红色文化资源。

　　孔繁森就是在这样的红土地上成长起来的聊城俊杰，孔繁森精神就是由这片热土滋润起来的时代精华。他是鲁西平原的骄傲，是聊城独有的文化现象和政治资源，更是中国人民的宝贵财富。孔繁森把自己的一生完全奉献给了党和人民的事业，在他身上充分体现了一个共产党员、领导干部的优秀品质。孔繁森两次进藏，历时十载，为西藏的发展稳定和改革开放做出了突出贡献，谱写了一曲感人至深的奉献之歌、奋斗之歌。在全面深化改革、奔向民族复兴的恢宏新时代，孔繁森精神被赋予了更多更新的内涵，一直引领、激励着我们砥砺前行、开拓进取。

　　习近平总书记强调："要把红色资源利用好，把红色传统发扬好，把红色基因传承好。"当前，进一步弘扬光耀千秋的红色文化，大力宣传催人奋进的孔繁森精神，对于在全社会激发艰苦奋斗、廉洁奉公的传统美德，培育并引导广大党员领导干部忠诚干净担当的优秀品质，具有重要的现实意义和长远的历史意义。

同时，聊城红色文化丰富而深厚，红色文化研究大有可为，大有作为。因此，非常荣幸能够跟全院的同志一起参加聊城红色文化，尤其是孔繁森精神的研究发掘、宣传教育和资政育人。我跟同志们一起相信：只要我们以实践为根本，以学术为平台，立足聊城，聚拢齐鲁，面向全国，广聚人才，开拓创新，就一定能够进一步推动孔繁森精神与红色文化的弘扬与发展。

万事俱备只欠东风。相信今天的大会一定圆满成功，从而助推孔繁森精神与红色文化深化研究的新高度！

百尺竿头更进一步。再次祝福我们的研究院精诚协作、砥砺趋前，接续奉献出孔繁森精神与红色文化研究的新硕果！

（鹏翔 E 教育，2019 年 7 月 24 日）

中国近现代史更是中国人民奋力抵御外来侵略的历史

【简介】 为认真贯彻落实习近平总书记在学校思想政治理论课教师座谈会上的重要讲话精神，中共浙江省委宣传部、中共浙江省委网信办、浙江省教育厅联合策划推出"思政星课堂"——我最喜爱的思政课老师推介宣传活动，着力推介一批思想性、理论性和亲和力、针对性强的优秀思政课，宣传一批政治强、情怀深、思维新、视野广、自律严、人格正的思政课老师，给学生心灵埋下真善美的种子，引导学生扣好人生第一粒扣子。

习近平同志强调："重视历史、研究历史、借鉴历史，可以给人类带来很多了解昨天、把握今天、开创明天的智慧。"本期思政星课堂主讲人渠长根激情讲述中华民族奋发有为不断抵御外来侵略的中国近现代史，学习中国近现代史，加深对近现代中国社会发展规律的认识，使我们更好地了解中华民族从哪里来、将往哪里去。

同学们，同志们：

上午好！

我是根儿叔，站立大学讲台 33 年的一颗思政老"星"。

还记得上次讲课的内容吗？近代以来，西方资本——帝国主义不断侵略，把中国一步步推向半封建半殖民地社会的深渊。如果有时间，我想请第三排的女生和第四排的男生站起来回答一下。今天，看来来不及。

但是，连通上次和这一次的课，大家一定要接续搞清楚：一部中国近现代史，不仅仅是一部中国人民的屈辱史、磨难史，它同时还是一部"中国人民奋力抵御外来侵略的历史"，而且更是一部中国人民不屈不挠、前赴后继抗争斗争奋争的历史。

让我们再看看一代代中国人沉重而坚毅的背影吧！看看那个时候中国的地主阶级、农民阶级、资产阶级和无产阶级是如何接力"我以我血荐轩辕"的吧。

这张 PPT，是一部中国近现代史的高度浓缩。箭头标识了中国人民不遗余力的抗争足迹，方框和圆形标识了探索中的中国各阶级，月牙则代表了中国人民逐步觉悟的程度。

近代中国人民奋力抗争的基本脉络是：师夷长技以制夷，从技术装备方面追赶敌人，"器物自觉"，失败了，因为先进的技术没有先进的制度做支撑；于是有了改良改革，走向"制度自觉"，搞君主立宪，又失败了，因为不触动封建制度，无异于与虎谋皮；辛亥革命风雷阵阵，拉下了皇帝，建立了民国，但是依然未能终结内忧外患；那就换血吧，更新、再造文化，于是乎醒悟到了新文化运动的"文化自觉"，还是没有成功，因为整个社会并没有被全面深刻地打动；革命，彻头彻尾、翻天覆地，完全脱胎换骨的"社会自觉"便成为大势所趋，28年新民主主义革命，成功了。你看，各个阶级都交出了时代答卷，都表达了自己的家国情怀与历史使命。

你去过"海天佛国、渔都港城"的浙江舟山吗？那里有鸦片战争期间为国捐躯的"定海三总兵"。葛云飞，杭州萧山人，离我们最近的最早效命疆场的民族英雄！他和郑国鸿、王锡朋以及5800名将士壮烈牺牲在1841年定海抗英的前线。殉国时仍"立于山崖不仆，手擎宝刀作杀敌状，左目霍霍如生"。葛云飞跟其他捐躯赴国难的清军将领一样，都刻在了民族自卫的丰碑上。

洋务派30年兢兢业业，兴学校办教育、开矿山修铁路、建海军铺电报等，立志富国强兵，勇敢学习敌人学习西方，生动表达了那个时候中国地主阶级开明派的努力与担当。

请看蚕学馆，当年实业救国、教育救国的缩影，它派出了中国第一批官费留学生。如今已经成长为浙江理工大学，不失为我们向那个时候百折不挠、艰辛探索的中国人表达敬仰的重要场所。欢迎你有空来参观！

拱宸桥，去过吧？位于杭州城北京杭大运河上。1895年《马关条约》强迫杭州开埠。当地官员和民众把日本侵略者阻止在了这里，坚决打破了它们把"租借地"划进主城区的野蛮要求。

中国农民阶级作为同时遭受外来侵略和本国腐朽统治的社会最底层，他们发出了更为强烈的怒吼。相信你应该去过杭州小营巷，那里有太平天国的听王府，嘉兴也有一座。金华还有太平天国侍王府呢。想必你也知道杭州东郊有个笕桥镇，它还有一个名字"大营笕桥"，就是因为太平天国将领李秀成带领大军在此安营扎寨。瞧，近代中国农民的奋力抗争由太平军真真地定格在了浙江大地。

接下来，摆脱民族厄运、实现国家独立的努力交给了新兴的资产阶级。其中的改良派温和一问：戊戌变法！因为不触动封建专制制度而最后沉寂为百日维新。谭嗣同最后那句"我自横刀向天笑，去留肝胆两昆仑"，至今仍让我们扼腕兴叹。英雄谭嗣同，华夏真英雄！

"九州生气恃风雷"，更加青春热血的资产阶级革命派慷慨激昂，用辛亥革命的愤然一击，推翻了千年老朽的封建制度。他们的豪迈永远都是我们的榜样。秋瑾，鉴湖女侠，1904年出国之前在北京陶然亭置酒当歌，告别好友："不惜千金买宝刀，貂裘换酒也堪豪。一腔热血勤珍重，洒去犹能化碧涛。"1907 年血洒轩亭口，可惜未能唤醒沉睡的民众，华老栓竟然用夏瑜的人血馒头为儿子华小栓治肺痨病。

怎么办？民族在流血，百姓在受苦，中国的出路到底在哪里？"数风流人物，还看今朝！"一位少年最后跃上历史舞台，他的名字叫无产阶级。他们紧握马克思主义，聚集在中国共产党的旗帜下，冲锋陷阵、所向披靡，带着"砍头不要紧只要主义真"的坚贞浩荡，带着"同志们，胜利的时候请你们不要忘记我们"的坚毅自信，更带着浩然的红船精神，最终推翻了三座大山。中华民族从此站立起来了！

如今，我们告慰方志敏烈士，您所向往的"可爱的中国"，已经变成了现实，您所期待的"到那时"已经变成了现在时！

……

不是吗？

抚今追昔，前辈的路极其艰难，他们扛过来了，向人们证明了近代以来的中国人民很担当很能干。面向未来，在实现民族复兴的伟大时代，我们必须接过前辈的旗帜，努力拼搏，再也不让可爱的中华遭遇曾经的磨难，让伟大的中华再次明亮起来！

面朝大海春暖花开。八分钟道不尽苦难与辉煌，如果您还想听近现代中国人民奋发有为的故事，请到浙江理工大学，根儿叔等你不见不散！

谢谢！

（学习强国，2019 年 7 月 29 日）

秉持初心　再创浙江发展新风范

1939 年 7 月 21 日至 30 日，中共浙江省第一次代表大会在温州平阳县召开，开启了浙江革命事业的新征程。作为民主革命时期唯一的一次全省党代会，它在浙江党的历史和革命史上具有特殊意义和重要地位。当时，浙江党的领导集体通过第一次代表大会，审时度势、谋划未来、统一思想、提高认识，有力地推动了革命事业的发展。今天，我们回眸过往，纪念中共浙江省第一次代表大会，最好的方式就是深入践行习近平总书记赋予浙江的新期望，培固初心、铸牢使命，推进"八八战略"再深化、改革开放再出发，加快"两个高水平"建设，奋力谱写新时代中国特色社会主义的浙江篇章。

一、浙江共产党人守初心、担使命，筚路蓝缕、砥砺奋进，领导浙江渐入辉煌

浙江对中国共产党的创建发挥了特殊作用，是中国革命红船的起航地。陈望道、俞秀松、施存统、沈雁冰等一大批先进的浙江人士挺立时代前列，为中国革命的胜利做出了卓越贡献。他们研究、宣传马克思主义和苏联革命经验；积极参与中国共产党和中国社会主义青年团的组织创建；重视农民问题，将马克思主义和农民运动相结合，率先成立农民协会；探索马克思主义和工人运动相结合，探索建立现代工会组织等，为中国共产党早期发展奠定了重要思想基础和革命实践经验，诸多事迹至今依然闪烁在历史的星空。

土地革命时期，浙江共产党人战斗在国民党反动派的老巢，坚定理想、百折不挠、英勇斗争，做出了巨大牺牲。11 位中共浙江省委书记中的 9 位先后为革命事业付出了生命，仅仅在杭州国民党浙江陆军监狱就有 4 位省委书记、14 位省委常委、32 位县委书记被敌人杀害。浙南红十三军的艰苦卓绝、浙西南红军挺进师的苦战坚持、浙东和苏浙军区新四军的奋力斗争，都见证了浙江人民尤其是浙江共产党人的忠诚意识和奉献精神。

中华人民共和国成立后，浙江人民继续创造新的非凡成就。抗击台风、治理海塘、垦荒种植、发展特色产业等，无不显示出浙江人民的不屈意志和艰苦探索。改革开放以来，浙江更是探索并实践出一系列具有全国意义的"浙江样

本"，成为改革开放先行地和习近平新时代中国特色社会主义思想重要萌发地。"枫桥经验"、"温州模式"、"两山"理念、美丽乡村、"最多跑一次"改革等，一次次把浙江共产党人和浙江人民推向改革开放的前沿，把浙江推向中国社会发展的潮头，推动浙江继续走在全国的前列。

所以，中共浙江省第一次代表大会召开以来的 80 年历史，同样是浙江革命、建设和改革事业发展的缩影，是浙江共产党人守初心、担使命，前赴后继、不断奋斗、追逐时代潮流的历史。浙江由此取得的一切成就都是在党中央的坚强领导下，一代又一代浙江人民接续奋斗的结果。

二、"八八战略"再深化、改革开放再出发，浙江有条件有能力再创新辉煌

"八八战略"是习近平同志在浙江工作时亲自谋篇布局的大手笔、亲自开篇破题的大文章。自此以后，浙江历届省委坚持一张蓝图绘到底、一任接着一任干，直面前进道路上的一切艰难险阻，迎来了浙江发展的新时代。如今，在统筹推进"五位一体"总体布局，协调推进"四个全面"战略布局，决胜全面建成小康社会，实现"两个一百年"奋斗目标的伟大征程中，浙江必须且完全有能力立足实际干实事，走在前列谋新篇，勇立潮头再担当。

激发红船精神和浙江精神的引领支撑作用。当前开展"不忘初心、牢记使命"主题教育，对于浙江而言，确实得天独厚。我们可以更快、更便捷地回到红船起航的地方，回到党的初心诞生的地方，秉承先进性、纯洁性要求，汲取自我革命的力量，把首创精神、奋斗精神、奉献精神传承下去，从而不断提升全省各级党组织的政治领导力、思想引领力、群众组织力和社会号召力。

发挥习近平新时代中国特色社会主义思想重要萌发地的资源优势。结合浙江地域、文化，甚至情感等诸多因素，梳理重温《之江新语》，有助于我们深入学习领悟习近平治国理政思想，有助于我们更加坚信习近平新时代中国特色社会主义思想的伟大真理性，从而坚定地团结在以习近平同志为核心的党中央周围。只要我们结合浙江实际，把学习贯彻习近平新时代中国特色社会主义思想作为一种坚定不移的信仰、当仁不让的责任和持之以恒的追求，传承忠诚基因、汲取信仰力量，一定能够确保把"两个维护"贯穿全省改革开放的各方面和全过程，从而成功打造浙江高质量发展的思想优势和政治优势。

不负勤劳务实、善于创新的浙江人民的信任和支持。"山高高不过冠尖，水深深不过南湖"，既是对中共浙江省第一次代表大会之后辉煌历史的认可，也是对浙江人民敢于斗争、敢于胜利的赞赏与期待。因此，只要我们像 80 年前的革命前辈们那样，站稳人民立场，结合正在开展的"三服务"活动，全力办好民生实事，不断提升全省人民的获得感、幸福感、安全感，就一定能够汇聚起更蓬

勃的改革智慧和发展力量；只要我们继续弘扬 80 年前的艰苦奋斗精神，汲取创新力量，以更大力度在深化"最多跑一次"改革、防范化解重大风险、落实长三角区域一体化发展国家战略等重点工作上攻坚破难，就一定能够把浙江发展得更好。

三、守初心、担使命、忠诚有为、全体动员，是事业发展的制胜法宝

国家发展需要强有力的执政队伍，浙江进步同样需要强大的领跑者。可以说，中共浙江省第一次代表大会召开以来的历史，就是浙江共产党人这样的领跑者在浙江大地率众前行的奋斗史、拼搏史。

80 年来，一代代浙江共产党人致力于革命、建设和改革事业，成为今天我们敬仰和学习的楷模。他们的共同闪光点就是：秉持初心使命，忠诚担当奋进，率先垂范协同奋斗。

再创浙江辉煌人人有责、个个当先。今天，浙江的新发展作为整个国家强盛、民族复兴大业的一部分，与每一个浙江人都息息相关，没有旁观者，更没有局外人。因此，无论是作为关键少数的领导干部，还是基层党员，都必须牢记为人民谋幸福、为民族谋复兴的初心使命，位高权重者谋大事、身单力薄者做实事，以此示范身边的人，带动大众走正途、务正业、干正事、成大事。每一个人、每一代人都拿出自己最好的状态，干出自己最好的成绩，一代一代接力跑下去，就能干出浙江的新业绩，最终与全国人民一道干出中华民族伟大复兴的好成绩。

当前，浙江正处于大有可为的战略机遇期、干事创业的发展黄金期。新时代、新征程呼唤新担当、新作为，我们必须树立忠诚、干净、担当的标准和原则，以高度的政治责任感和历史使命感，全力营造创业、创新、创造的优质环境，让想干事的有机会、能干事的有舞台、干成事的有地位、不干事的没市场；以更加积极主动的姿态担当作为，面对矛盾敢于迎难而上、面对危机敢于挺身而出、面对失误敢于承担责任；以"人一之、我十之，人十之、我百之"的姿态，冲破束缚、脚踏实地、立说立行、追求卓越、久久为功，奋力干出新气象、展现新作为。

（浙江在线，2019 年 7 月 30 日）

这一天，我就想说

十月一日
这一天
在 2019
我跟您一起
看到了天安门广场
人民英雄纪念碑
和国家勋章
救国的年代，如火
建国的岁月，如歌
强国的时日，如风

这一天
在大江南北
长城内外
我跟您一起
敬慕着五星红旗
迎风飘扬
在每一位中国人的眼前心田
凯歌如潮
捷报频传
青春连绵

这一天
走走停停
我和您都想知道
此时的中国
是不是拿破仑说的"醒来了"

是不是方志敏将军期待的"到那时"
是不是李大钊同志挥手的"赤旗的世界"
是不是裘古怀烈士嘱托的"胜利的时候"
是不是田汉先生呼吁的"冒着敌人的炮火前进"
是不是毛泽东主席提醒的"万里长征的第一步"

这一天
晴空一鹤排云上
我和您都知道
在这瑰丽的东方
为啥他叫国庆、他叫建国
而她叫新华
为啥也叫万岁、又叫万岁
还叫万岁
为啥幸福叠加幸福
又来幸福

这一天
每一年的十月一日
我跟您都养成了一个习惯
在未来的时日里
面带笑容
珍记初心
忠诚家国
善待日子
行走天下
永远姓华名夏

（等你在杭州，2019 年 10 月 16 日）

中国特色社会主义制度具有明显制度优势

刚刚结束的十九届四中全会再次聚焦中国特色社会主义制度建设，回顾来时路，整装再出发。

总结经验、肯定成果。中国共产党带领人民赢得了中国革命胜利，建立了新中国，并深刻总结国内外正反两方面经验，不断探索实践、改革创新，建立和完善了中国特色社会主义制度，形成和发展了党的领导制度体系、人民当家作主制度体系、中国特色社会主义法治体系、社会主义基本经济制度等，在制度建设方面取得了历史性成就。

经过70年的砥砺奋进，我国国家制度和治理体系展现出了显著优势，主要表现为13个方面，是我们坚定"四个自信"的基本依据。十九届三中全会以来，面对国内外风险挑战明显增多的复杂局面，中央政治局高瞻远瞩，准确把握国内、国际两个大局，着力抓好发展和安全两件大事，加强战略谋划，增强战略定力，坚持稳中求进工作总基调，继续统筹推进"五位一体"总体布局和协调推进"四个全面"战略布局，团结带领全党全国各族人民取得了一系列新的重大成果，推动党和国家各项事业取得一系列新的重大进展，再次培固了坚持和完善中国特色社会主义制度体系、推进国家治理体系和治理能力现代化的信心和依据。

明确方向，锚定目标。十九届四中全会充分肯定中国特色社会主义制度的重要地位。会议提出，中国特色社会主义制度是党和人民在长期实践探索中形成的科学制度体系，我国国家治理一切工作和活动都依照中国特色社会主义制度展开，我国国家治理体系和治理能力是中国特色社会主义制度及其执行能力的集中体现。

今后，务必要继续高举中国特色社会主义伟大旗帜，更加紧密地团结在以习近平同志为核心的党中央周围，坚定信心、保持定力、锐意进取、开拓创新，进一步坚持和完善中国特色社会主义制度，推进国家治理体系和治理能力现代化，为经济社会改革与高质量发展保驾护航，为实现"两个一百年"奋斗目标和中华民族伟大复兴固本培元、养精蓄锐、提振加力。而《中共中央关于坚持和完善中国特色社会主义制度　推进国家治理体系和治理能力现代化若干重大问题的决定》将会成为又一大行动指南。而在具体落实上，必须狠抓会议所提的 13 个领域内的改革与建设，在坚持的前提下不断完善，在完善的过程中不断深化。

（学习强国，2019 年 11 月 11 日）

致敬新时代最可爱的人

2020 年注定是不平凡的一年。一场凶猛的新冠肺炎疫情席卷全世界，把地球人推向危险的境地，也把各国推向考验管理水平的最前沿。一方面考验了各个国家的医疗卫生水平，另一方面也考验着世人的眼界、胸襟和定力。在这场非凡的战役中，中国政府、中国人民表现出了与众不同的魄力，特别有情怀、特别能战斗，也有一批又一批的普通中国人走向战场，走向最前线，向世界宣告：我们都是新时代最可爱的人。

一、最可爱的人——医护工作者

面对日益严峻的抗疫防疫形势，全国共有 300 多支医疗队、4 万多名医护工作者，从四面八方奔赴湖北。他们挺身而出、决然逆行，用背影重塑了英雄的形象。其中有 59 名医护工作者为了让更多的人能够迎来春天，永远地留在了庚子年的寒冬。世上本没有英雄，只是在灾难来临的时刻，在人民需要的时候，有人义无反顾，倾心奉献。他们用汗水甚至用生命，为我们筑起一道道坚不可摧的城墙，守护岁月静好，守护家国安康。他们不愧为最美的天使、真正的英雄、新时代最可爱的人！

李兰娟院士，73 岁。抗疫期间，她忘我工作，直面危重病人，与时间赛跑，与病毒死神争抢人民群众宝贵的生命。83 岁的钟南山院士，危急时分，急忙赶往武汉，在高铁餐车上的照片刷屏了全网。虽然到了古稀、耄耋之年，他们还像年轻人那样，率先出征，冲锋在前，给人们送出了战胜疫情的希望和力量。还有成千上万的医务工作者，他们写下请战书，奋战在抗疫第一线，成为我们心中最美的"战神"。在支援湖北的医疗队中，90 后、00 后青年人数占援鄂医护队伍的三分之一。正是这三分之一的青春力量，让我们看到了新时代中国青年的爱国、奉献、勇敢和无畏。

李宗育，1992 年生，东南大学附属中大医院的护士。疫情来临，她第一时间递交了请战书。其中写道：2003 年"非典"肆虐时，我还是个学生，被别人保护着，也正是因为"非典"，高考过后我毅然选择了护理工作，"现在是时候来保护他们了！我未婚，父母未老，无牵挂，我选择我无悔，只愿用自己多年的临床经验，为此次肆虐的新冠病毒防治奉献自己的一份力量，我定不负众望！"出征前，她果敢地剪短了自己的长发。她的父亲，一位退伍军人，特意赠诗一首，为女儿壮行："风萧萧兮易水寒，不计安危赴国难，恨无子嗣承祖志，幸有爱女学木兰。"

疫情严峻，号令声声。白衣擐甲，逆行出征。哪里有需要，哪里就是战场。是医者仁心的使命召唤，让天南海北的白衣战士挺身而出。无论是中医，还是西医，"到武汉去""到湖北去"的请战声争先恐后，一时间，"一省包一市""对口支援"湖北，千里驰援、万里同脉，令人动情，让人温暖倍增。

病毒没有国界，疫情不分种族。面对疫情挑战，构建人类命运共同体就成为全世界挣脱困境的"诺亚方舟"。抗击疫情，团结是最有力的武器。中国积极支援他国抗疫，携手共同打造人类卫生健康共同体。

二、最可爱的人——社区工作者

基层是疫情防控最重要的环节，社区是堡垒，属于最后一公里，也是最初一公里。乡村、街道的社区工作者挂着工作证，一个一个地打电话，一户一户地登记，一家一家地入室排查。在出入口设置卡点，测体温、检验健康码，拿着大喇叭巡街宣传，沿着辖区道路消毒消杀，来回奔波，不知疲倦。他们把自己当成一束光，温暖照亮着社区的人们。他们，同样是最可爱的人！

的确，抗击疫情是一场人民战争，总体战、阻击战，没有谁能够置身事外。疫情袭来，当城市被迫按下"暂停键"的时候，有很多人在默默地坚守，决然地付出，他们成为寂静中最忙碌的一群人。有了他们，城市的运转才不至于瘫痪，那些"宅在家里也是为国家做贡献"的人，才可以继续上网看电视、烹饪做饭交朋友，拥有最基本的生活保障。

这期间，疫情重镇武汉有一个顺丰快递小哥汪勇，选择当一名志愿者，主动承担了医护人员的接送、送餐等任务，从最初的孤胆英雄，到最后组织起了一支医护服务志愿者团队。正是因为有了像汪勇这样的无数的志愿者和基层工作者的牺牲和奉献，才有了今天疫情防控积极向好的态势。

因为疫情，这个特殊的寒假也让很多大学生成了社区防控志愿者。浙江理工大学的袁巍峰同学就是其中之一。他在自己的家乡参加社区疫情防控，站岗、发传单、测体温等，所有能做的事情他都去做。他还利用之前勤工俭学的收入捐款捐物。他说，作为一名大学生党员，无法回到学校读书，但是依然可以为疫情防控出力流汗。像袁巍峰这样的大学生积极参与疫情防控，在全国还有很多很多。

习近平总书记指出，中华民族历史上经历过很多磨难，但从来没有被压垮过，而是愈挫愈勇，不断在磨难中成长、从磨难中奋起。而面对磨难，中国人民从来都是紧紧团结在一起。不是吗？当我们置身于疫情防控中，当我们面对越来越好的防控形势的时候，我们深深地铭记"群防群控""联防联控"，就是数不清的人才群策群力的结果，就是全民参与、全国参与的动人场面。

三、最可爱的人——共产党员

在全国各地，在各种职业里，在所有的工作岗位上，都有一种人，他们有一个共同的名字：中国共产党党员。他们始终把别人的健康和生命当作自己最紧要的事情；他们在别人最需要的时候勇敢地靠前站、向前冲、用得上、做得好，一次又一次地书写了一个明亮的符号：中华民族的脊梁。过去他们是、现在他们更是，最可爱的人。

疫情就是命令，防控就是责任。疫情防控，彰显着共产党员的担当。正是这份对祖国和人民的担当，无数共产党员主动请缨，奔赴前线，在抗疫战役中勇敢地践行为人民服务的宗旨和使命，像战争年代的前辈共产党员那样，继续淬炼成人民心中的英雄。他们的请战书就是出征的誓言，他们在防护服上、胸前印着的共产党员的徽记标识，就是他们的决心，就是他们的战斗力，就是行走在人群里的表率！

众多共产党员默默无闻坚守在自己的工作岗位上。他们是军人，是警察，是志愿者，是卡车司机，是海关、码头、机场的检疫人员，等等。他们时刻提醒自己：我是共产党员，国家有难、人民有难，我不上谁上！他们用自己的实际行动书写了新时代共产党人的初心与使命。

疫情检验初心，防控践行使命。是责任与担当，让无数党员挺身而出或者默默奉献。是共产党员的风采和精神，激励着、鼓舞着新一代年轻人，他们一次次主动请战，申请加入抗疫第一线。

有一种光荣叫"火线入党"。一封封入党申请书，用振奋人心的力量，书写着年轻人决心战疫的胆略和气魄。在急救医疗中心、在急救转运站、在方舱医院，一场场特殊的入党宣誓仪式正在举行，"火线入党"简化的是程序，闪烁的是信仰的光芒，不变的是奉献牺牲的意志。"我决心冲在最前线，不获全胜决不收兵。"这是每一位共产党员的共同使命，激励着共同的担当。

四、最可爱的人——中国人民

在世界家园里，有一群人，黄皮肤黑眼睛，走过了五千多年的岁月，捧出了无数的灿烂和辉煌，他们叫华夏儿女，他们叫中国人民。今天在抗击新冠肺炎疫情中，他们再一次展现了自己伟大的文明、浩然的气魄和特殊的魅力。他们深信环球同此凉热，世界终究走向大同，他们依然是最可爱的人！

当疫情来袭，中国人民患难与共，迅速从惊慌投入积极抗疫中来；当病毒开始肆虐神州的时候，在党中央的坚强领导下，全国人民众志成城、群防群控、联防联控、有序抗疫、全民抗疫，有效阻止了新冠的飞扬跋扈；如今，当国内疫情防控取得阶段性胜利的时候，全国人民又积极投入复工复产当中，并且还不忘援助世界，用中国经验和中国方案来助力全球防疫抗疫。

只有守望相助，才能共渡难关。抗击疫情，中国坚持全国一盘棋，上下一条心，集中力量办大事。当很多国家疫情泛滥、物资短缺时，中国人民在自力更生的同时，及时向世界伸出了援手。中国再一次向世界展现了负责任、能担当、可信任、够朋友的形象。中国人民好样的！

这次疫情防控还彰显了中国人民高尚的精神。它们是：不畏艰险、迎难而上的斗争精神，同舟共济、守望相助的团结意识，一方有难、八方支援的赤诚情怀，科学防治、智能防控的科学精神，舍生取义、报效祖国的奉献精神，携手合作、命运与共的大国责任意识。这样的抗疫精神是中国共产党革命精神在防疫抗疫中的传承和弘扬。让我们记住这场伟大斗争，弘扬这种伟大精神，为中华民族的伟大复兴注入更多的力量。

（光明网，2020 年 4 月 21 日）

党的集中统一领导是取得抗疫胜利的根本保证

年初袭来的新冠肺炎疫情，把全球推向了危险的境地，更把世界各国推向了考验发展理念和管理水平的最前沿。而中国政府始终坚持以人民的身体健康、生命安全为一切决策施策的最高准绳，这种大道至义，再一次生动鲜活地展现了一个负责任的大国形象。中国政府、中国人民再一次向全世界讲述了中国力量、中国气魄、中国特色、中国故事和中国优势。

一切以人民为中心，是我们全力防疫抗疫的立足点和出发点。习近平总书记一直强调，必须始终把人民利益摆在至高无上的地位，让改革发展成果更多更公平地惠及全体人民，朝着实现全体人民共同富裕不断迈进。疫情暴发以来，他又反复叮咛，要把人民群众的生命安全和身体健康放在第一位，要紧紧依靠人民群众坚决打赢疫情防控阻击战，要绷紧疫情防控这根弦，抓紧抓实抓细常态化疫情防控。这些话至今言犹在耳，成为防疫抗疫的最亲切、最具权威的号角、令旗。

党的集中统一领导是做好防疫抗疫各项工作的根本保证，是战胜一切困难和风险的"定海神针"。党中央统领全国、统筹规划、统一号令，习近平总书记率先而为，身体力行，一方面通盘谋划、亲自部署；另一方面深入防疫抗疫第一线，考察疫情和民情社情，靠前指挥战"役"。这样的全国一盘棋、万众一条心、集中力量办大事的体制机制，东西南北中、党领导一切的国家动员体系和社会组织能力，确保迅速组织起防疫抗疫的有生力量，确保人、财、物的及时、足额、优质供给。如此这般的全国保卫战、全民阻击战，世界上没有先例。

中国政府、中国人民特别有情怀、特别能战斗，表现出了与众不同的魄力。我们为此调集了全国最优秀的医生、最先进的设备、最急需的资源，全力以赴投入疫病救治，救治费用全部由国家承担，最大程度地提高了检测率、治愈率，最大程度地降低了感染率、病亡率。同时，我们紧紧依靠人民群众，全国动员、全民参与，联防联控、群防群治，构筑起最严密的防控体系，全国各族人民都以不同方式积极参与了这场疫情防控斗争，凝聚起坚不可摧的强大力量。

阻击新冠肺炎疫情，是一道"加试题"，考验着任何一个政府和执政党的性质与能力。中国用同心同德、众志成城、群策群力和精密智控、群防群控、联防联控，尽最大可能满足人民健康、安全的需求。

共产党员作为中坚力量，承上启下、沟通社会、融联各地各业，模范地执行了党中央的号令，发挥了突出的作用。共产党员不仅成为防疫抗疫中践行初心使命最得力的群体，而且成为任何国家都难以企及的中国力量。

守护岁月静好、守护家国安康，中国共产党、中国政府把自己培固成了坚不可摧的铜墙铁壁。中国人民精诚团结、共克时艰，永志不忘防疫抗疫中进一步深化的信心、信念和信仰，并与世界人民一道，追慕"环球同此凉热"。

（中国网，2020 年 5 月 12 日）

你在哪儿：感恩四季

冬天来了
到处静寂着
我在冰花里
看到了你的笑容
我在鼻腭上方的呼吸里
感受到了你，亲亲的

秋天来了
落英缤纷
我在婀娜的树叶里
看到了你的玲珑
我在橙黄的果实里
嗅到了你，丰腴着

夏天来了
酷暑弥漫
我在雨巷里
看到了你撑着油纸伞
我在蝉鸣中
听到了你，娇柔的名字

春天来了
浓绿满眼
我在竹林、花丛
看到了你妖娆在枝头
我在淙淙溪水旁
憧憬着你，欢愉向前

冬天来了，我在冰花里触到你晶莹的名字
秋天来了，我在飘英中看到你婀娜的身姿
夏天来了，我在雨巷里跟上你轻盈的步履
春天来了，我在花丛中闻听你诱人的声息

（2021 年 1 月 6 日）

与春永恒

　　如果你是一首歌，我愿是那跃动的音符，随着你，富有节奏地跳动。

　　如果你是一条河，我愿是那激流中的小船，你有多长，我便行多远。

　　如果你是一泓山溪，我愿做水底的岩石，时刻感动着你，亲昵的爱抚，与透彻的喜乐。

　　如果你是一条小路，我愿是其中的一粒石子，随你延伸，默默而平凡，无论高下缓急。

　　如果你是一束野花，我愿做缠绵悱恻的蜻蜓，轻舞飞扬，陶醉在你那幽静的芬芳。

　　如果你是一处仙居，我愿是那副门扉，时刻等你归来，永远为你守护香甜的幸福密码。

　　如果你是一件华衣，我愿是那只袖，做你最长最柔情的拂尘，够着你所有的指使。

　　如果你是一个文人，我愿做你手中的笔，感动你源源不断，流出这世上最动情的文字。

　　如果你是一本书，我愿是最下方的页码，卷曲成小小的数字，谦恭地托着、仰望着你。

　　如果你是一幅画，我愿是角落里的那方印鉴，恬静地永远守候你，绝世的才情。

　　如果你还是一个小女孩儿，我愿做你那身小花裙，蹁跹起，你所有的五彩的梦。

　　如果你已经是一位花季少女，我愿是你梦中的呓语，融汇成，你各种憧憬的天使。

　　如果你已经成了一位守候在家门口的老妪，我愿做你腕上的那副玉镯，浸透所有的岁月风华。

　　如果你已经羽化云端，我愿做那缥缈的仙霓，轻轻地，拥托你的神履，遨游天涯。

　　如果你已经汇入大海，我愿做相拥进退、翻跃的浪花，始终为你最缱绻的舞侣。

如果你已经沉入大地，我愿做泥土中的一团和气，和你一起，历练成崭新的生命。

（中国青年网，2021 年 2 月 16 日）

致跨入五分之一人生的美帅们

2021年3月31日钉钉复试初相识，9月5日宿舍再见喜重逢。钉钉那一约，就是长长的6个月；宿舍这一见，就变成终生不移的为师为生同路人！来日方长今又始，且提箴言三句赠各位——30美女6帅男，2021年马克思主义学院这届最新人！

第一，读书为生梦为马。通过读书，树立我们的世界观、人生观、道德观。还记得金庸吗？是他的魔笔江湖，写透人生，那些飘逸故事豪侠人物，在某种程度上潜移默化地塑造了我们最朴素的正义观和爱情观，甚至许多国人朴素的侠义观，也来自金庸的"飞雪连天射白鹿，笑书神侠倚碧鸳"。我们的80后、90后，就是这样读书、读这样的书长大的，就是这样读书、读这样的书树立"三观"的。你们，是读着什么书，走进浙江理工大学的？有书，一定有书，有影响了你们的书！过去、之前，不管你曾经学什么专业，修什么学科，作为过往历史，都是一段青葱记忆，接续着它们，从今开始，再读书更读书，读马列、学党史、读政治、学社会，明晰大道，开人生新局。把那有字书、无字书统统拿来，手不释卷，心无旁骛，齐刷刷、红彤彤、火辣辣，在浙江理工大学，做人只为读书、只是读书，抱书入梦，嗜书出梦，啃书逐梦。

第二，惜缘成分好前行。"如何让你遇见我，在我最美丽的时刻。为这，我已在佛前求了五百年，求它让我们结一段尘缘。"后来，马克思批准了，于是，我们跨越新冠病毒设置的天障，从线上来到线下，握手相拥在浙江理工大学——现代蚕学馆。请记住席慕蓉这首细腻而又温存的诗歌《一棵开花的树》吧，把我们做成兄弟姐妹，做成一家人，做成未来五分之四人生长途相伴、相望、相应、相守的同向人。

第三，不成英雄不罢手。有人问金庸："人生应如何度过？"金庸答："大闹一场，悄然离去。"洋洋洒洒、潇潇洒洒，旷达挥洒"浙理马院硕士"这一回，完全准备好100年为期、80年为途的大干一场，在马克思主义理论研究、宣传、践行的专业内、行业里、事业中，做一个奋笔疾书唱大风、悬河如口传大道、躬耕陇亩行大义的英雄，做中国特色社会主义事业奔波浩荡的英雄。当你真的到了蹒跚而行的时候，到了只有相互搀扶着才能走动的时候，简单、肯定、忠贞地告诉自己，也告诉更为年轻的后来者——此生不虚，英雄真爽！

还记得 1987 版的电视剧《红楼梦》吗？它之所以成为中国电视剧历史上不可逾越的丰碑和标杆，广阔丰厚的历史背景故事，作者曹雪芹的大家文笔，作曲王立平的深厚艺术功底，导演王扶林的精雕细琢，它们，一起创造了恢宏，创造了中国电视剧的里程碑。那是一次任何一方面都不能缺少的精品制作，那是一个各方协同协力的艺术辉煌。如今，你的面前、我的脚下、咱们的世界：有创设人类命运共同体的大时代，有中国共产党英明领导干事创业的火热现场，有"三地一窗口"另加一个"建设共同富裕示范区"的大好契机，更有浙江理工大学这个百年"老店"青春勃发，尤其有以红色文化研究与实践立竿见影于大中国高校马克思主义学院的浙江理工大学马克思主义学院为家，你们，赶上了一切的一切，完全拥有了"成长为最好的自己"的一切要件。剩下的，只有两个字了——努力！

让马克思主义学院成为你人生里值得回味的一段岁月吧。

有人说，少年如溪，青年如河。既然如河，那就要大河奔流，掀起狂飙巨澜，追波逐浪、中流击水！有人说，少年壮志不识愁，那就不要存留任何愁绪、愁闷、愁苦，在跌跌撞撞中向前，在懵懵懂懂里觉醒。还有人说，人生无常、变数多多，走过了，便从容，放下了，就轻松。我得提醒大家、忠告各位，同志们：理想可以从容，信念不能放下，学习不能轻松。因为，你们还远离如湖的中年、如海的老年。拼、干、抢、创，就是你们的本分，就是各位的生存状态，就是这个年龄活着的方式。

心在路上，路在心中。让我们带着如此英雄梦，捧着这般精品书，相互簇拥着，在江南的日升月落里，一起蹚着中华民族伟大复兴的万水千山，写实这如歌的杭州三年！

（浙江理工大学马克思主义学院，2021 年 9 月 5 日）

这一百年——敬贺伟大的中国共产党百年华诞

【题记】2021 年 2 月 16 日，早晨不到 5 点便醒来。今逢伟大的中国共产党成立 100 周年，感恩之心、祝福之情，深厚于心，总想写几句话，表达情义、记录见证。于是，草笔长诗一首，大致如斯。

这一百年
有一个婴孩渐渐长大
所有的衣衫都不能拘束他的骨壮
所有的门墙都无法封锁他的高昂
所有的竞争都冲垮不了他的善良
所有的容妆都比不得他原生的靓
他
已经盛装
已经高飞
再无彷徨
步入辉煌

这一百年
有一棵树慢慢长大
长成了亭亭玉立
长成了伟岸铿锵
长成了一枝独秀
长成了华盖遮阳
长成了绿野仙踪
再也不怕虫害石撞
再也不怕鬼狼残伤
再也不怕偷砍滥伐
再也不怕风抽雨杖

这一百年
有一个波浪渐行渐远
从山中的一滴雨珠
汇聚成一条溪、一片湖
又倾泻成一条江
冲出山林恣意无疆
奔向东方，投赴海洋
变成了千雪万浪
变成了狂飙巨澜
变成了洪波浩荡
变成了海天一色

这一百年
有一只小鸟已经高翔
从破壳而出的毛囡囡
长成了登梅喜鹊
长成了竹梢报春鸟
长成了雄鹰搏击长空
长成了天鹅高歌引吭
长成了丹顶鹤优雅修长
长成了鲲鹏扶摇九万里
长成了领头雁长阵哨响
长成了火凤凰百鸟之王

这一百年
有一匹马已经追风逐阳
从颤巍巍的小马驹
成长为千里马无鞭自飏
成长为世间神骏奋翅腾骧
成长为马队衔辔而行
成长为马群不见首不见尾
沿河而下又溯江而上
骐骥一跃万马嘶扬
腾越大漠孤烟
纵横平畴沃壤

这一百年
有一本书还没写完
它叫《大国追梦》
续集叫《强国上市》

这一百年
有一首歌还在循环
它叫《振兴中华》
新篇章叫《盛世腾飞》

这一百年
有一幅画尚未着墨
它叫《风雨兼程》
如今又叫《龙行天下》

这一百年
真的就像
一番竞技
一场战斗
一次远行
一轮伟大的创作
一场斑斓的服装秀
一首全球级的大合唱
一波人类史上的浪淘沙

在这一百年里
他遭遇了天崩地裂
经历了云诡波谲
坠入了凄风冷雨
他蓬头垢面、举步维艰
甚至病入膏肓
而后他又
披荆斩棘、乘风破浪
九天揽月、五洋捉鳖
浴火重生、凤凰涅槃

凯歌高奏、轻舞飞扬

他
有一个轻柔的名字：中国共产党
他的出身，是中华民族
他的籍贯，是华夏神州
他的先人是龙的传人
他的血脉是千古炎黄

（思想火炬，2021 年 10 月 13 日）

祝贺赵一曼研究院成立

同志们，朋友们，同学们：

大家下午好！在举国认真学习习近平总书记七一讲话精神，深化党史学习教育的重要时刻，我们在今天遇到了 116 年前一位杰出的女性来到人间这个普通而又重要的日子，并在这个特别的日子里见证成立以她的名字命名的研究机构。祝贺赵一曼研究院成立！

赵一曼，不愧是"百年英烈，万里长江，巾帼第一人！"她，早早地放下女红，走入近代学校，感受时代的变迁，体会救国的重要。她，超越了同时代很多女孩子，在长江边小镇里，成为拥有新思想，又冲出长江走向祖国腹地的现代女子。她，急步匆匆、奔走呼号在宜宾、重庆、武汉、上海，成为用心用力关爱祖国、追求未来的女性革命者。她，端坐在苏联莫斯科东方大学里，与一批批中国有志青年或奋笔疾书或苦思冥索祖国的未来。她，挺枪立马、驰骋于关外的白山黑水间，成为飒爽英姿的抗日女英雄。她，铮铮铁骨、拳拳子心，以热血性命换取中国抗日军民的尊严，用牺牲献身捍卫中国共产党和中华民族的伟岸崇高。她，行走于我们的西南、东南、东北，千万里之遥，枪林弹雨中，用 31 年的绝代风华，淬炼成"100 位为新中国成立作出突出贡献的英雄模范人物"之一！

今天我们隆重地推出赵一曼研究院，就是要研究、学习、弘扬先烈赵一曼的光亮人生、伟大情怀、崇高精神，让赵一曼以革命烈士、英雄人物、先进模范的形象，矗立在万里长江第一城，辉煌在中华大地上，永存在一代又一代中国人的心目中和民族文化的长河里，成为英勇的中国共产党人的杰出榜样，成为伟大的中国共产党人连绵不断的革命精神谱系的重要典范，成为激励中国人民百折不挠、奋力实现民族复兴的重要力量。

作为长期从事红色文化研究的专业工作者，十分荣幸参与并见证此次赵一曼研究院的横空出世，共同祝愿祝福赵一曼研究再上新台阶！

祝贺祝福宜宾职业技术学院马克思主义学院大有作为，尽快成为西南甚至全国赵一曼研究的中心。

祝福祝贺宜宾职业技术学院在利用好红色资源、发扬好红色传统、继承好红色基因事业中，再有大手笔，成为宜宾地区红色文化学习实践的排头兵领头人，再育更多、更美、更亮的时代新人！

祝贺祝福宜宾在赵一曼红色文化资源学术研究、形象塑造、宣传引领、民众教化、转型赋能、推动社会进步上再有新突破、再做新贡献！

祝福祝贺宜宾，在赵一曼红色文化资源研究、开发、弘扬上大有作为，大展宏图！

（宜宾职业技术学院，2021 年 10 月 25 日）

有关浙江革命精神资源 13 种

红色文化是中国共产党带领中国人民在追求民族解放、国家富强和人民幸福征程中积累下来的文化资源，蕴含着、表达了马克思主义中国化的历程与成果、经验与规律。它有三大组成部分：作为基础的物质，作为保障的制度和作为灵魂的精神。物质、制度和精神三个层面、三大内容，它们各自以其独特的方式，共生共存，相互支撑、映衬，共同构成红色文化的完整形态，清晰、生动而完整地记录着百年来中国人民在党的领导下的革命史、奋斗史和英雄史。因而，也成为百年中国的另一种观察视角和叙述方式。

浙江具有浓郁的红色根脉，是中国革命的重要发源地之一，不仅贡献巨大，而且特色鲜明，百年来，积存有大量的红色文化资源。通观统查百年党史，目前留存下来并依然在发挥作用的革命精神资源有 13 种，在数量上领先全国其他地区。

把它们汇聚并列为"有关浙江的革命精神资源"，基于四个方面的考虑。其一，拥有独特的历史事实和基本内涵。其二，在省级以上党报党媒公开报道宣传过。其三，迄今依然为人们所喜闻乐见并继续发挥着铸魂、引领、助力作用。其四，不带有任何行政区划的印迹。

中国共产党在百年奋斗过程中，坚持马克思主义的指导，紧密结合中国国情，创造并积累了丰富多彩的革命精神资源，并形成了一个革命精神谱系和序列，汇聚着百余种具体的革命精神标签。它们一个个闪亮在百年征程中，矗立在百年长河里，既像一座座灯塔，汇聚着人民群众的奋斗拼搏、牺牲奉献，昭示并导引着后来者前赴后继、勇往直前；它们又像一个个里程碑，坦然于百年风华，成为其时其地党带领人民群众不屈不挠、奋发有为的出师表、功德碑、精品柜，珍藏珍记着迭起续延的革命高潮和重大成果；它们又像是照亮前景的繁星，不时地从革命、建设、改革和民族复兴的长途跋涉中升腾而起，散落百年旅途、高悬奋进星空，突显过往、照亮未来。

有关浙江的革命精神资源极其丰厚，象征并印证着浙江人民的百年奋斗、百年业绩和百年荣耀，凝聚并代表着中国共产党在浙江这块热土上依靠人民、团结人民、服务人民的足迹和业绩，也生动写实了浙江有关地方、领域在党的领导下，结合本地、本业实际的努力探索与富有成效的创新创造。

至于"不考虑带有鲜明行政区划名头"的革命精神，主要是考虑到 21 世纪初在社会主义核心价值观探索阶段，中国各地各省区市都曾凝练并提出了带有鲜明地域性符号的精神之说。那是特殊时期的产物，是各地文化精髓、区域特色、发展方向的综合再现，甚至是彼此身份识别的新符号、新系统，并不具备中国共产党革命精神的一般属性。"必须为省级以上党报党媒高度关注并集中报道过"，是针对目前各地纷纷提出具有地方特色的精神标识这个文化现状而言的。走遍浙东、浙西、浙南、浙北，无论是城乡，还是村镇、社区，大家无不满怀热情、信心百倍地捧出自己的"精神"名号来，这还不包括那些随处可见的企业精神。诸如此类遍布村社的"精神"名号、渗透企商的"精神"标记，对于奔流在时代发展长河中的"中国共产党革命精神"资源而言，显得似乎轻飘了一些。

有关浙江的革命精神资源约有 13 种：①红船精神；②红十三军精神；③浙西南革命精神；④一江山精神；⑤大陈岛垦荒精神；⑥围垦精神；⑦蚂蚁岛精神；⑧千鹤妇女精神；⑨南堡精神；⑩海霞精神；⑪四千精神；⑫浙商精神；⑬浙江精神。虽然时空各异，然则内涵丰盈、光前裕后、珍贵而鲜亮、化人而传人。一一列举，大致如下。

1. 红船精神

红船精神是伟大建党精神的集中体现和重要组成部分。它所包容、承载、依托的基本历史事实，就是中国共产党创建时期最关键、最具有代表性的几个动作——定名、定性、定向、选举中央领导机构，使得中国共产党成为有名、有人、有事、有景的政治组织，使得中国历史上第二次"开天辟地"大事变走进现实。红船不仅成了中国共产党的"产床"，更成了中国共产党事业的象征。它接续从北京出发的建党壮举、最后完成了从上海而来的迁徙，为那个时候中国最有志向、最具活力的一批人创制了一面旗帜、捧出了一盏明灯，从此中国革命的面貌焕然一新，中国社会发展的前景渐如昼。

红船精神，一如前后相连的几个重要精神符号——先驱精神、五四精神、北大红楼精神、上海渔阳里精神，无不彰显着一个信念、一个品质、一个要义——找寻并终于找到了中国的出路。从此，马克思主义深藏于心、高擎在手，一路前行；而伟大的建党精神把中国人的信念聚集、把中国人的期盼收拢、把中国人的梦幻充实；从此中国人民在一群群一批批坚持首创、奋斗和奉献精神的先进人物的带领下，不屈不挠、凯歌高奏。

2. 红十三军精神

楠溪江两岸，革命星火燎原——以金贯真、胡公冕等为代表的浙南英雄儿女，率全省之先建立直属中央军委的中国工农红军第十三军。1930 年 5 月，中国工农红军第十三军在永嘉正式成立。这支直属中央军委领导、编入正式序列的全国 14 支红军之一的队伍，浴血奋战 4 年多，经历大小战斗百余次，活动遍及温州、台州、丽水、金华等地。

红十三军的斗争，沉重打击了国民党在浙江的统治，有力地支援了中央苏区及其他地区的革命斗争，在浙南乃至浙江党的历史上产生了重大影响，在中国共产党的党史和军史上有着重要的地位。

2020 年正值红十三军成立 90 周年之际，通过全社会征集和专家研讨等方式，对红十三军精神进行了总结提炼，即"怀抱理想、敢为人先的求真精神，艰苦奋战、不怕牺牲的斗争精神，为民奉献、自强不息的进取精神"。

3. 浙西南革命精神

浙西南革命精神是指在中国革命战争时期，在浙西南（今丽水市）及其周边毗邻地区，在中国共产党领导下的长期革命斗争实践中缔造、凝结而成的战斗精神、胜利精神，渗透在浙西南革命斗争实践的全过程。它既是中国革命精神的重要组成部分，也是中国共产党人精神气概的典型表现，是浙西南革命斗争实践最宝贵的财富之一。

地处浙西南的丽水市是全省唯一的所有县（市、区）都是革命老根据地的地级市，红色资源丰富密集，红色传统底蕴深厚，红色基因生生不息。追根溯源，在于这块热土上的中国共产党人书写了 23 年红旗不倒的壮丽史诗，在中国革命史上占有重要的地位。

浙西南革命根据地不仅是中央红军主力长征后创建的第一块革命根据地，而且中国工农红军北上抗日先遣队以自身的牺牲策应保证了中央的安全。之后于 1935 年 1 月，根据中央命令，先遣队余部组建中国工农红军挺进师，他们深入国民党统治腹心地区，继续开展了艰苦卓绝的斗争，在全国革命低潮中掀起"一个局部的高潮"，直到第二次国共合作开始。在解放战争时期，这块热土依然红旗飘飘，屹立于凄风冷雨之中，直到汇聚成历史的洪流，最终冲垮了国民党的反动统治，迎来崭新的中华人民共和国。

4. 一江山精神

一江山精神，是在一江山岛战役的过程中产生的，是中国共产党革命精神谱系的重要组成部分。1955 年 1 月 18 日，中国人民解放军组织陆、海、空军协同作战，发起解放一江山岛战役。战斗很快结束，实现了浙江沿海的全部解放，也宣告中国大陆的全部解放。

作为中国人民解放军历史上第一次三军联合协同作战，其意义非同寻常。在解放一江山岛过程中，广大干部战士发扬铁军精神，不畏艰难险阻，力排千辛万苦，抱着势必解放一江山岛的决心，勇敢战斗；人民群众发扬优良爱国主义精神，团结互助，听党指挥，支援前线。解放军、人民群众、地方政府良性互动，三者交融，形成了"一江山精神"。

21世纪初，学术界基于深入的历史研究和经验总结，将"一江山精神"提炼为16个字："不怕艰险、智勇坚定、团结奋斗、不胜不休。"

5. 大陈岛垦荒精神

20世纪50年代中后期，来自温台地区的467名青年垦荒队员，先后分5批，响应团中央"建设伟大祖国的大陈岛"的号召，毅然登上满目疮痍的大陈岛，以满腔热情、冲天干劲和炽热青春，与驻岛部队一起开展战天斗海的垦荒事业，用青春和汗水培育了"艰苦创业、奋发图强、无私奉献、开拓创新"的"大陈岛垦荒精神"。

6. 萧山围垦精神

围垦，是指用堤坝把滩地围起来开垦成农田。这不仅是造田的重要举措，更是治理"坍江"的有效手段。中华人民共和国成立后，萧山人民历年筑堤圈围、开发建设钱塘江畔新土地。

为大规模整治钱塘江河口段流道，消除沿江人民因"坍江"决堤而流离失所、家破人亡的灾难，为开发利用钱塘江滩涂资源，缓解当地人多地少的突出矛盾，直到20世纪90年代，萧山持续开展大规模围垦造田，经过33次围垦，共围滩涂361平方公里，50多万亩，约占萧山总面积的四分之一。这一壮举被联合国粮农组织称为"人类造地史上的奇迹"。围垦精神即由此而来。

7. 蚂蚁岛精神

20世纪50年代，中国渔业战线的第一个人民公社在舟山诞生，它就是蚂蚁岛人民公社。面对极其恶劣的生产生活条件，蚂蚁岛人民克服重重困难，依靠集体的力量，走出了社会主义建设的新道路，也因此成为一面旗帜。《人民日报》曾发表长篇新闻报道。

2005年6月13日，时任浙江省委书记习近平上蚂蚁岛考察。他指出：蚂蚁岛曾有光荣的艰苦创业史，现在又与时俱进，渔区呈现新气象。老一辈创造的"艰苦创业、敢啃骨头、勇争一流"的蚂蚁岛精神，不但没有过时，还要继续发扬光大。

8. 千鹤妇女精神

中华人民共和国成立初，建德千鹤自然村妇女在党的领导和妇联组织的带领下，打破传统旧俗，走出家庭、走上田间地头，执行男女同工同酬政策，投身农业生产劳动，喊出了"劈山拦河溪改田"的豪迈口号，树立了妇女参加集体劳动的典范。

1955年，毛泽东同志作出批示，提出了"中国妇女是伟大的人力资源"的重要论断，使千鹤成为"妇女能顶半边天"思想的重要发源地。如今经过几十年的发展，千鹤妇女精神被赋予了新的时代内涵，概括为：自强奋斗撑起半边天，创新创业敢为天下先，忠诚奉献共圆家国梦。

9. 南堡精神

1969 年 7 月 5 日，一场突如其来的特大洪水夺走了桐庐县分水江畔南堡村 210 多名村民的宝贵生命和 1500 亩良田，全村只剩下一个灶头、半间屋架、一棵苦楝树，地表建筑损毁殆尽。在困难面前，南堡人没有倒下。他们不等、不靠、不要，而是擦去眼泪，在党的领导下，靠自己的双手在灾后贫瘠的土地上，在烈日酷暑下，夜以继日地抢粮种粮、造坝修渠、建房安民，以"泰山压顶不弯腰"的精神，实现了"粮食生产一年自给，两年有余，三年建设新南堡"的铮铮誓言。

1970 年 6 月 3 日，《人民日报》头版头条刊登了以《泰山压顶不弯腰》为题的长篇通讯，报道了南堡人民的英雄事迹，南堡被誉为"江南大寨"。这种面对大灾大难毫不畏惧、自力更生、艰苦奋斗的精神，被概括为"南堡精神"，成为教育、激励人民战胜困难、创建业绩的强大精神力量。

10. 海霞精神

20 世纪 70 年代，电影《海霞》风靡全国，东海之滨温州洞头有一群"铿锵玫瑰"，她们不爱红装爱武装，放下小家为大家，誓死保卫自己所爱的海岛，电影中的原型就是"洞头先锋女子民兵连"。一批批"海霞"——渔家姑娘前赴后继、一往无前、无怨无悔地把青春献给了女子民兵连。"海霞精神"在新时代奔涌的浪潮中历久弥新。海霞们不恋都市恋海岛，军民联防卫海疆，始终做到传统不丢、队伍不散、思想不乱、作风不松、活动不断，并凝结成了"爱岛尚武、吃苦耐劳、乐于奉献、永葆本色"的海霞精神。

11. 四千精神

20 世纪 80 年代，身处改革开放前沿的温州人吼出了"四千精神"，在全国轰动一时。所谓"四千精神"，就是"历经千辛万苦、说尽千言万语、走遍千山万水、想尽千方百计"，表达的是当年温州人勇闯市场的时代风采，迄今仍然是浙江人民的一笔宝贵精神财富。

12. 浙商精神

浙商，是一个带有显著地域特征的商业团体，也是一种独特的商业文化和商业传统的聚合体、承载系统。它在中国历史长河中砥砺摸索，在 20 世纪改革开放的社会大潮里形成，带有鲜明的时代烙印和区域文化特色，也包含着显著的中国传统商业文明的重要品质。

关于浙商精神，不管是"坚强进取、营利举义、远行抱团、应变开创"这 16 个字的概括所真切反映出来的共同的生存和发展之道，还是概括为"勤奋务实的创业精神、勇于开拓的开放精神、敢于自我纠正的包容精神、捕捉市场优势的思变精神和恪守承诺的诚信精神"，也或者是表述为"坚忍不拔的创业精神，敢为人先的创新精神，兴业报国的担当精神，开放大气的合作精神，诚信守法的法治精神，追求卓越的奋斗精神"，即便是阐释为"坚韧不拔、艰苦创业，敢为人先、开拓创新，兴业报国、勇于担当，开放大气、携手合作，诚信浙商、行以致远，追求卓越、砥砺奋斗"，其实，它们都关乎浙商的奋斗、创新品质和发展能力，也都体察到了浙商群体的义利情怀。

13. 浙江精神

浙江是一片历史悠久的土地，也是一个充满创新创造的大好河山。古往今来，浙江人民不为艰苦的生存条件所吓倒，苦思冥索、励精图治，不仅成就了一个又一个彪炳史册的业绩，也安稳地在这个地方生根、发芽、开花、结果，生生不息到如今。浙江精神就是这样的生存历史和文明、智慧和文化的集中概括。

浙江精神作为中华民族精神的重要组成部分，是浙江人民在千百年来的奋斗发展中孕育出的宝贵财富，世代传衍，历久弥新，始终激励着浙江人民开拓创业、勇敢向前，显示出强大的生命力和创造力。浙江精神是浙江发展的动力，也是浙江地域文化个性和特色的表达。

2021年9月29日，党中央公布了中国共产党人精神谱系（第一批），站在百年初心使命追求奋斗的视角，挖掘、提取、彰显了具有重大影响和特殊魅力的中国共产党人革命精神标杆。这是对百年党史、百年红色文化发展史的高度概括，体现的是中国人民在党的领导下不断进步的精神高度。但是，中国共产党革命精神的谱系并不是一个闭环，也不是一个故步自封的完成时，它必将进一步融汇到更加复杂、更加伟大的革命事业中，从而也必然促使精神谱系自身的更新、拓展和壮大。

同样的道理，有关浙江的革命精神尽管在数量上已经领先全国其他地方，但是，它们同样也没有穷尽革命精神的不断创新发展，今后的中国特色社会主义伟大事业还将在浙江孕育生发出更新的革命精神来。

（等你在杭州，2021年12月11日）

四、针砭

那么自卑，我们？

觉得有些人很有意思，只有在有人可比的时候，才知道反思。其实，反思是时时刻刻的，也不是必须有参照物的。与自己比不可以吗？！一场地震，引发了我们自己的歇斯底里。干吗？没事儿的时候，也可以思考人生的。再说了，拿着人家的痛苦，不停地比啊比呀，不觉得残酷吗？

为什么要与别人比，安心过自己的日子不行吗？！

范跑跑又被拉出来垫背、示众了！活该！

日本人也有不坚强的时候，也有怯懦的个体。

日本政府的精力都集中在核辐射问题上了，疏忽了赈灾。一些人没有死于海啸或地震，却死于之后的避难所里，缺衣少食少药啊。

比起日本人，我们为何就那么不自信？连媒体该披露、播报什么新闻、信息，也是人家做得好；人家能够从容面对灾难，成功实施自救和互救，值得我们学习和尊敬，但是人家也有自己的国情啊！

允许别人比我们强，是否也可以容忍我们有一些还不如人？所有的地方都领先于别人，你都成老大了。

我们的领导人亲自去吊唁、哀悼，别人这样做过吗？我们的宽厚，别人有过吗？

如果是我们花那么多钱修建一条防波堤，最终却一无所用，我们会如何喧闹、谩骂？！实在想象不出来！

一会儿是恨得咬牙切齿，把人家诅咒成人间恶魔之最；一会儿又羡慕得五体投地，把人家看作世界上最优秀的一群，我们的自信哪里去了？

别人没有及时、准确地预报地震，可以理解；我们没有准确预报出来，就是死有余辜。这什么逻辑？

人家有难了，我们却乱套了。疯狂地传谣，疯狂地抢盐，疯狂地吃盐，以至于吃死了人。可笑不？

我们遭难的时候，军队冲锋在前，让人终生难忘。别人的现场，我们看不到更多的救援者，你会不会说他们都已经成功自救了，所以无须他救了？

隐瞒真情，隐瞒世界上最大恐怖的真相。这可以原谅吗？

......

别慌张、莫自卑、勿自伤，我们就是我们，我们可以做得更好，但不能没有自信，更不能没有自我。

（新浪网，2011 年 3 月）

读史，感喟利比亚

以一种更为暴力的暴力对待既有的暴力，本身就是一种更为野蛮的暴力，是对民主的讽刺。

为了攫取对方的财富，在"民主"的旗帜下，公开地抢夺和杀戮，这比所谓的独裁还要可恶，因为它在贼喊捉贼，它在欺骗那些民主癔症的善良人。

一群号称民主的人，对死者如此地侮辱，与被屠杀的猪冻藏在一起。道貌岸然的现代西式文明哪里去了，民主哪里去了？

为了一种愤怒，不惜挟洋自重，利用外来的力量进行大规模的国内厮杀，刀光剑影、血流成河，必然会造成更多更深的愤怒。

当心：当你原有的愤怒不复存在的时候，你的国家尊严也从此消散了，你的民族独立也成了虚幻，你和你的同胞终于成了洋人的当代奴隶。当然，只要你乐意。

鬼子，可恶；二鬼子，更可恨。

（新浪网，2011 年 10 月）

大学老师教学与科研的流俗与挣扎
——由周 ding 说开去

【题记】偶笔于冬意已浓秋意尚在的杭州卖鱼桥，有感于沸沸扬扬的大学老师辞职的背后。

到底应该叫"流俗挣扎与大学老师"，还是叫"大学老师的教学与科研"？说话的题目还弄不准。其实，不管叫什么题目，主题或基本思想是一致的，那就是大学老师会不会、要不要搞科研，既是一个如何判断和定位"高校教师"这个社会职业的现实问题，也是一个面对社会竞争如何超越事功与心性、入世与出世的所谓二律背反的困境的思想问题。

（1）周老师发表《今夜死去了》的自白书，基本上是属于自己与自己过不去。他的自白书，文笔流畅、逻辑清晰，且激情飞跃，无论文思与才情，均非末流。试问：如此笔墨、心胸，真真就写不出好文章？不信！尽管学术文章与此等随笔感悟有别。因此，究竟是态度有问题，还是实力的问题，还是旨趣有问题，已然明晰。既然如此，为何又要深夜发文，告别大学？似乎，也没有那么复杂了。

（2）自白书一出，坊间哗然，点赞、同情连线成片。大学老师，您，好辛苦！辛苦，的的确确！但是，只因一个科研而被逼入死胡同的究竟有多少？科研压力下，纠结度日的不少；不能自拔、难以自持，只好逃离的，少数。不就是一个教授职称吗？！很多人在坚持中，挺过来了；一些人，历尽艰辛，果实频出，也算是踏踏实实、心想事成；最苦的，是初登大学讲台的青年教师，他们阅历较浅、机会较少，经济压力又大，还要面临站稳讲台的巨大挑战，尤其是在学术话语权被大家名人垄断的生态下，但是他们有活力，敢拼能拼有劲头，而且多半还有博士磨炼经历，因此他们富有希望，必有未来。倒是有一些已入中年的大学老师，常常困顿于科研而无力竞争出彩。这往往与他们的经历、学识、惯性和在前些年高等教育转型过程中积累的个体懈怠、滞后，有直接的关系。非其不行，久离而终至无趣无力为之，乃是要因。

（3）现代高等教育负有四大使命——教书育人、科学研究、文化传承和社会引领，之前恐怕更是如此。大学，终究不是小学，也不是中学，它的执使自然要艰巨而伟大得多。大学，是由一个个具体的人和物构成的，大学就是一群群鲜活的人的组合体，而老师则是其中最为稳定的一群。他们要具体承担、落实现代大学的四个职能，至少每个人要以不同分工、不同方式、不同力度、不同份额去分担完成。因此，作为大学老师，在搞好课程教育与课堂教学的同时，还得乐意并能够做以下事情：指导学生社团，给学生做专题报告，带领学生搞社会实践、乡野调查，参与社会如社区、媒体等需要的学术指导和知识襄赞，做一个知识人的同时做一个文化人，做文化人的同时做真实的文明人，等等。正所谓"上得了厅堂，下得了厨房"。

（4）大学老师，不容易，既是说本身要承担的责任多，活得不容易，也是说要履行好这些职责、做好相对应的事，更不容易。如果你只会在课堂上教书，不得不说，这离大学老师的本分还有距离；如果你只去教学，不得不说，这与现代大学的教师职责还有缝隙。在一定意义上，大学老师只会教书，那多半是教书匠，当然做一个教书匠本身也是一项异常艰辛因而令人骄傲和敬佩的事业，毕竟人的精力是有限的，而专心致志地去做并切实做好一件事，已经是备尝困苦了。

只会学习、吸收，述而不作，有狭隘和自私的嫌疑。无论是高层次的教学，还是低级的教书，理应都是一个既学习、吸收，又无私奉献的行为，也是在"述"和"作"，也要吐纳知识、学识，吸释气质、胆略、情怀、人格等。但是，当下的一些大学老师的教学基本上都是在一个以"述"为主、以"作"为辅，甚至无"作"的过程。试想，当年孔夫子如果没有《论语》等"作"流传下来，他老人家的"述"，我们就无从得知；正是因为他老人家的"作"，才让我们懂得了"述"的重要性和"作"的尤其重要性。拿起你的笔，记下你的"述"，"作"出矣！其实，就像周 ding 老师，如此能"述"，焉能不会"作"？

（5）果真不想"作"，很多高校业已开启教师分类发展、教授分类而行的路径。教学型老师，以教学为主，可以更加专注于教学。只要你乐意并切实搞好教学，根据自己的优劣，扬长避短，同样可以精彩。

（6）教学与科研真的不可兼得、无法兼行？未必。教学是经验型的活动，也是创造性活动。既然有经验，一定有规律，那就值得去整理、深化、推广，为更多人提供参考借鉴，为更多的学生造福；既然是创造，一定有新意，那就更值得去总结、强化，让更多的人受益。把课堂上说出来的，写出来，就是一段段精彩、一篇篇经典！既然面对学生说得出来，就能写得出来；为何津津乐道于说，而无趣于写？非其不能，基本上是其不愿而已。于是，上述讨论，就演化成了另一个话题——能力与旨趣、取向与努力，再进一步转化成了"大学老师，你愿不愿意流俗"的问题了。

大家都在这样做，都这样做了，那就是俗。当然，此俗非彼俗，不是俗气的俗、粗俗的俗，而是大众化的意思。流俗，也就不是流于俗气或粗俗，而是走向大众化、走入普遍性。一些大学老师无意于写文章、不愿意搞科研，不愿意流俗，可能是相提并论了这两个不同的"俗"。退而言之，你不愿意去做，一定就是高尚？也未必。就像"做了，未必高尚"一样，拒绝去做，也未必就是高尚。这个看似纠结的"流俗与高尚"的分辨与识别，可能是一些大学老师心中的"贼"吧。有的时候，禁不住会想象折磨于这种状态的那些老师，他们是不是既想保持内心的高洁，又羡慕晋升为教授们的踌躇满志；既不屑于动笔为文、立项调研、服务文化，又不甘放弃悠然、恬淡的生活；既厌倦儒家的进取精神而自持庄老的心态，又渴望儒家精神下进取成功者的荣耀；既不想爬坡，又祈望登顶人看到的第一缕阳光。非其不能，乃其不为也；既然你志不在此，也就没必要悲愤吧。

（7）做一个不求闻名但求过得去的大学老师或教授，多数人还是可以做得到的。学识渊博、闻名全国，那的确不是多数大学老师所能及的，就像省部级干部对于公务员来说终究是凤毛麟角一样。如果说成了这样的"大多数"，就不是值得肯定的生活，就是慢待自己、亵渎生命，恐怕也只能说是你心比天高命比纸薄了；如果你不是这样想的，则要怀疑你是不是有些矫情了。客观上看，目前高校重科研轻教学的情况比较普遍。但是，大家都在这样的生态中努力、发展。周ding 老师的振臂一呼，似乎告诉人们——举世皆醉唯我独醒。未必！难道全国高校及大学老师的努力，都是醉生梦死、坠入恶渊不成？显然不是。古今中外，无论哪一种生态，置身其中而活下去的人，总是多数，总是有很多人在既定的生态里找到了位置，一步步地走下去。莫非这些每一个特定生态环境里的多数人，都是患者？显然也不是。

不得不承认现实是残酷的，不得不关注的情势是：打破学术垄断是当务之急，刻不容缓。老一辈或老教师、老教授，有经历、有经验也有教训，但是一般而言缺乏创新；年轻人少阅历但也少羁绊因而更富有创意和创新。必须打破学术话语垄断，给年轻人、给更多的大学老师舞台和机会！毕竟，当我们总是埋怨、指责和抑制以至于堵塞年轻人和下一代的时候，我们总是不得不承认每一代人必然要胜过上一代人。因此，老者多一些鼓励和提携，多给予一些机会；年轻人再勇敢些，再多一些真诚。如此，大学老师才能安身立命，才能务实前行于高等教育负有的四个使命，才能少一些周 ding。

（新浪网，2014 年 12 月 28 日）

英雄远去，我看到了另一种可耻的文字

一大早
4 点多
网上看到英雄牺牲的消息
顿时泪流满面

余旭，我不认识
也是第一次听说这个名字
但是，我还是忍不住泪流满面
不知道为什么

我知道我们如今做任何一件事都是多么的艰难
我知道我们每天都有很多莫名的恐惧
我知道我们今天其实很多人不愿做大事甚至小事而只想不劳而获
我知道我们今天真的有很多人还在专门找做事的人的事

我知道我们的社会进步总是要有人牺牲
我知道我们很多时候其实很懈怠，很享乐
我知道我们有的时候其实很卑微，悲怯又龌龊
我知道我们的中国多么需要英雄，需要正义，需要奉献

再仔细看看新闻，尽管泪眼模糊
我看到了余旭的潇洒，看到了中国战机的翱翔
看到了网友对英雄的惋惜和祭奠
更加心潮起伏

我知道飞行员是多么的珍贵
我也知道中国每一步发展所需要的付出

我记得开国大典上飞行表演时周恩来总理的特别叮咛
我还记得抗战胜利 70 周年天安门航空表演的特别自豪以及对周总理的告慰

但是，我也看到了另一种可耻的文字
它们不屑于对英雄的崇敬，却在争论所谓的原因
我也看到了那些大 V、"公知"的蔑视
它们一言不发却在窥屏

我还看到了那么多媒体的冷漠
它们对英雄远去一声不吭
它们的头条依然是娱乐八卦
它们的图片视频依然是某个萌宠

英雄去了，却没有看到那么多媒体的敬意
英雄去了，却听不到那么多生人的祝祷
英雄去了，却只浏览到一些主流媒体的消息
英雄去了，却无法与更多的人一起痛悼

我，大哭了起来

附录：文末留言精选
1. 清平乐·悼余旭（2016 年 11 月 12 日夜）
蓝色血液，
折翼空悲切。
无数战友难眠夜，
哀悼无声伴月。

纤影轻舞刀尖，
英姿定格蓝天。
金雀乘风掠云，
翩然俊逸如仙。

2. 说实话，她离开之前对她的认识只是从报刊偶然了解到的，但看到这个消息的一瞬间，我惊呆了，简直不敢相信，我第一次为一个陌生人难过了，祖国的强大需要更多人的牺牲和奉献。余旭，一路走好，敬礼。

3. 血洒长空，魂归九天！余旭，你用看似柔弱的臂膀真正地支起了半边天，是女飞的骄傲，是空军的骄傲，是中国军人的骄傲！我们会带着你的愿望继续前行！

4. 对网上无知、无理性的人，这篇文章难能可贵！这个年代，仍然需要鲁迅那样的斗士、需要理性和启蒙的声音！空军飞行员是特殊职业，对其执行任务中失事，有特殊抚恤优待政策。一些喷子无知还无耻……当然，最好有关部门能出面解释一下，余旭这种失事，为什么叫牺牲、为什么叫烈士、为什么叫英雄……

5. 没想到第一次认识她，竟然是以这种方式……从那一刻开始，她就是我的女神！微博被一条条催人泪下的文章刷屏，所有人都在悲伤，都在怀念……冷漠的人无处不在，不要让他们打扰到女神！女神再见，走好。

6. 就像鲁迅先生说的，有的人死了，他还活着；有的人活着，他已经死了。一个为祖国、为人民牺牲的英雄在有些人眼里还没有八卦话题重要，他们无非是生活在当下的行尸走肉罢了，何必把他们放在心上，徒增烦恼而已。只愿英雄一路走好，来生还为我们伟大的祖国增光添彩。

7. 有些人假冒理性的模样质疑余旭，说又不是战场上牺牲，不能称烈士，不能叫英雄。你们永远都不会理解，余旭的每一次升空都是在生与死的战场，每一次表演都是在刀尖上与死神共舞，她把全部的青春热血都融入了这碧蓝的天空，她是真正的勇士，尖刀上的舞者，最绚烂的碧血玫瑰，是真正的英雄！

8. 昨天以前，我没有听说过余旭烈士的名字，但以后我每一次仰望蓝天，都会看到她化成最美的云朵守护着她心爱的祖国！

9. 旭日战鹰舞碧空，满腔飞血化彩虹。巾帼英雄多壮志，天地垂泪又天明！

10. 刚才看了一番帖子的言论，说让有关部门出面解释一下为什么叫女英雄、女烈士，我想说的是：我们把因公牺牲的军人或者值得尊敬的人都称为英雄，因为没有更好的词语能表达我们的敬畏之情，或者说余旭同志已经离开这个世界了，却有人让有关部门来解释为什么叫英雄，难道是认为逝者不配这个称号吗？人已逝去，安安静静地送英雄回家好吗？请有识之士不要再用言语诋毁我们心中的英雄。同是父母生父母养，为什么疼爱自家儿女，却去诋毁别人家的儿女，换位思考一下不就好了吗？

11. 那么多的喷子乱喷，只能说他们太无知了。

12. 数学大师吴文俊走了，静悄悄。老先生走得安详，是为静悄悄；大师走了，媒体无动于衷，又一个静悄悄。如此光景，让人不由自主地又想起了去岁入冬时节为国捐躯的英雄余旭，粉身护卫蓝天，碎骨永固中华。那一份万丈豪情，那一种无限光芒，已经完完全全融入了民族进步的史册。一个娱乐明星，娱乐了大众，明天就如流星划过夜空，踪迹皆无；一个英雄，一位大师，德范千秋，横亘寰宇，生生不息。即使你不想，它也会按照人类的公理和正义判析、生效。

13. 若有来生，纵使肝脑涂地，想你还会选择用你金色的羽毛，在蔚蓝的天空划出瑰丽的航迹！用你动听的歌声，化作那一声飞鸣！伴随战友一起飞翔！用航空燃油味道为你的柔美注入一份帅酷！美丽三十，芳华绝代，多希望你真的换羽归来，凤凰涅槃！

14. 上班的路上，我一直在擦眼泪，不为别的，只为英雄！

15. 英雄血洒长空间，壮志凌云为众安；大国铸剑多磨难，华夏儿女继赴前。

16. 虽说我没有当过兵，但我从小就在空军大院里长大，看到这样的消息，心里很难受，英雄一路走好。

17. 文章很好，现在国人缺乏信仰教育，必须从娃娃抓起，让国人树立起正确的人生观。

18. 同感，得知英雄牺牲，顿时泪流满面。但是众多媒体集体失声，也顿感悲哀，一个明星离婚事件，却被各种各样的媒体炒得沸沸扬扬，这是国人的悲哀，媒体的失德。

19. 苍穹劲舞金孔雀，银鹰展翅女英豪，戎装相伴青春美，一代天骄永无悔！亲爱的战友，愿你在天堂永远年轻快乐！

20. 尽管与你仅有一次照面，但总想为你写点什么！你是一名飞行员，我是一名退伍老兵，或许也算不上真正见过面，却只能停止在昨天！自己曾经的工作就是保障飞行！飞行员这个职业在我的心目中一直都是神圣的！对你们永远都是那样的敬畏！直到今天，我的心情依然沉重！恍惚间，脑海里都是你在吉林长春空军航空开放日的飒爽英姿。你在八一飞行表演队中的代号是"金孔雀"，当天你和战友们表演的不仅仅是"五机向上开花"，也是孔雀开屏时的美艳，更有替它飞向蓝天的志愿。珠海航展刚刚结束，空军67周年也才刚过一天。一定是你太爱蓝天，把自己化成一朵美丽的云彩，一颗璀璨的星星。你将永远年轻，你将自己的生命献给了祖国的蓝天，永远留在30岁。实在令人惋惜！你为祖国的飞行事业做出了伟大贡献！祖国和人民将不会忘记！虔诚祈愿一路走好！——致余旭上尉

21. 那些"端起碗吃饭，放下碗骂娘"的人和所谓的大V、"公知"，其实就是一群披着羊皮的狼，在他们心里从来就没有什么礼义廉耻，什么忠孝节义，他们只知道"有奶便是娘"，为了蝇头小利出卖灵魂和人格，对于这些人，其心可诛，其人更可诛……

22. 向英雄致敬！

23. 网络上有许多"喷子"对称余旭英雄，有所质疑，有关部门予以及时回应，是减少负面舆论、宣传空军飞行员职业特殊性的重要手段。

24. 时代呼唤英雄，人民需要英雄，祖国离不开英雄！一个崇尚英雄、争当英雄、英雄辈出的民族，一定是一个大有希望和强盛的民族。余旭，就是我们这个时代的英雄！我希望从国家层面上，大力宣传余旭！

25. 这个社会还有多少英雄让我们伤心流泪。他们为国家做出了贡献，他们觉得这是理所当然的。正是他们的无私，不计较，默默无闻，造就了今天中国的强大。他们是英雄，他们也是普通人。他们扛起了我们民族的脊梁，他们却扛不起民众的冷漠。他们需要鲜花和掌声，他们也需要理解和安慰。英雄走了，天堂里没有喷子。

26. 余旭——金孔雀永远翱翔蓝天
余家有女已长成，蜀水滋养一美人。柔中有刚成大器，驾驶战鹰似鹏程。爱国情怀高于天，军中之花国女神！融进蓝天去换羽，万千同胞送一程！

（大国之翼，2016年11月14日）

这就是中国文人的那个

昨天读王女士的推文，关于对《苦难辉煌》一书的正误与批评。有几句话，不说不快。

第一，携所谓知识的优势，目空一切，对善意进行学究式的怀疑，对情怀进行学术式的解析。须知，《苦难辉煌》本身就不是严谨的学术作品，它是国家发展的重要关口、凝聚人心奋力向前的精神食粮。王老师著作等身，可有牵动国家上下感动无数人心的巨作？有几篇、几部？

第二，人，最需要的是什么？精神、毅力和意志。没有了理想信念，精神垮了，毅力散失了，意志断裂了，要那么多知识、学术又有何用？我们都属于一个单位，深知人心齐的重要性；我们都属于一个家庭，深知聚精会神、共渡难关的特别重要性；我们都属于一个国家，更深知在迷惘的时候，多么渴望精神的振奋、人心的聚集和强大的意志力。《苦难辉煌》在某种意义上，给了读到它的人这样的鼓舞，这样的启发，这样的引导。王老师著作等身，以考据见长，以大气闻名，可有如此撼动国人心魄的力作？

第三，鼓舞士气，当然也要讲实话、讲真话，但可能无法确保每一句话都是百分之百的精确。如果每一句话都是精确到百分之百，那需要书斋里、实验室里劳作许久。但是，聚拢人心是要选择时机的，是要在最关键的时候注入大家的心田的。请问，王老师，您是愿意在遇到困难的时候，首先平心静气在书斋里、实验室里搞精确了各种数据史料等，再决定如何挺身而出、奋力向前吗？

第四，即使是历史叙述，也有大历史的恢宏，也有微历史的精细。大历史更需要气质，微历史更需要耐心。可是，不是任何时候都要由微历史来启发人、鼓舞人、教化人的。

第五，历史需要历史学家，社会需要宣传家。他们分工不同、侧重有别，道与器各取所用而已。有些"错误"，或许只是理解不同，并非真错。历史上的《三国演义》和《三国志》，一俗一雅、一民间话本一正统史作，哪个被人传阅得多，哪个更多地影响了历史，哪个更大地影响了中国文化的传播，哪位作者成了历史上的名人？

吹毛求疵不是病，但不问缘由，动辄吹毛求疵则是大病。秉持学问是善德，挟学术治政治是伪善。

（2016 年 6 月）

一眼看懂微信里的你

你转发的微信就是你的情怀，
关于家与国、尊严与荣誉，关于小人物、小人生的话题……
你的俯仰与肖孝，你的义正词严，你的设身处地与关切。
比如，余旭牺牲与凌晨的清洁工是否进入你的眼帘？

你转发的微信就是你的品性，
关于读书，关于旅行，关于男人与女人那些事……
你的书单与摘抄，你的足迹与体悟，你的慷慨或龌龊，你的坦荡或卑微。
试问，有几行文字，多少风景，几番情事在你屏幕？

你转发的微信就是你的境界，
关于时尚，关于鸡汤，关于自我的沉思与披露……
你的世界，你的高深，你的孤独深夜，你的偶尔失眠。
可曾煲汤时迷失自我？可曾愤懑里断片？可曾怨尤中度过长夜？可曾把眼泪洒满朋友圈？

你转发的微信就是你的才识，
关于历史，关于道德，关于世界，关于缭乱的技术……
你的真相意识，你的臧否，你的诗歌，你的产品控。
还在网赞苏小小就是苏轼的妹妹？还在剁手新版爱疯？还在纠结于一夜暴富或脚踏实地？

你转发的微信就是你的风度，
关于团队，关于纠葛，关于他人的趔趄，关于路边的呼救……
你的宽容，你的习惯，你的手势，你的笑的方式。
究竟如何吃瓜？譬如某丹出轨某强丢妻。到底怎样涂抹？譬如你的品质能力，担当忠诚。

你转发的微信就是你的心态，
关于雾霾，关于喷子，关于人生七件事，关于死亡的故事……
你的食欲食态，你的斗室豪宅，你的病患意识，你的骂手邻居。
真的自己上传推送浏览的都是本人？又曾为谁、为啥拍案而起？

你转发的微信就是裸露的你自己，
只要你转发，无论你说与不说，也无论你如何巧言、如何掩饰，
有的人恐惧于网络，不敢随便翻屏；有的人忧虑于现实，不敢实名微信。
头盔遮面也好，仗剑江湖、快意恩仇也行，树旗建群振臂呼更靓，情话绵绵不拒，东游西逛不亦乐乎……
微信的世界，只要你来过，你就是你。

微信里，你来我回都是真的。
你走了我来了，你回来了我又走了；你曾说来却未来，你来了竟不曾说。
微信里，有来有回去为回，来来回回逃不过。
我不走你不回，你未回我已走，我先走你慢回；你走了我才回，你先走我就回，你已走我未回。
说好的要来却未来，是因为想来却不能来；没说的要来却真来，是因为不能来也得来。

微信里，只要你来了，
就有身影，就有味道，
就能一眼看出或被看出。
所以，还是在虚实两个世界真实安宁地活着，真实地做自己吧。

（红色文化网，2016 年 11 月 22 日）

抵制乐天，大家一起来

萨德捅刀子，乐天做虎伥。九问那东邻，悍然魔盖掀。东亚谁能安？

国难有死士，和平赖清明。死当在前线，清明即同心。你我可同心？

不要无辜死，只要共同心。无需多清流，抛却众纷争。匹夫虽无力，抵货尚有余。

不要再扯皮，切莫再扯淡。你我同敌忾，保国才自保。他日萨德立，监控我中华，导弹飞不出，亮剑剑不动；呼天天不应，喊地地不灵。一朝飞弹至，何处有完卵？

面对那歹家，焉可默然受？！国有国对策，民有民办法；国民同协力，对外更有力。

抵货好传统，幸赖"五四"开。抵货最简单，人人皆可为。不进那些店，不买那些货；不看那影视，不听那靡音。他店有多多，他货何其多。

遥想三七年，南京大屠杀。二三日本兵，屋圈中国人，都是徒手兵，两千人还多，一一被杀掉，却无谁抵抗。没人振臂呼，无人抱团冲……

呜呼无言表，窘迫今又至。我等怎面对？绝不蹈覆辙！

抵货是精神，凝聚汇一心。抵货是意志，提振精气神。抵货是态度，抵货是立场，抵货是手段，抵货都不愿，何谈上前线？抵货都不能，何谈成英雄？

（新浪网，2017 年 3 月）

戏说马院"十大怪"

【编者按】近年来，以习近平同志为核心的党中央高度重视高校意识形态工作，高度重视马克思主义理论学科建设，高校的马克思主义学院建设取得了很大成就，思政课改革进行得如火如荼。但是，我们也看到，在个别高校的马克思主义学院建设中依然存在一些应该引起重视的问题，今天，我们特推出渠长根教授的这篇《戏说马院"十大怪"》一文，不仅是一篇对当前马克思主义学院建设的忧思录，更是广大教师对更好地发展马克思主义的期待，发人深省，值得一读！

老话说：看透不说透，说透不是好朋友。身在高校马克思主义学院，深知其建设、发展之艰难。大环境给了她如春的温暖，也带给她诸多的挑战。差不多十几年了，马克思主义学院这个名字已经广布中国高校。回眸俯瞰，好不艰辛，亦风光作伴、风采常现。瑕不掩瑜的是，当下仍然问题不少。找个字眼儿，姑且称之为"怪"，轻轻重重、虚虚实实、多多少少，不尽相同。当然，它们本质上多半属于发展中的问题。细究其因，绝非三言两语所能解谜，既有马克思主义学院自身和思政课教师本人的问题，也有所在学校、省区市甚至国家相关主管部门的原因，更有社会变动和舆论认知的牵扯。有的似乎由来已有，积重难返，有的委实属于新情况、新挑战；有的属于管理问题，有的属于惯性使然；有的是自我的心理积淀，有的是外观旁视所致。

从单位视角看：

第一怪，贫富悬殊两重天。有的金银满屋，富态优容，大把金钱无处花；有的囊中羞涩，甚至还在为生均20元而斗争，连招待个来访的同行都要考虑一番。人有胖瘦、地有厚瘠。马克思主义学院有贫富，亦属正常，毕竟舞台有大小、积累有薄厚、效能有高下、影响有远近，因此造化有强弱。

第二怪，身份真假只为活。有的张冠李戴，甚至只挂羊头，依然跟别人合穿一条裤子，合用一口锅，是假马克思主义学院。有的有衣服，却无身份，连马克思主义学院的公章都没有，寄居在其他学院的屋檐下，从未感受过马克思主义学院的尊严，是真"假马克思主义学院"。真马克思主义学院，未必过得舒服，却总归名正言顺；假马克思主义学院，未必活得不爽快，有人苦乐同当，也堪欣慰；真"假马克思主义学院"，未必活得真窝囊，必定有这般那般的情由不得已。

第三怪，硕博导桂冠如何戴。有的竭力争取硕博士学位点，苦干加巧干，实干加能干，也不一定心想事成、荣列其位，甚至功败垂成。几代人竭力而为，不屈不挠真英雄。有的家里的学位点无人坚守，难以为继，只好揠苗助长，或者抽取相邻学科替代，更有甚者借和尚念经。有的学位点溢满，导师泛滥，帽子满天飞，敬畏之心泛白。有也无也、多乎哉不多也，苦乐年华，几度春秋，都付了"导师"帽儿。

第四怪，人多人少皆有情。有的远超 1∶350～400 的国定师生比，人浮于事，或只好他顾；有的缺编缺人到了累倒现职老师的地步，却总是难以招入新人；有的宁愿大家一起在课堂累着，再偷偷乐着数钱，就是不愿引进新人。我的"小班化"教学啊！个中情由，你懂我懂大家都懂。

第五怪，无法割舍的 GDP。马克思主义学院以育人为主，使命重大。然而，论文论著级别、项目课题数量、经费总额等科研指标压得人喘不过气来；高级职称人数、博士学位占有率、奖励荣誉比例、学科数量、平台基地多少、学术职务高低等各种量化指标层出不穷，唯独缺少教书育人尤其是育人成效的考核或权衡。一个底线——不能出现政治性错误，不能胡说八道，不能用"我"的讲台传播别人的价值观，就成了衡量思政教师执业的不二法门。听课率、抬头率、听懂率、入心率等，涉及教育教学最高品质的评价指标，有没有？没有论文课题，全心全意投入教学，深得学生喜爱的教师评教授，可不可以？删除理工科思维，淡化科研考核，废除教育 GDP，给马克思主义学院专心致志教育教学的支持，行不行？一览"罪与罚"，自由何其贵！

第六怪，五行八作共饮一江水。马克思主义学院教师学科出身多样化，纷繁多门超过其他任何文科院系，似乎思政课教学、马克思主义研究与传播，任谁都能来。有法学的、史学的、哲学的、经济学的、教育学的。博大精深，兼容并蓄，原本是马克思主义的重要特征，但是，解读、传播马克思主义总是要有基本的理论修养和坚定的理想信念的，借用西方的几个经济学名词术语，拿来古代史的几个故事等，终不能包容更不能替代完整系统的马克思主义宣讲。如此一来，不仅发展战略规划、学科方向整合、马克思主义整体性系统性研究、马克思主义理论学科内部的思想纯净等，莫衷一是，或纠缠挣利，难铸合力，而且极有可能静悄悄地就把阵地交给了别人。

从思政课教师的视角看：

第一怪，有人身在曹营心在汉，不务正业，跨界辉煌，努力经营着律师、文化名人、经纪公司赚钱等营生，正业倒成了副业；有人无心执鞭校内讲台，却醉心于校外天地、公共舞台，拿了本校的工资服务了他人，拿了他人的报酬忘了是学校学院的人。更有甚者，黑批三国、颠倒是非、混淆视听，祸害思政课马克思主义理论学科。你的身边可有这种人？

第二怪，有的人醉心学术，不愿上课，更不愿给本科生上课，有违师责；反之，亦不在少数，同样背离了大学教师的职使。这种情形，并非马克思主义学院的个案。但是，对于思政课教师而言，尤其是对于思政课队伍而言，教书育人，才是大使命、真主业、首功能。

第三怪，一方面，马克思主义理论学科的博士生严重供不应求，很多马克思主义学院只好重金以求，从而加剧人才大战和不平衡。另一方面，每年都有一批马克思主义理论学科博士生，弃业而去，或奔了机关，或投了经济学、文化、法律等显学。

第四怪，习近平总书记说坚守网络舆论阵地，高校思政工作者义不容辞，言之凿凿、诲之谆谆。可是，究竟有多少思政课教师马克思主义理论学科导师在网络里横刀立马，激扬文字？朋友圈里流淌着滚烫的职业情缘，却鲜有理论的扛鼎之作；博客中，叙述着某一片情天恨海花开花落，竟少见国家思辨正义阐析。纸媒终究没有跌下高校的神坛，仍然是思政课教师发文发声、亮相博采的第一方阵。考核如此，活着不易，也难怪大家正身在纸媒，侧身在网媒了。试问：网络，怎么就不可以任由我们驰骋？网络作品正能量，怎么就不可以列入考核范畴？人间正气，怎么就不可以由我们从现实洒向网络？！

天下马克思主义学院阳光灿烂，重任在肩，前景更美妙。是也非也，眼见为实耳听为虚，列位看官请勿对号入座。常言道"观山易，知己难"，对镜自照、鉴古至今，如此戏说，也算是正义诚心。只不过囿于个人海拔和视力，如上见识，偏狭多多，诚请各地同行原宥。

（思想火炬，2017 年 5 月 8 日）

这几问，我无法跟您优雅

【编者按】网络时代，思政课教师仅仅固守着三尺讲台，显然不够，也做不到，更不能够。知识优越丧失，信息传授滞后，思政课教师只有迎头赶上，奋发有为，才能在网络冲击一切的恢宏时代里，守得住课堂，担得起职使；才能在意识形态斗争中，挺立潮头，引领大学生；才能在虚拟世界里，彰显知识的力量、文化的魅力；才能变单纯的思政课程为综合的课程思政，把校内教育与校外教育连接起来，宣讲好、传播好中国特色社会主义的真经，不辜负总书记的期待。

本公众平台 5 月 6 日推出渠长根教授的《戏说马院"十大怪"》一文，想不到传播那么快、那么广。原来，他说出了某些基本的事实，反映了思政课教师的诸多共识和心声。相信此文也会引起我们业内的沉思。今天，承蒙渠长根教授不吝再度赐稿，《这几问，我无法跟您优雅》，关注了舆论场里的几个热点，也是思政课教师在课堂上无法回避的问题，更是思政课教师最基本的社会情怀的投射。

网络世界那么大，您不想去试试？

网络上气势汹汹，人群中沸沸扬扬，教室里议论纷纷。作为思政课教师，对于以下这五个问题，我真的有话说；作为网民，我真的不得不说。

第一，您说"警察真可恶"。真的吗？

一个警察借机打了人，一个警察执法过度伤了人，一个警察视而不见放走了坏蛋，一个祁同伟走到了面前……于是，您说：中国的警察真可恶。

试问，除此之外，您还会在什么情况下看到警察、想起警察？

孩子走丢了，老妈迷路了，车子抛锚了，您第一时间想到了谁？家中被盗了，路遇坏人了，银行卡被骗了，您首先想到了谁？

危难之际显身手。平静安好时分，您何曾注意过警察，想起警察！但是，在您忘记他们，甚至讨厌、谩骂他们的时候，他们正被如您一般的其他人急需着，他们正在为其他如您一般的人们冒险犯难拼命着，他们也可能正在把您走失的孩子、迷路的老妈送回家，或者正在制服盗您家财、骗您卡号的歹人。

别再以自我为中心，别再如此荒蛮地个人主义了。这个世界，除了您，除了自我，还有其他人，还有太阳，还有正义、善良、宽厚，还有信任。

由此想开去，警察队伍可信可亲可敬，医生同样，教师同样，城管也同样。天地之大，浩荡人间，一定有极少数渎职以致亵渎尊严和生命的警察、医生、教师和城管，但是，他们不足以让你"恨"屋及乌，厌烦、憎恶整个行业和队伍。您千万不能不需要的时候，嫌弃、诅咒，甚至一脚踢开；需要的时候，又恨不能随叫随到，代办一切。

第二，您说别人的批评充分证明了我们的无理无道甚至罪过。是吗？

比如，记得您曾说中国红十字会被国际红十字会拒于门外，因为中国官员拒绝批评，拒绝按他们的规矩办事；记得您曾说欧美不开放高科技市场给中国，因为他们坚信中国总是抄袭剽窃；记得您也曾说过西方人早就断言过中国玩不出大飞机，更玩不好航空母舰。

讲话要实事求是，别人如何说，要辨识要区分，不能一股脑笃信不疑，尤其不能因为我们没有按照别人的标准和要求去做，就下意识自责为我们有错，我们罪有应得。

别人的标准，未必就是通用的真理，外国的月亮真的未必就比我们的圆。一如日本的拒不道歉，那不是我们的错，而是他们依然固守于自己的价值观和优越感。又如，美国在韩国部署萨德反导系统，那一定不是我们日益强大的国防让他们防不胜防了，而是他们根本不愿不能坦然接受一个正步向前、与时俱进的中华。

第三，您说"民国就是好。不仅军阀爱惜人才，课本也编得比现在好上千万倍"。真的吗？

民国，有很多方面做得比较好，甚至很好，但总体上和根本上，做得不好，很不好，否则他们爱惜的人才，何以最后成了自己的掘墓人；他们的好课本教育的青少年为何还是逃离了他们的阵营，打碎了他们的命题。否则，民国就不会被历史废弃，不会被人心放弃，不会被车轮碾碎。如同袁世凯、汪精卫，曾讲为国为民话，曾谋利国利民事，终究无法超越道德底线上的逾矩越规和人生大势的最后崩盘。

车轮，多半应进步；历史，总是要向前。曾经的民国，曾经的纸醉金迷，还是没能抵挡住岁月的无情，没能把持住世道人心的更易。民国碎于大陆，碎于它的不自知不自觉，碎于它自己扼杀了人才，赶跑了好少年。

第四，您说"中国的教育很失败"。真的吗？

中国的教育蓬勃发展、成绩骄人、成就辉煌。您认为失败，我无话可说，但我不能不怀疑您要么是信口雌黄，要么是别有用心。

请问，每一次看中国航空航天发射的新闻，或其他重大科技成果新闻，电视画面上那一群群科技人员，他们全是垂垂老者吗？不是！他们几乎清一色是中青年人，甚至有一大批 80 后。

又试问：这些在现场、在指挥大厅、在操作台上的中青年，他们都是外国人培养的？他们都是归国留学人员？他们都是中国籍的外国人或者外国籍的中国人？不是！我相信他们大部分是我们自己的小学、中学和大学里走出来的青年才俊，是我们自己培养的杰出人才。

依您逻辑，再请问：如果这些人他们没什么了不起的，那么，作为与他们或者是同学、校友，或者是老乡的我们，又是什么？您又是什么？

第五，您说"当下中国无大师"。真的吗？

何谓大师？学贯中西、博古通今？上下五千年、纵横千万里？"究天人之际，通古今之变，成一家之言"？如果以此为标准，不唯当下中国阙如，即便民国在大陆时代也是罕见。才学识见会当凌绝顶，育人有方，成绩斐然，高徒纷起环列，门墙鹊起鼎盛？操三国语言，识断八国文字？如果以这些为标准，当下中国，尤不能轻言无大师。一也。

大师，是某个行业领域的八斗之才，还是内外皆修的通才？是开拓者还是集大成者？据此，季羡林与梅兰芳，一位国学大师、一位京剧艺术大师，他们如何比？谁更堪称您心目中的大师？更早，苏秦和张仪，或背六国相印或行四方纵横天下，唇摇动诸侯、舌鼓搅寰宇，堪为外交大师否？曹雪芹《红楼梦》迄今无人能及，当为文学创作大师否？鲁迅嬉笑怒骂皆成文章，秉笔投砍劈刺招招见血，可称杂文大师否？章太炎，门生遍天下，莫不一时才俊，无愧大师欤？二也。

时代背景不同，大师标准不一。清末民初，以至整个民国在大陆时期，欧风美雨驰而东，文化碰撞、文字交汇、思想交融，西方人技术傲骄、制度优越等，让中国人寝食不安。于是，睁眼看世界、抬腿学西方，出现了一批博通文史哲的大家名腕。他们在学术领域，在教育界、文化界，或摇旗呐喊，或精耕细作，或聚众授徒，或舞榭歌台，把个民国弄得红尘滚滚、旌旗猎猎。但是，如今是一个科学昌明、技术立国的时代，国之拼、族之搏，更多靠的是科学能量技术贡献。当此世界潮流之下、时代风景之中，大师的评判，也已经不是 20 世纪六七十年前的那些标准了。因此，当下中国各种科技大师并不鲜见。对于两弹一星、航母、天宫天舟等航空航天、北斗导航、高铁、巨型计算机等诸多科技领域，那些领军者、灵魂人物，难道当不起某某大师的荣誉和荣耀？三也。

如今是一个讲究分工、强调协同的时代，跨界不再是创造辉煌的原动力，融通不再是巨功伟业的根本要求。相反，各守其位、安其份，各司其职、负其责，则是创造创新走向成功的基本趋势。因此，大师与专家的关系越来越密切，甚至业界领袖、行内灵魂越来越成为大师的代名词、新版本。四也。

如此，您热血抨击、激情嘲讽"当下中国无大师"，您动不动"某某走了，中国再无大师"的文墨标题，可不可以看作是圈子自虐、行业自卑?! 可不可以视为变相的文人互蔑、同行相轻?!

如果，我们多一些宽容，多一些理解，多一些期待，多一些尊重，给大家报国的机会，给"大家"贡献的氛围，何愁身边无大师? 君不见，街巷里社那么多学有专长、技有绝活的下里巴人，不都被老百姓亲切地呼作诸如养殖大师、种植大师、厨艺大师吗? 老百姓对带给自己快乐、健康、幸福的一技之长者，总是慷慨捐赠"大师"的帽子，可是在我们的阳春白雪里，大师的桂冠，出手何其难啊! 潜台词——我没有，你也不配有。有没有? 五也。

问题还有很多，分歧还有很多。只要您不是闭目塞听，只要您不是带路党，只要您不是拿了别人的手软，我们可以相信——你我的中国，今天阳光着，明天更灿烂。

（红色文化网，2017 年 5 月 15 日）

这几问，我依然无法跟您优雅

您说，麻雀总比乌鸦好。未必。

说话有分寸，反映问题有方式。提意见讲规矩。

我就是心直口快，并无恶意。但是，这不能成为伤害别人的理由，更不能作为自己信口开河的挡箭牌。

您说，您说，新中国两个 30 年，今不胜昔。不能苟同！

辩证看待党史、国史、建设史、改革开放史。

您说，新民主主义革命摧枯拉朽如风掩草，我们自己的很多同志也很受伤。那要辩证地看。《为什么对地下党要降级安排，控制使用，就地消化，逐步淘汰》，后面有评论。很有高度——"保全组织，牺牲个人。"是每个加入共产党的人发出的誓言。彼时，中华人民共和国刚刚成立，百废待兴，人民政权还很脆弱。中国共产党之所以能从星星之火，发展到燎原之势，就是坚持了牺牲局部、保全核心，牺牲个人、保全组织这样的原则一步一步发展壮大起来的。每个党员在入党宣誓的时候，都明白有可能牺牲个人来保全组织。这是自愿的，是自己的追求。不是共产党员的人或者思想上没有真正入党的人，对这一点是不能理解的，因此也就不要说三道四了。

您说，那些集体主义的典型示范农村，都是开历史倒车。反对！

其实，人间何处无芳草？在我们共和国的历史上，曾经有过英雄辈出的年代。为什么这样的人物，现在会变得稀缺？关键还在于时势的变化。当我们的社会还热衷于把人预设为利己的理性人时，社会必定弥漫着利己主义的风气。当政策仍然停留在"鼓励一部分人先富起来"时，共同富裕的带头人就必定是稀缺的。但是，我们的国家毕竟是一个浸润着社会主义价值思想几十年的国家，中国共产党也仍然坚持立党为公的倡导，因此，即使在盛行个人发家致富的社会背景下，仍然会有一批忠诚于社会主义理想、带领群众共同富裕的优秀基层干部。

我拜会过的黑龙江兴十四村的书记付华廷、河北周家庄的书记雷宗奎、河南南街村的书记王洪斌、山东代村的书记王传喜，等等，就是他们中的杰出代表。所以，我认为，产生左文学这样的优秀农村基层村支书并非特例。只要国家没有放弃社会主义的旗帜，共同富裕成为社会珍惜的共同价值，依靠集体经济的发展成为解决农村问题的一种重要选择，各地就会涌现出许许多多的"左文学"。

您说，红二代就是特指那些开国元勋的后代。不对。

他们仅仅是代表，因为其社会影响力更大，其父辈贡献更为突出、更广为人知，被浓缩而成那个英雄时代英雄群体的后代代表。

您说，如今的孩子不学习不看书，这可如何是好，真的是一代不如一代。不会的！进步，是永恒的主题。有主观的推动，也有历史的惯性。一代更比一代强，这是不变的规律。我们就是在父辈的指责、打骂甚至深度怀疑中走过来的。国和家，在我们的心里手中，不是越来越好嘛。

（2017 年 5 月）

小杨，我想对你说

【编者按】当地时间 5 月 21 日，在美国马里兰大学（以下简称"马大"）2017 年毕业典礼上，名为 Shuping Yang 的中国留学生作为全校学生代表上台发表毕业演讲。对于台下乃至在美国各地留学的中国学生而言，这本该是一件十分自豪的事情。然而她有关只有在美才能呼吸"又甜又新鲜"的空气、一出机场就感受到自由等说法，让台下的中国同学们尴尬不已，也引爆网上舆论。面对潮水般的质疑，Shuping Yang 22 日就此事道歉，并称"深爱自己的祖国和家乡"。

【题记】端午节了，本该享受安宁。也清楚，再过几天，你就会被风沙掩过，被众人忘记。但还是不能平静下来，一想起你在美国大学的毕业感言，就如蝇入口、如鲠在喉。

首先，小杨，说假话，可不是好孩子。

你说在中国，但凡出门就得戴口罩，哪怕生活在昆明。你，还说了很多，关于自由，关于教育，关于空气，等等。这些不真实，不要说你的昆明父老无法认同，很多很多的同胞也不接受。因为，即便在北方如唐山、邢台、石家庄、安阳等冬春时节雾霾较重的地方，也从未出现不戴口罩不能出门的糟糕情况。不信，你现在就去这些地方走走，或者你选派几个信你所言的美国人来看看。

你，说了假话。你站在那个话筒前，轻松说出的每一句话，哪怕九句是真，一句为假，你也是说了假话。这次，你说了很多句假话，至少两种假话，关于祖国的假话，关于美国的假话。祖国，根本不是你说的那么污浊，你很清楚，相信连当时在座的很多美国人也很清楚；美国，更不是你说的那么好，你也很清楚，相信现场听你发言的不少美国人也不认同。

其次，小杨，以偏概全、故弄玄虚，甚至信口开河，可不是阳光的人。

美国的空气真的清新到了你想到哪里呼吸、怎么呼吸都可以的地步了吗？目前，除了读书的大学及所在的城市，你还去过美国哪些地方？如果美国的很多城乡你都尚未来得及去，那么你的美国自由空气的言论，是不是以偏概全、盲目自信？否则，同胞有理由怀疑你的文字甚至用心了。在国内，除了昆明，你还去过哪里？如果大江南北、长城内外、西部边陲、东南沿海等，都还有很多地方你没有涉足过，关于口罩的"观点"是不是太盲目太轻率了？

退一步说，就算美国的空气真的如你所言清新得很，你在美国，有没有担心走在街头，甚至走在校园，被哪个持枪的人莫名其妙地"偶遇"？如果你真的有这样的忧虑和恐惧，你就没有自由。安全都没有，何谈自由?! 还有，你这一番激情的发言，的的确确是你自己的心声而没有套路、没有被授意吗？如果不是这回事儿，那么，它岂不是一次活脱脱关于自由的讽刺？你岂不成了一个硬生生关于美式自由的笑柄？

第三，小杨，不听良言，不讳尊者，可不是乖孩子。

你总得把演讲的主题、基本观点等大致内容提前告诉爸爸妈妈，听听他们的意见吧。按照常理，按照中国人的处世习惯，代表留学生在他国大学的毕业典礼上发言，这可是一个庄重的事情，事关个人涵养与立场，事关家教与家风，甚至事关家国荣誉等。如今身处网络时代，无论相距再远，通信交流都不是问题。再则，如果你历来是一个我行我素的人，一个特立独行的女孩儿，这一次烧脑几天几夜的决断，的确不高明。可是，现在我们无法弄清楚你的爸妈事先是否知道，又是否同意你的雷人的这番话。

另外，在家的时候，你可能会遇到父母家人之间的分歧争执，看到一些并非合适的情况，相信你不会告诉别人。这一次，在美国，在别人家里，你却把祖国的事情说给了别人，而且关键是你说的多半都是假话谎言，假到连你自己讲这些话的时候都心跳加速。如今的中国如何，你知我知世界几乎都知道。当然，如今没有谁不让你表达对祖国的看法，也没有谁能够让你不表达自己的观察。中国的自由，已经是世界级的了。所以，如此一来，这一次的美国发言，看来你既无家的概念，也无国之情怀。

第四，小杨，如果仅仅为了博眼球而大放厥词以至不惜自残，可不是明智之举。

你只是想博眼球吗？那也大可不必利用自嘲这种手法。即使自嘲，你可以自嘲个体的自我，千万不可连累、影射了我们，更不可以嘲弄祖国。嘲弄祖国？那是我们共同的家园，共同的妈妈，你得问问我们乐不乐意。

如果你一定要借助自嘲而吸引眼球，博得掌声，或者某种上位，其实还有很多更为巧妙有效的方法。比如，你可以说：嗨，中国人使用的筷子太不可思议了吧，两根小小的木棍儿，竟然代替了美国人那一堆餐具。你还可以说，中国人的单弦琴也太神奇了，一根绳子，愣是演奏出了西洋乐器所有的声调。相信，此话一出，听众一定会开怀大笑。当然了，前提是他们知道筷子和单弦琴。这种比较式的调侃，既实事求是，又无恶意，多好！又如，你可以自嘲：我的祖先太自恋了，发明的方块字这么难写，还演绎出了一种更艰难、更高雅的艺术叫书法，实在匪夷所思。其中还有一套甲骨文，辨认之难、写作之苦，一定是世界之最。这番话这自嘲，相信现场效果也不会差。还有很多很多方法和话题，可惜你都没有选择，只是那么"简单"地弄了一个"空气"的自由概念。悲也，惜也。

如果你站在台上，仅仅是不假思索地脱口而出，很多听众会一笑了之。但是，退场之后，很多人会想：一个连自己的祖国都可以不要的人，谁愿意接纳他？除非真的有什么背景和特殊性。某一天，当这个背景不存在了，特殊性没有了，接纳者内心深处对他的鄙视是不是也会跃然纸上、挂在脸上?!

因此，小杨，我还是要啰唆啰唆。如果你没有所谓的表演性人格，你的这个发言，实在不高明，矮化了自己，牵累了家人，惹恼了国人。甚至可以说，下面的话，你，即使不高兴，也应耐着性子听一听。当然，如果你早就做好了某种思想准备，或者原本就是想着借此上位，那就权当是我的废话吧。

很久以前，有一位中国人走在美国的街头，专门在自己的后背写上"我是中国人"。当时的中国比如今不知要落后多少，而且正在被外敌入侵，满目疮痍，困苦不堪。而且，当时的中国的空气质量绝对比工业化进程中的美国好，好很多。但是，他既没有说自己的国家如何如何不好，也没有说美国的空气如何如何的不好。他叫吉鸿昌，你可是要跟他学学。

自 1847 年容闳去美国留学以来，在毕业典礼上作为代表发表讲演的中国留学生并不鲜见。远如 1941 年胡适在普渡大学的讲演词，你是否看过？近如 2016 年吴嘉欣在加州州立大学的毕业感言，你可曾参阅过？再近一点，也就是五天前的 5 月 15 日，井贤栋在美国明尼苏达大学卡尔森管理学院毕业典礼上对支付宝的赞扬，你可曾注意过？他们没有鄙视自己的祖国，他们也没有跪拜某个外国。你，可能也无法跟他们相比。

小杨，你不是说还要回来吗？好！但是，估计你真的要戴上口罩。否则，被同胞发现，那可不自由了。

你不是说要道歉吗？好！估计知错改错也难。你该知道中国人可以容忍你路痴，未必原谅你骂娘；不忍心你作践自己，更忍耐不了你糟蹋自己的民族。

你不是喜欢口快吗？也许你口快了这一次，极有可能所有的快感都再难感觉，即使偶有快感，也没有人可以与你分享、共享了。也许，你是一个心直口快的人，但是也不能因为自己的所谓心直口快而伤害他人啊！

你不是说美国更自由吗？那就坦诚一下你的发言有没有什么内幕或潜规则吧。

你不是还在疑惑同胞为何怼你吗？估计也只有一个理由，你毫不吝惜地首先怼了大家。

小杨，我想对你说，大家等你回头。等你转身的时候，祖国依旧屹立在东方，可是你，已经不是昨天的你。

我想对你说，你真的还很年轻，未来的路还很长，已经给你自动纠错的机会，也相信你有纠错的能力。可是，很多同胞未必轻描淡写。因此，你要加倍努力。

你说你会考虑回国效力。我和很多很多同胞更愿意相信，这一次你仅仅是说错了话，姑且也算是做错了事。念你齿幼，尚可原宥。而且，人非圣贤孰能无过，过而能改善莫大焉。

今后，这样的错，不许啊！

（别笑我是思政课，2017 年 6 月 2 日）

别忘了你说的话

上

你说，他死了，都是社会惹的祸。

我觉得：

一个如此自信的人，怎么舍得世界的仰慕和聚焦？！

一个如此卑怯的人，怎么拿得起剪刀挥向自己的经脉？！

一个如此贪婪的人，怎么可能斩断自己的钱串子玉镯子？！

一个如此光鲜的人，怎能坦然掐灭灯台火烛折叠起华美的衣饰？！

……

果真，

你不懂：心若敞亮，阳光随处。

中

你说，活在这个中国，怎么就这么难。

我觉得：

做一个宽厚的人，你不会觉得整个世界都欠你。

做一个努力的人，你不会觉得其他人都是天之骄子。

做一个有理想的人，你不会觉得生活缺少诗意。

做一只快乐的喜鹊，你不会觉得这世界暗无天日。

做一只啄木鸟，你不会觉得活着没意义。

……

果真，

你不懂：身体力行超越千万遍次的心动。

下

你说，我就是这样，爱咋地咋地。

我觉得：

337

你说这世界太黑暗，可是你还在潜规则。

你说工作真难找，可是你还在大学里挥霍青春。

你说这钱真难挣，可是你还每天窝到日上三竿。

你说真丢人同胞又去抢洋货，可是你也在排队。

你说人心忒可怕，可是你还在诋毁中伤同事。

你说好医生都到哪儿去了，可是昨晚他已经被你打倒。

你说老师又教训了你的孩子，可是你自己已经成了父母的遗憾。

你说我怎么迄今都还如此卑微，可是你的父母很久很久以前就纵容了你。

你说我怎么就没有女朋友，可是你还在颜值、学识、涵养、家底间犹豫。

你说到处都是工地真可怕，可是你还在上高速、乘高铁、上天桥、过隧道、炒房子、游乐园。

你说教授都成了野兽，可是你还在追逐大学。

你说要那么多钱干吗，可是你还在没日没夜地拼命。

你说满城都是尾气，可是你还在艳羡大排量。

你说做人要真诚，可是你还在持守"看清"和"看透"是一种能力，"不看破"是一种智慧的逻辑。

你说知心姐姐在哪里，可是你还在饱经"知人不必点透、责人不必说尽"的世故。

……

果真，

你不懂：心越穷，越没人帮你。

（浙江在线，2017 年 6 月 9 日）

"支蛆"男孩儿，你的自信哪儿去了？

【背景资料】"港独"猖獗在香港中文大学……

一堵"民主墙"，几个青年演绎了新型愤青，如言必称"滚回去"的那男；好多位勇士转达了内地对香港深沉的爱，如那位女生；却有一个自认"支蛆"的男孩儿，作践了自己，羞辱了中国人，又把自己烘焙成"笑话"。

五月的一天，一个中国女孩儿，在马里兰大学的毕业讲演中，轻松地与自己的祖国划了一条界线，我们还没来得及把握她的初心，造化已弄人。

金秋菊月，又一个四川男孩儿，在祖国的大地上，生生地给自己的青春同胞送了个别称——"支蛆"，我们不能不探视一下他的小肚肠，顺便也看看这个沸腾的年代。

1. 你想上位吗

都是"成名要趁早"惹的祸！其实，如果仅仅如此，也无妨，毕竟简化人生旅途，缩短出彩预备期，任谁都乐意，只要身正行端，尤其在如今的快餐时代里。

可是，唐，你是否知道"支蛆"的真实内涵？你真的就以为把这个生僻词喷洒在同胞的脸上很痛快？你想过父母家人亲朋好友的感受没有？他们也跟被你喷面的人一样生活在这"支"上？他们岂不很无辜？

当一个人连这些起码的亲情和乡谊都决然不顾的时候，呵呵，呵呵。

我告诉你："支那"一词，由来并不晚，印度梵文指称中国，本意无褒贬。只不过，时入近代，以至于今，几乎简单化为日本对中国的蔑称。早年，甲午战争大清国败绩之后，日本的小孩子打架，互骂对方最恶毒的诅咒，就是"你爸是支那人"。

怎么，120多年过去了，今天，我们自己的孩子，自己的学生，竟然贬损辱骂家人、同胞不仅是支那人，甚至连人都做不得了，干脆就是支那"蛆"！此时此刻，我不想再问，唐，你这个"支蛆"男孩儿，从哪里来？目前在何处？香港又是何方？

你看到那个港中大男生口口声声叫骂内地同学"滚回去"，"滚回去"了吗？被他跳骂的同学，是不是跟你一样来自内地某个省份？滚回去，滚哪里，回哪里？香港不是中国吗？你们都出国了吗？唐，你是没听见，还是正因为听见了而不想"滚回去"，才用一个"支蛆"，把自己从国人中提取出来，全然不顾了伤人自残？

2. 你想入乡随俗吗

请问，香港真的就有这种"俗"？在这个岛上，到底有多少人否认自己是中国人？如果仅有几个或者十几个哪怕几十个上百个这样的香蕉人，都称不上所谓的"俗"。充其量有几个苍蝇飞过而已。既然"俗"之不存，焉有你如此痛心疾首、声嘶力竭的裸奔必要？！唐，随俗、流俗，有的时候，并非简单的生活技巧，尤其面对族群认同这等大事儿的时候。

3. 你有歇斯底里的自卑

我看是。从"天府之国"到香港，不过数千里空距，且头顶着祖国同一片蓝天。但是，紊乱心性、数典忘祖，你不经意间做到了，或者被做到了。

尽管曾以高考状元轰动一时，因自己出类拔萃而自信满满，奈何祖国何其宏大辽阔，状元成群，考神如流。从一山城到香港，唐，你似乎仍然未能体悟到祖国的这种宏阔，所以你状元式的飞扬，还是无法掩饰你内心无以言表的空洞、寂寥和卑怯。你想让校园里的人们认同你，你想让大家觉得你不一般或者你跟他们一样，你要让他们尊重你。试问，真的有很多人都瞧不起你吗？他们凭什么瞧不起你，你想过吗？忽如一夜寒风来，"支蛆"一动便荒诞。

70多年前，有一群人，在岛国日本的侵凌下，幻化为汉奸。他们靠的是更加凶残地贬辱、蹂躏自己的同胞。他们为了博得强盗的认同和接纳，极力地批判乡邻胞属，与他们划清界限。今天，你，让我想起了本该忘却的他们。

4. 你有些许的无辜吗

我看有。至少，其一，当下，怎么就有那么多人对财富不分黑红地膜拜，对权力不辨真假地追崇，对成功不假思索地狂追，对出名毫无顾忌地妄想？疯狂的年代，唐，你的这番"支蛆"表演，也不过是蛐蛐罢了。

其二，"一国两制"下，香港社会的教育，尤其是青年人的国家认同、民族归属，何以容得下如你般的声音？风起于青萍之末欤。

（红色文化网，2017年9月16日）

思政课教师首先应做教育家

【题记】 1 月 14 日，CCTV《新闻联播》用了差不多两分钟的时间展陈浙江理工大学马克思主义学院思政理论课的改革探索。坚持走"互联网＋"道路，充分发挥科学技术的优势，拓展思政课教学；坚定推进红色文化进课堂、进教材、进头脑，拓展教育空间和渠道，努力实现全程育人和全方位育人。它再一次说明，思政课教师做好教育家，充分体现了新时代的新要求，不仅大有可为，更加任重道远。

习近平总书记在全国高校思想政治工作会议上指出：要"把思想政治工作贯穿教育教学全过程，实现全程育人、全方位育人"。近日，中宣部表彰并命名辽宁省杰出思政课教师曲建武为理论宣传、倾心教育的"时代楷模"。"两全"育人理念，要求思政课教师必须尽快跳出在教育家与学术人、理论家之间的身份困扰，义无反顾地首先做到、做好教育家。曲建武同志的事迹成为现实版的有力佐证。

一、教书育人，是思政课教师的根本职责和第一要务

立德树人是高等学校立身之本，高校因此要发挥五大职能：人才培养、科学研究、社会服务、文化传承与创新和国际交流合作。如把这些职能简单化并直接赋予思政课教师身上，每人都同时或分别扮演五种角色：教育教学者、学术研究者、社会服务者、文化传承与创新者和国际交流与合作者。而人才培养主要就是教书育人或主要通过教书育人来实现。

因此，有声有色有效地宣讲、传播思想政治理论，卓有成效地教学，教育好学生，就成为思政课教师工作谋划、事业发展和生活创造的基点、重点和焦点。书里书外、室内室外、课内课外、校内校外、线上线下，万变不离教育教学。

二、思政课教师术业有专攻——思想政治理论及其传播

学术人，以治学为主，兼以别样。学科多种多样，学问无边无际，学术有为与有不为。思政课教师尽管学科出身不同、学术背景复杂，但无论之前从哪里

来，都要转移到马克思主义上来，聚焦到用马克思主义理论武装人、引导人的主业大事上来。所从事的学术，不能冲击，更不能取代身份确定的治学本分。

现实生活里，如中国近现代史研究，因与革命史、党史、红色文化史、马克思主义中国化史相近、相连或相通，而聚拢了一批思政课教师。但是，也确实有一些无关马克思主义，甚至不以马克思主义世界观和方法论为指导的"学术"，同样吸引了一批思政课教师。这样的"学术"根本无法与思政课教育教学同向共进，何以被人们热衷？这绝非个人兴趣所能解释得了。

三、思政课教师在职业群体意义上无法也无力替代理论家

理论家的基本使命和显著特点，是创造理论、创新理论、发展理论。思政课教师在职业群体意义上，担当不起，实现不了。

教学压力巨大。思政课教师队伍庞大，浙江有近2000人，全国十五六万之多。然而面对每年几百万人的大学新生，则又显得极其短缺（这一点与可以实现理论创造或技术革命的专业教师不同）。以有限之"师"育海量之"生"，思政课教师完成教学任务的单位压强超过其他任何学科、专业的教师，无法保障课余继续理论创造和创新的充沛精力。

绝大部分思政课教师必须且只能做好理论传播。高校思政课教师队伍，可以简单地分为两个层次系统：本科院校与高职高专学校的思政课教师；高居金字塔顶的极少数思政大家与坚守平凡的全国绝大多数的思政课教师。能够担当理论创造和创新使命的，实属凤毛麟角；绝大多数思政课教师的工作重点和主要职责还是把马克思主义理论解读好、讲述好、传播好，想方设法让学生真学、真信、真用马克思主义并且受益终生。行有余力，用理论诠释现实，解释国家尤其是当地发展遇到的问题，经世致用，服务社会。

海量的研究成果并不等于实现了理论创造与创新。不管是个人兴趣、学术积累，还是考核导向、晋级升职所带来的研究成果，对于思政课教师，都验证成长的历程，反映了个体努力的程度。但是毋庸讳言，精彩纷呈中依然不乏重复、泛化、肤浅作品，依然有不少思政课教师在筋疲力尽时勉为其难。

四、传道授业解惑，传道为首

古代教育者基本是注解经书，传播圣训。能创新发展理论如董仲舒、朱熹、王阳明者，翘楚极少。官教中的宗师、学政、翰林、侍讲、教习，乡教里的塾师、先生，莫不忠心于讲经布道，想方设法让学生真学、真信、真用四书五经孔孟之道。"立德立功立言"的"三不朽"对于绝大部分"为师者"，都是奢望和遗憾。传道，不易也。

皆曰教师是灵魂的工程师，其实思政课教师才是最专业的"灵魂工程师"。

肩负着培育青年价值观、塑造人的灵魂的庄严与伟岸，不是简单的"师者"，自然没有所谓的"课余""业余"，必须全神贯注、全力以赴、全程参与。即使殚精竭虑、鞠躬尽瘁，也未必能入心入脑。育人的压力早已超越了简单的教学工作量。思政课面对所有学生，而不像专业课只面对一些学生，因此困难更多，任务更艰巨。加上进入价值观多元化的纷繁时代，马克思主义的引领更加需要思政课教师专心致志的投入。教育部把2017年确定为思政课教学质量年，重在教育教学，意在引导教师用脑用心于教育教学。

因此，思政课教师，总的来说，成为理论家，不是没有高度、宽度、厚度，更非缺少温度，而是时间不够、精力不济矣。勇敢地把理论创造和创新发展的重任，交给或还给马克思主义理论研究专家和那些少数的顶尖思政课教师吧；教育主管部门、社会，也要给思政课教师松松绑，改革考评机制，废除自然科学摇篮里的科研GDP理念和制度，让他们回归平凡，教有余则以行文，成性灵作品而非考核成果。

唯有如此，才能给学术人、理论家和思政课教师各自的安宁与从容，才能让思政课教师在坚守住课堂和校园的前提下，有兴趣、有信心、有力气挺进课外校外，尤其是网络空间，处江湖而真忧庙堂，努力践行全程育人和全过程育人。

附：留言精选

1. 思政课，不容易讲，容易流于刻板程式化，容易不接地气、不落地，容易学与用、知与行两张皮，学生容易为学而学、为考试而学。过去做学问要讲经史合参，现代的语言范式说就是逻辑与历史一致，建议讲思政时多与鲜活的党史结合，与先驱精神、红船精神、井冈山精神、长征精神、延安精神、苏区精神、抗战精神、西柏坡精神结合。思政课要最后指向于学生见地的改变、拔高，做事状态的激活、维持；落地于真正能运用于发现、分析、解决个人碰到的各类问题。个人一孔之见，兴趣所在，有感而发。

2. 这篇文章是渠老师一贯的务实风格，完全反映习近平总书记思想政治工作的思想实质。我就是一个典型例子，如果不需要为职称而搞科研，我能多做一点微课，多写一些普法网络文章，但现实不允许啊。

3. 真心喜欢渠教授的文章，有观点有立场，态度鲜明，文字凝练优美有力量。向渠教授看齐，向渠教授学习。思政人首要是教，教有余力则以行文，淬炼思想，成性灵之作，成风化人。

4. "双全"教学本是思政课的特点，现实的考核办法却难以让思政课教师全力以赴！本文作者是真正懂得思政课性质和思政课教师工作的专家！

5. 据说，2018 年是教育部确定的高校思政课教师队伍建设年，估计很多很多人都特别期待能让思政课教师专心致志地搞教学。

6. 言之有理，值得学习和思考。

（中国青年网，2018 年 1 月 16 日）

踏上春风好回家：感慨教师职业之危

让教师成为令人羡慕的职业？
可否理解为：迄今，它并未被人羡慕。
为何？
还一直以为荣呢，
原来是站在鞋子里自得其乐？
忽然间，
有些感伤，甚至有点儿懈怠。
握着从事高等教育 30 年的荣誉证书，
在浙江的景区里被告知免费，
突然有些小激动，
其实俺不差那几个 qian。
这个证，通行全国吗？

又有一位教师被家长殴打，因为管教太宽，
又有一位教师被上级处罚，因为施教太严，
谁让你们用心此专尽责此多？
又有一位教师被控体罚，
又有一位教师被告家教，
又有一位教师被指索礼，
谁让你们不去改行？

那个 xing 侵的校长，
是教师的败类，但只是个体。
那个拦高铁的教师，
是教师的耻辱，尽管自私到只会爱老公。
那个打人的教师，
也可能是"激情"而为，如同其他人的激情。

曾经令人羡慕的职业，
新中国成立几十年，
教师被家长、学生、管理者尊重。
迄今印象最深、感恩最多的还是，
少年时代的老师。
如今需要回归尊重，
还有一个时间表，
期待着，仰慕着。
但愿这期间不要再伤害教师，
但愿这个时间表越快越好。

其实，
你肯定知悉：
只要你有孩子，
你家就离不开老师；
只要你吃五谷杂粮，
你的家人就要看医生；
只要你在世上行走，
你就离不开警察。

（2018 年 2 月）

请勿抹黑时代

1. 万州一瞬

公交车里的一群生命，
在一个盛怒的巴掌下，
瞬间窒息于汹涌波涛。
由此激起全网沸腾，
怒哀绵延，笑骂纷纭，
全民几乎都成了评论员。

有问，司机的责任哪儿去了？
万州 22 路公交习惯性如此止怒否？
有问，女乘客原本就是怪异暴戾，
还是所谓的激情肇事？
有问，全车乘客都买了区间的票，
可曾都买过终点的票?!

司机怒不可遏，带走了乘客，
她的同事、家人如何想；
女乘客释放了愤怒，牵累了全车人，
她的前途，谁买单；
全车乘客成全了漠然，
可是教育的错，人性的果？

2. 金锁一时

小女子出道，
金锁永锁在格格的华屋，
胸媚的杨玉环，是与不是的潘金莲，
红地毯的贵族，人海里的豪门。

都没有挡住关键的一招，
身败可名裂?!

本是草根生，
色艺皆可绳。
恰逢蓬勃世，
又遇点化师。
声名遂入心，
继而财富兴。

圈钱有道乎？
犄角旮旯乎？
确有黑幕否？
潜规则亮否？
利欲熏心欤？
咎由自取欤?!

3. 霸座一世
博士博学，
开霸座先河，
无问临沂人何想。
碎了博士光环，
破了临沂美景一角，
喜成"人渣"新宠!

大婶来也，姐来也，
高铁霸座好气派，
人前威武好拉风。
试问：小弟来吗，小妹来吗？
乘警的职责呢？
乘客的笑骂不刺耳吗？

霸座的，被限了坐，
可否延罚到乘机乘船上路？
一霸成全限，一限永记心!

评说的，八卦的，围观者，
可否立下军令状，
永远不霸座，终生都善良、都正义?!

（等你在杭州，2018 年 11 月 5 日）

2万元一篇C刊，10万元解决职称？
——学术论文产业链，荒诞着你我他

【摘要】 文化领域的改革正在经历险滩，也在调整有关各方的生存状态与格局，考验着大家的生存能力和智慧。学术期刊承担着传播文化文明的责任，但也还要活下去。活着与责任，有的时候便会激发出不和谐、不友好、不文明、不道德。严厉要求学术期刊站稳立场、勇于担当、做社会正能量的播撒者和窗口，可谓始终如一。但是如此这般的性质规定与职责明确，还要在改革的浪潮中顾及它们的可持续发展。如果出现脱节或者背离，机会主义和交换行为便不可阻挡。

近日，众说纷纭、令人唏嘘的万州公交车事件在网络上，已成各阶层的谈资。与此同时，另一个"文绉绉"的案件也悄然流传起来，俨然也要发展为公共事件，那就是湖南省社科院《求索》杂志撬开的学术期刊腐败案。该刊前主编乌某峰"政治上无知、经济上贪婪、道德上败坏"的"荒诞"引发了"中国学术界的一次核爆炸"，更确切地说：终于点燃了蕴积许久，堪称厚积而薄发的学术地震。震荡之中，您在何处？

1. 作者的成长性需要与市场的可行性

这是前提和根本。青年人要进步，年轻学者要通过表达自己的学术观点而成长，包括学术思想的成长和由此启动并支撑的学术影响、生活待遇、生存环境的改进与提升。学而优则仕的中国传统对于"研"而优则仕的催化效力，由来已久，也不是什么秘密。学术成就营造或带来的社会声誉、活动空间、生活舞台等的展拓与荣耀，事实上成了青年知识分子进取发展的重要诱惑或牵引。活跃的市场进入学术领域，为渴望进步、向往成功的需求方提供了可能。经济交换、金钱填充、学术腐败，次第由可能变成了现实，并由开始阶段的扭扭捏捏、羞羞答答升格为产业链。

2. 期刊或明或暗的牟利意识与生存挤压

文化领域的改革正在经历险滩，也在调整有关各方的生存状态与格局，考验着大家的生存能力和智慧。学术期刊承担传播文化文明的责任，但也还要活下去。活着与责任，有的时候便会激发出不和谐、不友好、不文明、不道德。严厉要求学术期刊站稳立场、勇于担当、做社会正能量的播撒者和窗口，可谓始终如一。但是如此这般的性质规定与职责明确，还要在改革的浪潮中顾及它们的可持续发展。如果出现脱节或者背离，机会主义和交换行为便不可阻挡。

3. 中间人的推波助澜

中间商、掮客、介绍人，拿文化人的钱，办伤害文化的事，他们实可谓"学术皮条客"。没有他们穿针引线、牵线搭桥，这样的学术交易便会少了很多；没有他们的砍削、截留、私藏，也便不会增进这盘交易中用需双方的无度，自然也就可能打消掏钱买版面者的念头。用者有之需，需者有之用，唯独这厮行走学术江湖边缘的骗子，专营龌龊勾当，纯属无耻之尤。

4. 政府与社会监管的缺失

监督，是以指导协调疏通为主，应该坚决地惩恶扬善，打击学术失德、失范以至违法犯罪；管理，是鼓励批评为主，可以探索取消报刊分级制，给学者们尽可能多的著文发声途径和机会。比如，鼓励使用网络平台，利用网络表达学术文章等，以此引导成长，助力成长。管，需有力；监，需用心。

5. 各相关学校、单位的容忍

发文章的教师所在学校对此佯装不知或不予深究，变成了鼓励。期刊所属单位利欲熏心或基于拮据的经济基础现实，干脆也是敷衍了事，演绎为纵容。于是乎，评职称的教师便拿出并非丰厚的薪酬来孝敬、滋润、交换了学术期刊。

6. 投入与产出的利益期待和实际比对与对冲

2万元发表一篇C刊论文，5篇如此论文便可申报评审教授、副教授，10万元解决了为师者世俗人生重要标志性成果的职称，尽管不甘心，但由此成功带来的或显性或隐形的利好，以及大多可以积年拉平或对冲掉的实际，还是挡不住大家的热情。毕竟，教授也不是任何人都能做得了、做得成的。

7. 获利者的示范效应

有人由此评上了教授、副教授，作为最生动的教育，我们无法怀疑其基本的感召力量和榜样价值。设身处地地顾及一下地方高校教师的生活与生存吧，活着的压力生生地削弱了尊严和公平公正的美丽。当名校的教师被期刊不厌其烦、穷追不舍地约稿时，无处表达的基层（非常抱歉，更特别伤心、特别羞愧用这个定语）教师却有意无意受到了上述中间人、掮客的蛊惑。

8. 名家大腕霸占或被霸占学术话语权的"文明"传统

学术迷信老人，此乃国之传统。有些学科领域，姜的确还是老的辣，但这种情形绝非全科全域，一些学科领域更主要的还是"雏凤清于老凤声"。学术期刊为了品位、层次，不断地拜访前辈赐稿，版面成为老人会，这也是真实光景一片。学术报刊唯出身论、唯单位论，难道仅仅是报刊的原罪吗？

除此之外，知识界、学术界漠视、压制青年人的陋习与自我成长历程的背叛，亦不容否认。其实，大家都年轻过，大家也都会变老。十年的媳妇熬成婆，便马上"窑变"为更加凶残的恶婆婆。呜呼，千年痼疾类似于鲁迅先生的另一种断言：仆人一旦成为老爷，终究是比老爷还像老爷。呵呵……

还有，教育界、学术界固守的脸面心理与平衡潜规则，是不是罪魁祸首之一？您懂的！还有，产业链条上有关人士境随心转、相由心生的小资产阶级品性，同样不可忽视。您，不懂吗?！

（察网，2018 年 11 月 13 日）

后　记

　　互联网是个神奇的世界，更是一个意识形态斗争的阵地。

　　自从互联网进入中国以来，基于追求时尚、紧跟形势的职业习性，每一种交互式平台产生之后，我都迅速跟进来，成为其中的一员。从当初的 BBS、论坛，到 MSN、贴吧，到后来的 QQ 空间、博客、人人网，再后来还有了微博、微信。我感觉最有力量的，当属博客和微信，它们可以满足发表长文字的需求。所以，迄今就积累了大量的文字。不过，相对而言，我的这些文字，较多的还是行走南北西东的生活记录而已。

　　进入 21 世纪，历史虚无主义甚嚣尘上，网络上一些人的表现尤其嚣张狂野，无论是历史还是正义，领袖还是英烈，文化传统还是民族情感，都可以对其进行狂轰滥炸，肆意污毁践踏。一时间，虚拟世界里善良被挤兑、阳光被遮蔽，人们苦闷彷徨、痛恨揪心，但是很多人也因此噤若寒蝉，不敢、不能疾言陈词，宣传正能量，或者不知从何处奋起力驳抗争。作为长期从事思想政治理论教育教学的大学教师，尤其是一直接受党的教育和国家培养的我，对此十分反感，总觉得如鲠在喉，不吐不快，又觉得让如此这般的别有用心或者胡言乱语在网络上大放厥词，真的是无法忍受。于是，就开始在繁重的教学、科研和理论宣讲的事务间隔中，从一如既往的边走边记的生活体验和平凡积累中，转身走进了网评员的队伍中，与越来越多的志同道合者一起，面对奇谈怪论、歪理胡说、恶毒攻击等，据理力争，迎风而战。

　　一开始，总是以仗剑战场的那种架势和气势，旗帜鲜明、立场坚定，有的时候还颇为气宇轩昂、伶牙俐齿的，也不乏指名道姓，直抒胸臆。后来，随着国家发展的态势越来越好，尤其是网络治理的深入深化，历史虚无主义的空间越来越小，于是，客观评述各地的进步、礼赞社会繁荣的美好，就成为我网络评论的重要内容。2018 年，我在内蒙古参加了中共中央网络安全和信息化委员会办公室举办的专题研修活动，对于网络意识形态斗争的艰巨性、复杂性和急迫性有了更深刻的认识，网评活动也越来越踊跃，越来越多样化。有的时候，是应约撰文发言，更多的时候是主动发声，表达一位大学教师的社会观察和舆论态度。再后来，越来越多的知名网媒和平台，不断给我新的机会，也因此给了我更多的自信。

这个过程大概是这样的。最初，我的自说自话，尤其是正面评述为特征的网文，被《浙江日报》的记者发现，他们鼓励我在其报社的专门公号"学习有理"发文，并为我量身定做"行走的理论"专栏，还特别指导我每到一处，撰文歌颂当地深厚的历史文化和中国特色社会主义的火热实践。后来，人民网、求是网、光明网、中国网、中青网、央视网等十大"央媒"，多有根据国家大政方针制定、宣传为主的命题约稿，从而给了我更大的信心。再后来，面对重大政治活动、重大决策和重要舆论事件的时候，我就主动地表达观点，逐步养成了高度自觉。还需要特别提到的是，我在参加浙江卫视大型综合理论节目《中国共产党为什么能》的拍摄过程中，作为嘉宾出场，也日益增进了我对于电视媒体的理解，这也是开展流媒体意识形态建设的重要渠道，特别是随着它成长为中国蓝新闻的品牌栏目并在全国产生较大的影响和吸引力。同时，省内官网与门户网站如浙江在线、浙江新闻，主流媒体《浙江日报》及其客户端，在关注我的思政课教师工作的过程中，给出了一个网红名号"根儿叔"，引起了更多人的关注。微信公众号如察网、思想火炬、大国之翼、红色文化网、中红网、红笔、晚上八点、思政 show、人大马院等，还有我本人的"等你在杭州"，诸多网络平台提供了多类型、多点位的释放机会，尤其是它们的即时、快捷，更让我挥笔上阵，屡有声响。在这样的成长过程中，几篇重要文稿的央媒"全网通"待遇和声势，所带来的鼓舞和振奋，不仅令我难以忘怀，更让我信心再增。

如今回眸，粗略看看，所发网评文章，有数百篇。于是，就有了一个念想，择其相对较佳者百多篇，汇编成册，以为自励，姑且取名《走进时代深处》。之后又诚惶诚恐，分呈攻读硕士研究生和博士研究生阶段的两位老师——华中师范大学张耀灿先生、华东师范大学谢俊美先生，予以审阅、指正。然后又斗胆央求张先生不吝赐教作《序》、谢先生手书书名，以为眷顾、提携之愿。

翻开这一篇篇、一段段，无论是赞叹还是批评，无论是讽刺还是褒扬，无论是风月还是时策，都饱含深情，对国家发展的感喟，对社会进步的礼赞，对偏狭暴戾的痛恨，对善良美好的追慕，对改革开放的拥护，对邪恶滞阻的斗争。有论说，有行诗，有赋文，有随笔，在载体上也有的是源自视频文字转录，无论体裁题材几何，反映的是一个行走在途的入场者的偶遇沉思，折射的是一个时代翻滚中观察人的"火眼金睛"。对也罢、偏颇也好，共识也罢、个话也好，表现的基本上都是一种关切、一种责任。思想活动与文字动作紧密结合，有思即有字，有字述所思，渐渐地就做了一个与时俱进、边走边说的捉笔人。

所辑文章，根据文章内容和表达的思想主题，简单粗分为时论、纪念、礼赞、针砭 4 个部分，近 150 篇。它们的发表、公开渠道和情形，大概有以下几种：第一，光明网、求是网、中青网、央视网等央媒平台。第二，浙江在线、浙江新闻、浙江理工大学等省级或本人所在单位的门户网站或官微。第三，学习有理（浙江日报专题客户端）、思想火炬（中国社会科学院国家文化安全与意识形态建设客户端）、中国红色文化研究会、察网等重要法人单位微信公众号。第四，《中国教育报》《中国社会科学报》《浙江日报》《浙江教育报》等主流报纸的同名网站或客户端。第五，等你在杭州、红笔、晚上八点等个人网络自媒体微信号。源自上述媒体的文章，均在文末标注媒体名称、发表时间，便于读者查核；未标注媒体名称者，则都属于作者本人的多种网媒作品。而且，无论它们当初以哪一种情形面世，尽管时过境迁，甚至已有十多年的在网传播记录，但都保持基本状貌，不做任何修饰，只调整个别错别字。

坦言、直抒，无论是褒扬礼赞，还是针砭批评，即使那些应时而论，表达出来的文字，都带着鲜明的个人认知的状态和水平，包括修养、高度、境界、胸襟等。因此，或者文笔粗陋，或者格局不够，或者视角偏颇，甚至时机非恰，只好请读者批评指正了，以后自当引以为戒，再行镜照。好在从一开始就凭着对于国家建设、社会进步、文明增厚、善良培固的拳拳之心，动笔为文，根本上属于"在世界上最宝贝的地方歌唱"，并因此积累了更加深厚的对于美好中国的信任、祝福和忠诚，一如书中《祖国，您好，我们才好》一文所言：

祖国
像一座高山，葱绿着
看我们一天天变小
我们在，祖国幸福着
有一天，我们不在了
祖国仍是少年
天荒地老

渠长根
2021 年岁尾于富春江边